DUMONT

Geertje Marquardt
mit Kathrin Nord

DIE
EISBRECHERIN

**Von meiner Expedition
durch Grönland
und dem Mut, seinem
Traum zu folgen**

DUMONT

FSC
www.fsc.org
MIX
Papier | Fördert
gute Waldnutzung
FSC® C018236

1. Auflage 2024
© DuMont Reiseverlag Ostfildern
Alle Rechte vorbehalten

Text: Geertje Marquardt, Kathrin Nord
Lektorat: Britta Fietzke
Gestaltung Umschlag und Bildstrecke: Birgit Kohlhaas
Satz: typopoint GbR
Coverfoto oben: A. Wälti, Coverfoto unten: Geertje Marquardt
Fotos Umschlag: Geertje Marquardt
Autorinnenfoto: A. Laura Jacobi
Fotos Bildstrecke: Geertje Marquardt, mit Ausnahme von S. 20.,
S. 3 u.: Jan Marquardt; S. 30.: Daniel Ruppert; S. 60., S. 70., S. 8, S. 9,
S. 10 0., S. 11 u. S. 14 u., S. 15 M., S. 16 0.: A. Wälti; Vorlage Notizbuch:
shutterstock/Daboost
Karte S. 6: Geertje Marquardt

Die Buchtitelformulierung nimmt Bezug auf den gleichnamigen
Artikel von Manuela Heim, erschienen am 13.9.2023 in der taz.

Printed in Poland
ISBN 978-3-616-03315-0

www.dumontreise.de

Die Route

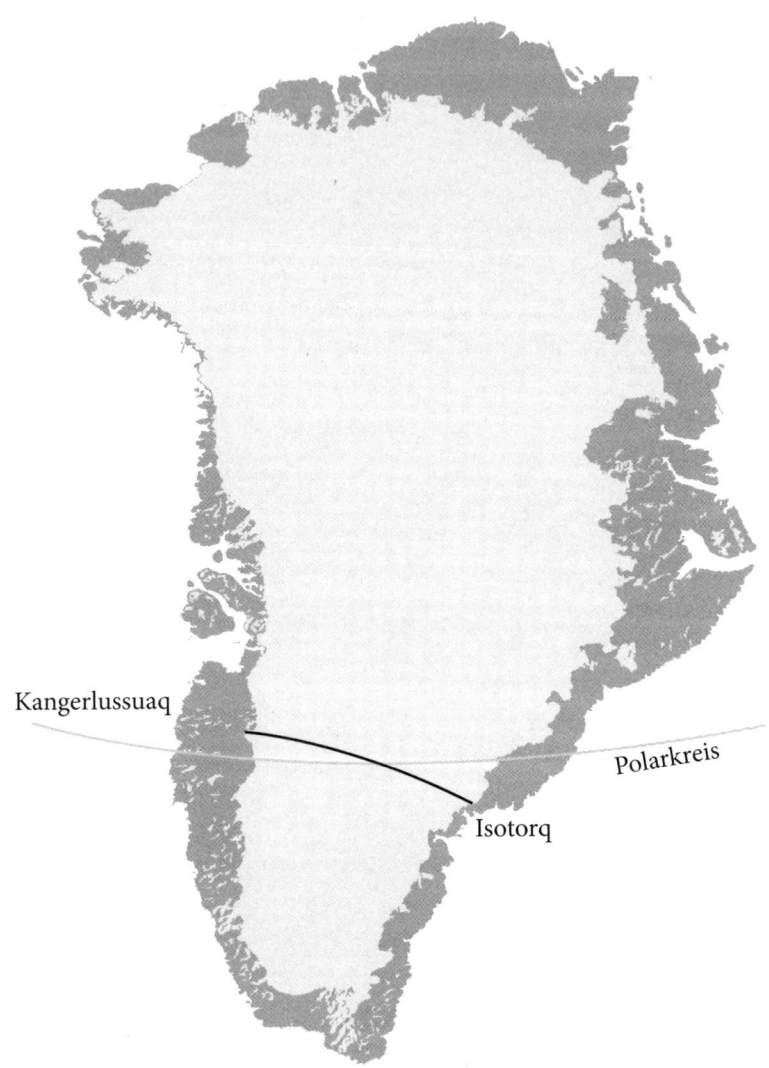

Kangerlussuaq

Polarkreis

Isotorq

Auf den folgenden Seiten beschreibe ich das größte Abenteuer meines bisherigen Lebens: Mehr als 34 Tage lang querte ich auf Skiern das grönländische Inlandeis. Es gibt immer unterschiedliche Perspektiven auf die Dinge, hell und dunkel, warm und kalt, es gibt das Whiteout und den klaren Horizont.

Weit entfernt von einem klassischen Expeditionsbericht, erzähle ich auf den folgenden Seiten von meinen ganz persönlichen Erfahrungen und Eindrücken. Sicherlich werde ich dabei die ein oder andere Situation anders erzählen, als die anderen beiden in meinem Team es würden, einfach, weil das hier meine Erfahrungen widerspiegelt.

Ich bin allen Beteiligten unendlich dankbar, dass ich diese Erfahrungen machen durfte.

Ich widme dieses Buch meiner Familie, die mich auf meinem Weg immer unterstützt.

Danke, Matilda, Johan und Jan!

Besonders möchte ich den Frauen und Mädchen auf dieser Welt zurufen:
Folgt euren innersten Wünschen und lebt EUER Leben, geht mutig die neuen Pfade, die erst im Gehen entstehen!

Die Namen der Beteiligten wurden in diesem Buch geändert.

Inhalt

Prolog

Der Wind zerrt und rüttelt an unserem Zelt. Er beugt den Gestängebogen tief, lässt den Zeltstoff dicht über meiner Nase wie wild auf- und abflattern. Der Stoff peitscht ohrenbetäubend laut, als wolle der Wind ihn zerreißen. Eingehüllt in meinen gigantisch aufgeplusterten Daunenschlafsack spüre ich die wohlige Wärme an meinen Füßen, mein geschundener Körper könnte eine Mütze Schlaf gebrauchen. Doch in meiner Fantasie entspringt jeder Laut einem Albtraum: Schlägt da ein Eisbär mit seiner Pranke gegen die Zeltwand? Ich drehe fast durch. Ich wende den Kopf zur Seite, vergewissere mich, dass das großkalibrige Gewehr griffbereit zwischen uns dreien liegt, dann suche ich den Blick meiner Freundin Aenne. Sie aber hat sich Kopfhörer in die Ohren gestopft und starrt an die Zeltdecke – geschafft, verträumt oder verängstigt, ich weiß es nicht genau.

Sturmtage wie diese sollten wir eigentlich wie Geschenke des Himmels genießen. Wir sollten uns erholen, stattdessen verschwende ich meine Kraft damit, mir eine Katastrophe nach der anderen auszumalen: Das Zelt geht kaputt, Ausrüstungspannen oder gesundheitliche Probleme ereilen uns auf der Tour, wir müssen sie abbrechen.

Eine dünne Schnur ist als Eisbärenzaun um unser Zelt gespannt und wird Alarm schlagen, wenn ein großes Tier sie einreißt.
Jemand von uns würde sich dann schnell das Gewehr schnappen,
hinausrennen und einen Warnschuss über den Kopf des Eisbären
abgeben. Greift er an, ihn erschießen. Bisher habe ich nur auf
Pappwildschweine geschossen, vor einem Monat in Potsdam war
das. Zwischen Traum und Wirklichkeit, Angst und Bangen drehe
ich mich auf die andere Seite. Eine filmreife Szene, denke ich. Und
doch bin ich genau da, wohin ich mich gesehnt hatte. Ich verwirk-
liche meinen Lebenstraum, den ich über Jahre gegen alle Widrig-
keiten verfolgt habe – eine Grönlanddurchquerung auf Skiern. Dabei ist es wahrscheinlicher, auf dem Inlandeis Grönlands einem
Eisbären zu begegnen als einer Frau wie mir: fast 50, nicht reich
und nicht übermäßig sportlich, bin ich aus meinem Familienalltag
ausgebrochen.

Mads, Aenne und ich sind schon fast eine Woche auf dem Inlandeis unterwegs und haben eine Routine entwickelt, die für unsere Expedition lebenswichtig ist: „Ski, Eat, Sleep, Repeat." Die
Sturmböen peitschen heute mit Windgeschwindigkeiten von fast
100 Kilometern pro Stunde über die karge Eiswüste und unterbre-
chen unseren immer gleichen Tagesablauf. Weiterzuziehen wäre
zu mühsam und auch gefährlich. So wie der Sturm draußen tobt,
wäre es ein riesiges Unterfangen, die Zelte abzubauen und die gesamte Ausrüstung sicher in den Pulka-Schlitten zu verstauen. Zu
groß die Gefahr, dass ein wichtiger Ausrüstungsgegenstand vom
Sturm mitgerissen, eine Zeltwand beim Abbau reißen würde. Das
wäre es dann. Das größte Vorhaben meines bisherigen Lebens, auf
das ich mich zwei Jahre lang mental und physisch vorbereitet habe,
wäre abrupt zu Ende. Hier im Zelt, in meinem Schlafsack hoffe
und bange ich, dass wir den nächsten Tag erleben, dass wir morgen

wie selbstverständlich wieder auf die Bretter steigen und die nächsten Kilometer in Angriff nehmen werden. Endlich fallen mir die Augen zu, trotz des Lärms und des flatternden Stoffs im Gesicht nimmt sich mein Körper die dringend benötigte Erholung.

In meinen Träumen schaukle ich in der Hängematte unter den heimischen Apfelbäumen und die Kinder toben durch den Garten. Die Temperaturen sind frühlingshaft mild und ein Latte Macchiato steht in Reichweite. Stadtidylle in einer Seitenstraße in Potsdam-Babelsberg.

Ein hoher, schriller Ton lässt mich aufschrecken. Mein Herz schlägt bis zum Hals, von draußen schrillt es unaufhörlich und unerträglich laut. Ich sitze aufrecht im Schlafsack und sehe erwartungsvoll unseren Expeditionsleiter Mads an. Ein Eisbärangriff? Der tosende Wind wirbelt Schnee und Eis auf, aber auch alle Gegenstände, die wir nicht fest genug verstaut haben. Das schrille Alarmsignal mischt sich mit dem Sturmchaos. Nur ein Fehlalarm?

Mads hat seine Stiefel angezogen und eine Jacke übergeworfen. Das großkalibrige Gewehr und die dazugehörigen Patronen hält er in der einen Hand. Mit der anderen öffnet er vorsichtig den Reißverschluss des Zelteingangs. Er schaut sich draußen um. Aenne und ich lauschen. Mein Puls pocht. Windgetöse. Das Schrillen verstummt. Mehr nehme ich nicht wahr. Nach einer gefühlten Ewigkeit erscheint Mads mit knirschenden Schritten und verkündet die erleichternde Nachricht: Eine Schneewehe hat den Eisbärenzaun eingerissen und den Alarm ausgelöst. Keine Bärenspuren in der Nähe unseres Zeltes.

Alle drei haben wir jetzt eine gute Portion Adrenalin im Blut und sind hellwach. Wir plappern aufgeregt drauflos und packen unsere Eisbärengeschichten aus, die wir bei anderen Expeditionen aufgeschnappt haben. Eine spektakulärer als die andere. Mein Freund Wilfried erlebte während einer Expeditionskreuzfahrt, wie ein Eisbär einen Kollegen beim Landgang angriff, ihn an der Kapuze schnappte und den Strand von Spitzbergen entlangzerrte. Der Mann überlebte wie durch ein Wunder. Arved Fuchs erzählte mir seine Geschichte aus dem Norden Kanadas, als eine Eisbärenpranke sein dünnwandiges Zelt durchschlug. Arved gab einen Warnschuss ab, der Eisbär floh in die Nacht, beobachtete die kleine Expeditionstruppe jedoch noch tagelang vom Horizont aus. Die Anekdoten erschöpfen sich irgendwann. Mein Puls normalisiert sich und ich entspanne mich. Augen zu und die Träume kommen lassen. Mein müder Geist nimmt das laute Tosen des Windes auf, das Flattern der Zeltwände und formt daraus Bilder und seltsame, fantastische Geschichten. Im Halbschlaf taucht ein weiteres Geräusch auf, ein Fauchen und Zischen, ein wütender feuerspeiender Drache stürzt vom Himmel auf uns herab. Erschrocken reiße ich die Augen auf. Aenne hat im Vorzelt den laut rauschenden, zischenden Benzinkocher für die Schneeschmelze angeworfen und lächelt mich an. Erleichtert atme ich auf.

Bald durchströmt Kaffeeduft unsere kleine Behausung. Aenne ruft lauter als sonst nötig, denn der Wind übertönt sie: „Jetzt gönnen wir uns erst mal ein Käffchen, oadrrrr?" Es klingt, als müsse sie das gurrende R ihres Schweizer Dialekts noch tiefer aus ihrer Kehle hervorholen.

Ich nehme meine große Metalltasse mit der selbstgebastelten Isolierung zwischen die klammen Hände, atme den Kaffeeduft tief durch die Nase ein und nehme einen Schluck des schwarzen Goldes – in diesem Moment der größte Luxus in dieser Eiswüste. Ein wahrer Genuss!

Vorabend der Expedition

„Ihr müsst morgen aufbrechen – das Wetter da oben ist gut." Mit geübtem Blick in die Ferne schätzt Grönlandlegende Robert Peroni die Wettersituation auf dem Inlandeis ein. Es drohe weder starker Schneefall noch ein Sturm wie der gefürchtete Piteraq.

Endlich stehe ich hier, auf der Terrasse des Red House in Tasiilaq, der Ausgangsbasis unserer Expedition – es ist der Ort, von dem mir der Grönlandforscher und Expeditionsfreund Wilfried Korth so viel erzählt hatte. Es ist ein besonderer Moment, nach so vielen Jahren der Planung und der tagelangen holprigen Anreise hier zu sein, Peroni zu begegnen und zu wissen: Morgen gehen wir los. Im Westen geht die Sonne im strahlenden Orange-Kitsch langsam unter.

Polarvirus

Fast zehn Jahre sind vergangen, seit ich mich mit dem Polarvirus infiziert habe. Mit meinem Fahrrad war ich durch die idyllische Schiffbauergasse des Potsdamer Theaterquartiers gefahren, neben mir der Tiefe See. Am Straßenrand parkte ein violetter Opel Corsa, im Vorbeifahren sah ich den großen Aufkleber auf der Heckklappe: www.groenlanddurchquerung.de. All das zusammen – ein kleines lila Stadtauto, Potsdam, Grönland – löste eine angenehme Sinnesverwirrung bei mir aus. Wieder zu Hause, mit meinem schlafenden dreijährigen Sohn Johan auf dem Schoß und der mit Lego spielenden Matilda zu meinen Füßen, rief ich die Website auf. Ich las von den Projekten des Potsdamer Geodäten Wilfried Korth.

Zusammen mit seinem Dresdner Kollegen Wieland Adler vermaß er seit 2002 die Schneehöhen des Inlandeises auf einer historischen, heute kaum noch begangenen Route. Korth und Adler hatten mehrmals das Inlandeis zu Fuß durchquert, mit großer Leidenschaft für ihre Wissenschaft, immer mit dem Ziel, ihre Messreihe fortzusetzen und den Klimawandel zu erforschen. Ich hatte eigentlich nur kurz nachschauen wollen, was sich hinter der Web-Adresse verbarg, doch als mir Matilda mit einem euphorischen „Mama, Mama, schau mal!" ihre Legowelt zeigte, war schon eine Stunde vergangen. Die Grönlandabenteuer blieben mir über den Tag weiter im Kopf, während ich mit Matilda malte, das Essen für Mann und Kinder kochte und einige berufliche Projekte verfolgte. Während der Tag voll mit Erledigungen und Familienpflichten war, grätschte dieses Abenteuer immer in meine Gedanken. Über Tage begleiteten mich die Bilder der kleinen Truppe in meinem Alltag. Mit einfacher Expeditionsausrüstung, Kuppelzelten, alten Skiern und geflickten Schuhen zogen sie 40 bis 45 Tage lang auf ihren Expeditionen gewaltige Gerätschaften und Schlitten im Namen der Wissenschaft über das Eis.

Abend für Abend, wenn die Kinder im Bett lagen und mein Mann Jan sich seinem Hobby, der Musik, widmete, formulierte ich am Computer E-Mail um E-Mail und verwarf sie dann doch wieder. Der lilafarbene Opel-Corsa mit seinem Aufkleber passte genauso wenig nach Potsdam wie ich auf eine körperlich zehrende Expedition nach Grönland. Ich konnte es mir selbst nicht erklären, diese Faszination, dieser Drang. Die Liebe zu Schnee und Eis, die konnte ich erklären, denn sie begleitete mich schon seit meiner Jugend. Mit meiner Grundschulfreundin hatte ich in der damaligen Tschechoslowakei das Skifahren gelernt – auf den uralten Brettern ihres Vaters, der sie extra für mich neu lackiert hatte. Während eines Praktikums bei einem Architektur- und Designbüro in Stockholm im Jahre 2000 hatte ich den Norden auf eigene Faust entdeckt. In den dunklen und kalten Wochen meines Wintersemesters war ich so verrückt danach, in die Kälte einzutauchen, dass ich sogar Spikes auf meine Fahrradreifen zog, um der Natur möglichst nah zu sein, während ich von einem Außenbezirk Stockholms zur Arbeitsstätte in Södermalm fuhr. Meine Ferien verbrachte ich, wann immer möglich, auf Skiern, Schlitten, Snowboard. Das weiße Element um mich herum, es zog mich an, so wie später das Icehotel in Schweden. Schon als ich das erste Mal seine geschmolzenen Ruinen gesehen hatte, durch sie hindurchgelaufen war, wusste ich: Ich befand mich an einem magischen Ort, von dem ich nicht mehr weg-, zu dem ich immer zurückwollte. Später, ab 2012, gehörte ich zum Künstler:innen-Team des Icehotels, das Jahr für Jahr mit vielen Werkzeugen, von Kettensägen bis hin zu feinsten Eismeißeln, ganze Schnee- und Eisblöcke bearbeitete und in wenigen Wochen ein Hotel aus Schnee und Eis errichtete. In den Räumen können Winterliebhaber:innen übernachten, in einer Eiskirche heiraten – wie mein Mann und ich 2013, mit einer selbsterschaffenen Artsuite für die Hochzeitsnacht. Er teilt meine Liebe zum Norden und dem Icehotel. Immer wenn ich für einige Wochen in Schweden bin, kommt er mit den Kindern zur Eröffnung des Hotels nach und wir verbringen unseren Familienweihnachtsurlaub in Lappland.

Grönland, das war ein mir unendlich erscheinender Raum aus Schnee und Eis. So wie ich alljährlich die Elemente zu fantasievollen Skulpturen und Räumen formte, so stellte ich mir vor, formten die Elemente auf Grönland die Menschen. Man schritt hinein und wusste nicht, was einen erwartete – die Landschaft veränderte sich ständig.

Ich schickte meine E-Mail ab, erwähnte meine Leidenschaft für Schnee und Eis. Wenige Zeit später traf ich Wilfried und aus unserer gemeinsamen Liebe zu den kalten Elementen entstand eine besondere, inspirierende Freundschaft. Aus unserem Interesse für die Wissenschaft und das Klima erwuchs 2016 der Verein Iceploration mit dem Ziel, Menschen durch Kunst, Vorträge und Öffentlichkeitsarbeit zu erreichen und zu berühren. Wilfried und ich machten gemeinsam Wintertouren, zum Beispiel durch Norwegen. Im Jahr 2019 hätte ich mit ihm auf eine Grönlandexpedition kommen sollen, ein paar Tage wenigstens, um herauszufinden, ob ich mir eines Tages eine ganze Querung vorstellen konnte. Doch ein schrecklicher Unfall machte unsere Pläne zunichte. Ich stürzte in eine dunkle Zeit, in der ich meine Liebe zu Schnee und Eis verlor. Den Traum, das Eis zu queren, verschloss ich ganz tief in mir.

Jetzt schaue ich mit Mads und Aenne statt mit Wilfried auf die untergehende Sonne Tasiilaqs, weil das Leben seltsame Bögen schlägt – oder uns der Facebook-Algorithmus erschreckend gut kennt. Denn vor zwei Jahren hatte er mir eine Anzeige eingespielt: Ein Mann suche geeignete Personen für eine Grönlanddurchquerung. Es traf mich wie ein Schlag. Beim Lesen spürte ich wieder eine Lebendigkeit in mir, diese ungestillte Sehnsucht. Und wieder durchzog dieser Traum meinen Mutteralltag, während ich die Wäsche faltete, die Kinder zur Schule brachte, mit ihnen Hausaufgaben machte, Einkäufe erledigte, das hundertste Mal Monopoly spielte und eine Serie im Hintergrund lief. Immerzu dachte ich an diesen riesigen Raum aus Schnee und Eis, als riefe er nach mir. Ich formulierte in meinem Kopf E-Mail um E-Mail und warf sie Klick um Klick wieder in den Mülleimer. Schließlich schickte ich meine

„Bewerbung" ab. Ich erwähnte meine Wintertour-Erfahrung mit Wilfried Korth, meine Liebe zu Schnee und Eis. Meine Outdoor-Vita fiel jedoch kurz aus, als Flachlandtirolerin hatte ich nicht viele Berge bestiegen. Mads war neugierig, wir trafen uns erst virtuell. Kurz darauf, als Zwischenstopp einer Familienreise, besuchte ich ihn am Bodensee. Wir bestiegen gemeinsam einen Berg – und während er, gut zehn Jahre älter als ich, wie ein junger Gott hinaufhüpfte, schleppte ich mich mühsam Meter um Meter voran. Er bemerkte, dass ich körperlich nicht so fit war, wie er es sich gewünscht hätte, aber eben auch, dass ich mich nicht beklagte, dass ich die gute Laune behielt und durchzog. Außerdem könne ich ja noch trainieren. So lud er mich ein, im Sommer mit ihm und Freunden zwei Gletscherzungen in Island zu überqueren. „Dann bekommst du schon mal eine Ahnung, wie das in Grönland sein könnte, falls du wirklich Teil der Expedition sein möchtest." Mir blieb der Mund offen stehen. Allein die Vorstellung einer Expedition mit einem solchen Outdoorprofi schüchterte mich ein: Wildnistouren in Ost- und Westgrönland unternommen, Dutzende Wanderungen durch den weglosen Teil des isländischen Hochlandes, Solotouren, geführte Gruppen durch die Wildnis, bestiegene Alpenberge. Gegen den drahtigen fast sechzig Jahre alten Wanderer war ich ein Outdoorküken mit wenigen Kenntnissen und noch weniger Erfahrung. Nach längerem Überlegen sagte ich schließlich doch zu.

Über eine Woche lang wanderten wir über die beeindruckenden Gletscher, navigierten durch die Wildnis Islands und mir wurde klar, dass ich genau das in meinem Leben wollte: die Natur zu Fuß erleben. Voll und ganz in sie eintauchen, ihr so pur begegnen, wie es dem modernen westlichen Menschen möglich ist. Und ich wollte mich den physischen Herausforderungen stellen. Mit jedem Tag auf Island staunte ich mehr darüber, was mein Körper und Geist zu leisten vermochten. Stundenlang sprang ich mit schwerem Rucksack auf dem Rücken über Gletscherspalten, täglich bauten wir die Zelte auf und wieder ab. Schlafen, essen, gehen – hier eine liebgewonnene Routine und körperliche Herausforderung für mich. Ein halbes Jahr später stieß die damals 36-jährige Aenne zum geplanten Grönlandabenteuer dazu. Sie ist zehn Jahre jünger als ich und wie Mads ein absoluter Outdoorprofi. Sie hat beachtliche Klettertouren bestritten und unzählige Winter in Skandinavien mit Outdooraktivitäten verbracht. Wie Mads lebte sie allein, die Berge in der Schweiz direkt vor der Haustür. Auch Aenne ist viele Touren allein gegangen und hat Gruppentouren geleitet.

Unser Expeditionsteam stand.

„Bis Mitte dreißig kann man sich noch in so eine Tour hineintrainieren. Aber ab vierzig geht es dann nicht mehr. Da muss man von Anfang an fit sein." Wie ein Mantra trug ich die Worte Wilfrieds während meiner Vorbereitungen mit mir herum – beim Wandern, beim Schwimmen, beim Crossfit. Und auch, während ich in den brandenburgischen Wäldern alte Autoreifen hinter mir her zog. Sie simulierten das Gewicht der Schlitten, in denen wir unser Gepäck transportieren würden.

Wir legten das Datum für unseren Expeditionsstart fest: Im April 2023 wollten wir im Osten Grönlands losgehen. Es folgten Monate, in denen wir uns durch den Bürokratiedschungel schlagen mussten, um die Permits zu organisieren, Versicherungen und eine Bürgschaft abzuschließen, aber auch das nötige Geld für die Expedition musste ich verdienen, zusammensparen und teilweise mit einem Kredit finanzieren. Die Kosten liegen im fünfstelligen Bereich, das war für mich eine unvorstellbar hohe Summe, die ich noch nie in meinem Leben auf meinem Konto gesehen hatte. Wer diesen Vorbereitungsstress als Team durchsteht, dachte ich, der schafft es auch gemeinsam über das Inlandeis.

Anreise mit Hindernissen

Am Ostermontag brach ich in Potsdam bei schönstem Sonnenschein auf, mit Freude und Zweifel im Herzen ging es über Berlin nach Kopenhagen, von dort nach Westgrönland, nach Kangerlussuaq und Nuuk. Ab dort wollten wir weiter über das Eis in den Osten nach Kulusuk, schließlich nach Tasiilaq und von dort mit dem Heli aufs Eis. Zwischenstopps, Verzögerungen und ungeplante Wartezeiten forderten meine Geduld heraus. Doch endlich saßen wir in der winzigen Air-Greenland-Propellermaschine, die in Nuuk abhebt. Eng gedrängt wie Sardinen in einer Konservenbüchse ... einer sehr lauten Konservenbüchse. Ich blickte aus dem winzigen Bullauge hinunter auf die riesige weiße Schneefläche. Wie eine kleine Kolonne auf einer Ameisenstraße würden wir drei in ein paar Tagen dort unten von oben aussehen, während wir uns mit unseren Schlittengespannen im Schneckentempo vorwärtsbewegten. Ob man uns von hier oben erkennen wird, während wir da unten über das Eis laufen?

Manchmal blitzte das südseeblaue Gletschereis aus dem Weiß hervor. Dieses Blau, das mich an Unterwasseraufnahmen erinnerte. Dann tauchte die Küste auf, die Gletschermassen wurden kleiner und schmiegten sich an die Berge an der Ostküste. Von oben betrachtet wirkten diese Formen wie die großen Hautfalten eines weisen alten Menschen, der schon alles gesehen hat. Am oberen Rand des Bullauges erschien das graublaue Nordmeer. Ich zückte meine Kamera, um das abstrakte Bild kurz festzuhalten, doch schon schob sich eine Nebelbank dazwischen.

Eine Lautsprecherstimme riss mich aus meinen Gedanken, erst auf Grönländisch, dann Dänisch, schließlich Englisch: *Aufgrund schlechter Sicht können wir nicht wie geplant in Kulusuk landen, wir müssen daher leider umkehren und zurück nach Nuuk fliegen.*

Ruckartig drehte ich mich zu Aenne um, die zwei Reihen hinter mir saß. Hatte ich das gerade richtig verstanden: Wir würden zurückfliegen? Der junge Grönländer neben mir lächelte sanft. Man müsse sich hier den Gegebenheiten der Natur anpassen, sagte er laut auf Englisch mit nordischem Akzent. Er müsse zur Arbeit an die Ostküste und seinen Einsatz eben um ein, zwei Tage verschieben. Er zuckte die Achseln. Es gibt keinen Grund, sich über die Launen der Natur aufzuregen – man kann sie ja doch nicht ändern.

Ich versuchte mich dem hinzugeben, was war, versuchte zu akzeptieren – und stand nach zweieinhalb Stunden Flug dennoch komplett gestresst am Flughafen in Nuuk. Das Personal der Fluglinie empfing uns freundlich, drückte uns mit nordischer Gelassenheit Gutscheine für Hotel, Restaurant und Taxi in die Hand.

Am nächsten Tag brachte uns der Flieger über das Inlandeis nach Kulusuk an der Ostküste. Sie ist viel weniger besiedelt als die Westküste mit Nuuk und der Diskobucht. Früher war Kulusuk das größte Dorf, heute wohnen dort etwas mehr als 100 Menschen. Der kleine Flugplatz abseits der Siedlung ist ein wichtiger Verkehrsknotenpunkt. Auf dem kargen Flugfeld ist wenig von der Bedeutsamkeit des Ortes zu erkennen. Ich lief durch tauenden Schnee und ahnte nur etwas von der rauen wilden Natur des weiten Landes. Im Hintergrund landeten kleine Flugzeuge und Hubschrauber starteten. Im Flughafengebäude servierte uns eine Grönländerin Würstchen und belegte Brote, weder Kaffeehauskette noch Fastfood in Sichtweite.

Wir stiegen in einen Helikopter, der wie ein Linienbus verkehrt, und flogen nach Tasiilaq. Im Sommer, wenn das Meer eisfrei ist, hätten wir auch ein Boot nehmen können, das uns die kurze Strecke von 21 Kilometern über den Fjord bringen würde.

Jede Helikopterminute kostet irre viel Geld. Logistik und Abfertigung sind auf dem Landeplatz deshalb äußerst effizient organisiert. Die neun Plätze in der roten Maschine füllten sich schnell. Die grönländischen Passagiere waren entspannt und stiegen wie in einen Bus ein, der sie zur Arbeit bringt. Während ich noch draußen stand und mich wunderte, in welchen Klappen und Luken des Helis unser Gepäck verstaut wurde, wirbelte mir schon die kalte Luft um die Ohren, der Windzug zeigte an, dass es gleich losgehen sollte, und die große Hand des Piloten schob mich in die Maschine. Aenne saß neben mir und hatte den Gehörschutz aufgesetzt, der uns alle wie Micky Maus aussehen ließ. Die große Schiebetür schloss sich mit einem lauten Knall, dann setzte ein unvorstellbares Getöse ein und die Rotorblätter bewegten sich schneller. Der Hubschrauber hob vom Boden ab, drehte eine Viertelrunde und flog dann wie eine behäbige Hummel Richtung Südosten. Ich sah auf das Inlandeis, wie es sich von der Küste nach Westen ausdehnt. Mit meiner Kamera fing ich Luftaufnahmen vom treibenden Meereis ein. Gletscherspalten, blau, weiß und grau – abstrakte Kunst und raue Natur zugleich.

Dann ging der Helikopter schon wieder in den Sinkflug über. Neben einem Fjord liegt der Heliport von Tasiilaq. In der siebtgrößten Siedlung Grönlands leben heute 2000 Menschen und die bunten Holzhäuser, die sich zwischen den Felsen verteilen, sind leicht zu überschauen.

Vorzeichen

Danger! Ice/Polar Bears!
Please do not leave town without talking to staff!

Seit einigen Tagen sichten Einheimische und Touristen immer wieder einen Eisbären, der sich durch die Straßen Tasiilaqs bewegt. Auf dem Esstisch des Red House liegen dicke Platzpatronen einsatzbereit, gleich neben der Waffenkammer. An der Eingangstür des Red House hängt das Schild mit den warnenden Worten. Die Eisbärengefahr ist an der Ostküste Grönlands am größten. Mads, Aenne und ich werden daher auf der Querung abwechselnd ein Gewehr über der Schulter tragen.

Insgesamt zwölf große Kisten hatten wir drei Monate zuvor in Deutschland aufgegeben und nach Grönland versendet. Wir schleppen sie jetzt auf die Terrasse des Red House und inspizieren sie. Alle Seiten sind noch sorgfältig zugeklebt und der Inhalt, ein Großteil unserer Expeditionsausrüstung und Verpflegung, ist unversehrt. Noch einmal fasse ich jeden Gegenstand an, jedes Essenspaket und überlege, ob es genug Kalorien hat und ob ich das sechste Paar Handschuhe wirklich benötige oder es doch nur überflüssiger Ballast ist.

Robert Peroni schaut uns beim Packen über die Schulter und lädt uns zu einem Abendessen mit italienischem Schinken und grönländischem Fisch in die kleine Hütte ein. Er gibt uns wichtige Hinweise zur Route. Mit der Ruhe eines sehr erfahrenen Polargängers erklärt er uns, dass wir bis auf 1.200 Metern in nordwestliche Richtung aufsteigen und uns dann erst Richtung Westen wenden sollten. Das sei wichtig, da wir sonst in „übles" Gelände geraten würden. Ich male mir ein Labyrinth aus Gletscherspalten aus. Neben Eisbären und Stürmen sind sie eine der größten Gefahren auf unserer Tour, denn sie lauern unter dem Schnee. Oft ist die Schneebrücke darüber dick genug, um unser Gewicht und das der Schlitten zu tragen. Manchmal aber liegt nur eine dünne Schneedecke über der unsichtbaren Spalte. Selbst erfahrene Abenteurer sind so schon in den Tod gestürzt.

Ein älterer Herr, der sich als Ernst Klinger vorstellt, gesellt sich zu unserer Packstation. Er nickt bedächtig. In seinen Augen liegen Polargeschichten verborgen. Er sei in den 1990er-Jahren 40 Tage lang auf derselben Route unterwegs gewesen, die wir nun planten, sagt er. Er erzählt vom tagelangen Ausharren im Sturm, gleich zu Beginn der Tour, bis sie endlich die fast 600 Kilometer auf sich nehmen konnten. Jetzt möchte er seiner Enkelin Grönland zeigen.

Dann legt er mir eine Hand auf den Rücken und zeigt in die Ferne. Über den Dächern der bunten Holzhäuser Tasiilaqs tanzt ein grellgrüner Wirbel, er steuert auf die Bucht zu. Das Wasser im Fjord ist gefroren und am anderen Ufer ragen spitze Bergketten gen Himmel, um die sich weitere Nordlichter schlängeln. Es sind zaghafte Lichtstreifen am Horizont, doch sie werden intensiver und tanzen immer wilder. Ich zeige Mads und Aenne die bunten Lichter, wir halten inne und staunen.

Ob das ein gutes Zeichen ist?, frage ich mich. Ich erinnere mich an die verschiedenen Momente, in denen ich Lady Aurora schon tanzen sah: in Nordschweden, Norwegen, Kanada, an meine ersten Nordlichter auf Island. Sie lösen in mir eine innere Unruhe und Ehrfurcht vor der Kraft der Natur aus. Jeder und jede deutet sie anders und doch kann sich niemand ihrer Faszination entziehen.

Eine Samin in Norwegen erzählte mir mal, dass manche Menschen ihrer Kultur lieber im Haus blieben, wenn nachts Polarlichter am Himmel erschienen. Zahlreiche Mythen ranken sich um das Farbspiel am Himmel. Einer nordischen Legende zufolge sind die Polarlichter der Atem gefallener Soldaten. In anderen Erzählungen ist das grüne Lichtspiel die Asenbrücke, ein schwingender Bogen, über den die verstorbenen Wikingerkrieger nach Walhalla gelangen. Wiederum einer finnischen Sage nach löst ein Feuerfuchs das Farbspiel am Himmel aus: Er rennt so schnell, dass er mit seinem Schweif Schneeflocken aufwirbelt, in denen sich das Mondlicht spiegelt.

Manche Grönländer:innen sehen in dem grünen Licht ihre verstorbenen Kinder tanzen, während die grönländischen Inuit glauben, dass die Verstorbenen im Himmel mit einem Walrossschädel Fußball spielen. Man solle aufpassen, dass man den Schädel nicht an den Kopf bekomme, wenn man die Nordlichter bestaune. Hier in Tasiilaq auf der Terrasse unter freiem Himmel würde mich ein solcher Schädel wie ein Schlag treffen und ich könnte die Expedition nicht antreten.

Die stärkste Verbindung habe ich dank meiner vielen Reisen nach Lappland zu den samischen Ureinwohner:innen Nordskandinaviens. Im Gegensatz zum Wikingervolk respektieren und fürchten sie die Nordlichter, weil sie sie für die Seelen der Verstorbenen halten – wie die Grönländer:innen. Ich sollte also besser nicht pfeifen, winken oder die Lichter auf mich aufmerksam machen! Sie könnten nach mir greifen und mich in den Himmel entführen.

Plötzlich beugt sich der alte Mann zu mir, reißt mich aus meinen Gedanken und sagt gedankenverloren: „Das Eis macht etwas mit einem." Dann dreht er sich um und verschwindet ins Red House, wo seine Enkelin spielt. Mir fährt ein kalter Schauer über den Rücken. Seine Worte hallen in mir wider und ich lege die letzten Gegenstände in eine der grünen Pulkataschen ... grün wie die Nordlichter. Am Abend male ich die Wettergöttin Asiaq ganz vorn in mein Tourtagebuch. Sie bläst einen kräftigen Wind, der die Welt verwirbelt und verzaubert.

Vergessen sind nun all die Mühen der Vorbereitungsphase, die anstrengenden Trainingswochen und schließlich der schwere Abschied von meiner Familie. Der Polarvirus, der mich 2015 im Potsdamer Theaterviertel erfasst hatte, überfällt mich wieder mit voller Kraft.

Das Inlandeis liegt wie ein riesiger weißer Raum, wie ein unbeschriebenes Blatt vor uns. Dort werde ich dem Schnee und Eis, meinen Elementen, in der ihnen größtmöglichen Unmittelbarkeit und Dimension begegnen. Rund einen Monat haben wir für die Durchquerung eingeplant. In dem großen Nichts gelten die Regeln der Natur – wir können uns nur anpassen und hoffen, dass sie gnädig mit uns ist, die Eisbären weit genug von uns fernhält, die Stürme an unseren Zelten zwar zerren, aber sie nicht davonwehen werden, die Eiskanten unsere Schlitten und Skier nicht brechen und die Gletscherspalten uns nicht verschlucken werden. Wenn der weiße Raum uns am anderen Ende wieder in die von Menschen beherrschte Welt entlässt, wer werden wir dann sein? Diese Erfahrung wird uns für immer verändern, auch deshalb bin ich hier.

Tag 1:
Endlich auf dem Eis

Freitag, 14.04.2023
Tageskilometer: 4,1 km
Dauer: 2 h
Vor uns liegende Strecke: 544,1 km
Temperatur: 4 °C
Breitengrad: 65.609675, Längengrad: -38.856520

Der Helikopter hebt mit einem lauten Rattern der Rotoren vom Boden ab, verwirbelt den Schnee, dreht sich in der Luft scheinbar schwerelos und fliegt über diese wunderschöne weiße Landschaft hinweg zurück Richtung Isortoq. Mit ihm fliegen rund 5.500 Euro davon, so viel hat uns der Flug gekostet – keine leichte Entscheidung. Ich atme tief und lange ein und langsam wieder aus. Jetzt ist es real, ich mache das wirklich. Eine Grönlandüberquerung mit zwei Menschen, die ich über Facebook kennengelernt habe. Seit meinem ersten Mausklick auf Mads Anzeige sind gerade einmal zwei Jahre vergangen. Jetzt stehen wir zu dritt auf Grönlands Inlandeis, mit dicken Stiefeln an den Füßen, eingehüllt in Schichten von

Kleidung gegen Kälte und Wind, die Augen vor dem gleißenden Weiß geschützt durch Sonnenbrillen. 550 Kilometer wollen wir zusammen bestreiten, rund einen Monat lang werde ich Aenne und Mads mein Leben anvertrauen und sie mir ihres. Neben uns leuchten unsere orangefarbenen Pulkas wie kleine Boote auf dem Schnee. Gut sortiert haben wir alles Nötige auf sie geladen, vom Eisbärenzaun über Kocher, Brennstoff und Nahrung, über Satellitentelefon bis hin zu Garn und Nähnadeln zum Stopfen der Kleidung. Der Helikopter hat uns sechs Kilometer nördlich von Isortoq abgesetzt, einer winzigen Siedlung mit gerade einmal 63 Seelen. Sechs Kilometer entfernt vom Ende der Welt. Ein Katzensprung, denken die nichtsahnenden Mitteleuropäer:innen. Aber die Maßstäbe sind in Grönland anders, denn für den vermeintlichen Katzensprung hätten wir zwei Tage gebraucht. Zwei Tage, in denen wir unsere Pulkas und das Gepäck über das Geröll hätten hieven und schleppen müssen. Unsere Expedition hätte mit einem enormen Kraftakt begonnen, bevor wir überhaupt auf dem Eis gewesen wären. Der Flug ist kein Luxus, sondern eine Notwendigkeit. Von mir aus hätten wir uns auch noch ein paar Kilometer weiter aufs Eis fliegen lassen können, wenn wir schon diesen Exklusivflug buchen. Doch auch die Polargänger:innen und Extremsportler:innen haben ihre eigenen Maßstäbe: Nur wer Grönland von Eisrand zu Eisrand überquert, darf von einer tatsächlichen Überquerung sprechen, erklärte mir Mads.

Über seiner Schulter hängt jetzt das Gewehr, das wir uns bei einem Expeditionsausrüster in Tasiilaq am Vormittag vor dem Abflug geliehen haben. Die vor uns liegende, scheinbar endlos ansteigende Schneefläche reflektiert die Mittagssonne – ein grelles Weiß, das die Augen nur mit Sonnenbrille ertragen. Einige Meter weiter, von ein paar Felsen umgeben, steht eine halbverfallene Holzhütte mit heruntergekrachtem Dach. Das muss „die

Grillhütte" sein, von der ich in Berichten und Büchern anderer Grönlandreisender gelesen habe. Viele Expeditionen haben sie schon zum Start- oder Endpunkt ihrer Reise gewählt. Für mich ist das ein surrealer Moment. Es gibt nur wenige markante Punkte bei einer Grönlanddurchquerung, denn die Gletscher wandern und die Naturkräfte formen neue Verwehungen, spalten das Eis, türmen neue Schneeberge auf. Die Landschaft verändert sich unaufhörlich. Das hier ist einer der wenigen Orte, von denen ich sicher weiß: Hier waren meine Vorbilder, hier waren Birgit Lutz, Ernst Klinger, den ich im Red House traf, und andere vor mir. Sie begannen ihre Abenteuer hier oder ließen sich abholen, wenn sie von Westen kamen. Sie haben den Blick auf das strahlend weiße Meereis genauso genossen wie ich jetzt, auf den weißen, weißen Schnee, auf das weit entfernte Meer und in die verzweigten Fjorde mit ihren blau schimmernden Eisschollen, von denen manche aufgekräuselte Ränder haben wie frisch gebackene Pfannkuchen – das daher so passend genannte Pfannkucheneis. Als ich auf die Hütte zugehen will, ruft Mads mir zu: „Gewehr nicht vergessen!"

Mit dem Großkaliber um die Schultern und der Eisbärengefahr wieder im Bewusstsein stapfe ich jetzt vorsichtig durch den Schnee, hin zu diesem geschichtsträchtigen Ort, versuche aufzuschnappen, was von meinen Helden noch in der Luft hängen könnte. Dann bewegt sich in der Ferne plötzlich etwas. Zwischen dem Schnee und den Felsbrocken. Ich bleibe stehen, schaue konzentriert in die Richtung und sehe eine Silhouette. Mein Herz pocht schneller. Zügig gehe ich zu Aenne und Mads zurück und versuche, dabei möglichst gelassen zu wirken. Aus der Pulka greife ich mir schnell das Fernglas. Ich stelle es scharf und ein weißgelbliches Fell hebt sich im deutlichen Kontrast zu Schnee und Eis ab. Ein Eisbär. Er bewegt sich. Wie weit können Eisbären sehen? Riechen können sie extrem gut, besser als Hunde, so nimmt man in der Forschung an, besser als jedes andere Säugetier. Wenn ich ihn schon sehen kann, wird er uns bereits gerochen haben. Bewegt er sich auf uns zu oder von uns weg? Wie merkwürdig, ich kann das nicht erkennen. Wie nachts in Potsdam. Wenn auf dem nur schwach beleuchteten Gehweg einige Meter vor mir jemand läuft – und im ersten Moment nicht zu erkennen ist, ob die Person sich auf mich zu oder von mir weg bewegt. Es dauert ein bisschen, bis das Auge sich auf Bewegung in der Dunkelheit eingestellt hat und sie einschätzen kann. Das grelle Licht hier scheint einen ähnlichen Effekt zu haben. Aber auch nach ein paar Sekunden kann ich nicht erkennen, in welche Richtung der Eisbär geht. Ich reiche Aenne das Fernglas: „Schau mal ... Ist das da drüben ein Eisbär?" Auch Mads späht jetzt in Richtung Nordwesten. „Da ist was", kommentiert er. Abwechselnd schauen wir durch das Glas und beratschlagen uns. Was sollen wir tun? Direkt auf einen Eisbären zulaufen, wie es unsere Route uns vorgibt? Keine gute Idee. Abwarten, bis wir wissen, was der Eisbär vorhat – ob er von uns wegläuft oder auf uns zu? Vielleicht sogar zurück nach Isortoq, mit dem Hubschrauber? Noch mal 5.500 Euro ... Oder gleich in den ersten Minuten einen Warnschuss abgeben, sollte er sich uns weiter nähern? Wir bleiben erst einmal hier, entscheiden wir, und beobachten, wohin der Eisbär gehen wird.

Und dann bewegt er sich nicht mehr. Nach einer längeren Weile ist er nurmehr ein gräulicher Fleck. Vielleicht war es doch nur ein weiterer Felsen? Ein Felsen zwischen Felsen? Und dann entscheiden wir uns: Wir werden losziehen, unsere erste Etappe gehen.

Entschlossen klappe ich die Skibindungen zu. *Was war das?* Hatte mir meine Fantasie gleich zu Beginn unserer Expedition einen Streich gespielt? Hatte mir mein Unterbewusstsein einen Felsen als Eisbären vorgespielt? *Du hast Angst,* hat es mir zugeflüstert, *und die lasse ich dich jetzt spüren.* Wir nicken einander zu. Nach unserer zweijährigen Planungsphase, der körperlichen und mentalen Vorbereitung geht es jetzt endlich los. Der erste von vielen Hunderttausenden Schritten.

Mads lehnt sich nach vorn, die rund einen Zentimeter dicken Seile zur Pulka spannen sich, er rammt die Stöcke in den Schnee und geht den ersten Schritt, den zweiten, den dritten. Seine Skier ziehen eine wunderschöne Doppelspur in den unberührten Schnee. Auch Aenne lehnt sich nun vor, schiebt den Fuß nach, rechts, links, ihre Pulkas gleiten mit ihr Richtung Nordwesten. Der Schnee knirscht unter ihren Skiern. Wie ich dieses Geräusch liebe. Ich lehne mich nach vorn, die verstärkten Gurte ziehen an Hüfte und Schultern, ich schiebe mein rechtes Bein vor, den Oberkörper hinterher, lehne mich mit einem Ruck hinein und ... nichts passiert. Gar nichts, nicht einen Millimeter kann ich das Gespann nach vorn ziehen. Ich rucke an meinem Geschirr, kontrolliere die Gurte, die das Gewicht des Schlittens auf meinen gesamten Oberkörper verteilen. Jetzt schiebe ich entschlossen die Hüfte nach vorne, dort sind die Karabiner mit den Seilen zum Schlitten befestigt. Ich stemme mich mit meinen 75 Kilogramm Körpergewicht gegen das Gewicht der beiden Schlitten. Mit aller Entschlossenheit ... aber nichts passiert.

Die Mittagssonne wärmt mich. Eigentlich ideale Startbedingungen, wenn man denn loskommt. Ich aber stehe an Kilometer 0 von 550 und schwitze. Mads hatte mir eine wichtige Regel auf unseren Kennenlern- und Vorbereitungstouren gepredigt: *Bewege dich so, dass du nicht schwitzt und nicht außer Atem gerätst.*

Er und Aenne entfernen sich immer weiter. Ihre Pulkas wiegen genauso viel wie meine, aber nur meine scheinen zu schwer zu sein. Was ist los? Wir alle ziehen je etwas über 80 Kilogramm hinter uns her. In monatelanger Vorbereitung habe ich meine Pulkas gewissenhaft gepackt. Noch in der Heimat hatte Mads meine Packliste studiert und dann ein zweites Mal hier auf Grönland. Mit kritischem Blick war er jedes geplante Gramm durchgegangen, hatte jeden Ausrüstungsgegenstand beäugt und hinterfragt. Er hatte nichts zu beanstanden, bis auf ein paar Kompressionsriemen und die zusätzlichen großen Schnallen, die ich von der Pulkatasche hätte abschneiden können. Das hätte mir ein paar Gramm gespart. Ich bin keine Extremsportlerin. Mads und Aenne wagen, wie ich, zum ersten Mal eine Grönlanddurchquerung, aber anders als ich sind sie Bergsport und Wintertouren gewohnt. Sie haben letztlich ihr ganzes Leben auf diesen Moment hingearbeitet. Alleinstehend, jede freie Sekunde in der Natur, jede Tour eine Herausforderung für Körper und Geist. Zwei Wochen allein durch die Natur schlagen – das ist keine Ausnahme in ihrem Leben, das *ist* ihr Leben. *Bin ich hier richtig?*, frage ich mich.

Was dann passiert, lässt sich nicht erklären, es ist ein Gefühl, eine Gewissheit, ganz tief in mir drin und voller Kraft, sagt es: *Ich bin hier richtig. Jetzt in diesem Moment, ich bin hier richtig. Und da vorne, da will ich hin – auch da ist der richtige Ort. Ich will in die weiße Unendlichkeit.* Ich werfe mich erneut in den Zuggurt, schiebe den rechten Ski nach vorn – und da ruckt der Koloss hinter mir ein Stück. Ich schiebe das linke Bein vor. Jetzt setzt sich das Schlittengespann so richtig in Bewegung ... weitergehen, nicht stehen bleiben, den Schwung mitnehmen für den dritten Schritt, den vierten. Hundert Meter, zweihundert ... Der Schnee knirscht unter meinen Skiern, lässt mein Herz vor Glück hüpfen, und wenn ich mich umdrehe, sehe ich die grünen Pulkataschen auf den orangefarbenen Schlitten im Weiß leuchten, hinter mir die klare, blaue Meeresoberfläche und die verschneiten Bergketten. Mir läuft der Schweiß den Rücken herab. *Finde das Tempo, in dem du nicht schwitzt, ein Tempo, bei dem du trocken bleibst!*, höre ich Mads Stimme wieder. So oft hatte ich das im Training mit ihm und auch allein versucht – und genauso oft einfach geschwitzt.

Endlich bleiben Aenne und Mads stehen, drehen sich zu mir um. Schon von Weitem sehe ich Mads' vorwurfsvollen Blick, Aenne sieht besorgt aus. Noch langsamer zu werden, nur um nicht zu schwitzen, geht jetzt wirklich nicht. Als ich sie einhole, haben wir einen Kilometer geschafft. Oder besser gesagt: Kilometer 1 hat mich geschafft. Die kalte Luft brennt mir in der Lunge, ich schnaufe. Mads stützt sich auf seine Stöcke. Er scheint die Augenbrauen hochzuziehen. *Du hast zu viel mitgenommen. Du bist zu langsam. Wir sind doch gerade erst losgegangen.* Er sagt das nicht, aber ich höre ihn gedanklich genau das aussprechen. Wie auf unseren Touren davor.

„Die Pulkas sind zu schwer für mich", sage ich. Jemand muss es aussprechen. Vielleicht ergibt es keinen Sinn, dass wir alle gleich viele Kilogramm Gemeinschaftsgepäck ziehen. Vielleicht ist das gar keine so faire Lösung, wie ich zuerst gedacht hatte, denn wir sind unterschiedlich stark, unterschiedlich fit und wiegen unterschiedlich viel. Da wäre es normal, das Gepäck so aufzuteilen, dass sich ein ähnliches Tempo für alle ergibt, damit wir als Team gut vorankommen und nicht eine Person immer zurückhängt oder eine andere vorauseilt.

Mads bietet schließlich an, mir den Heptan-Kanister abzunehmen. Heptan ist unser Superbrennstoff, das war ein absoluter Geheimtipp von Peroni und anderen Expeditionsgruppen. Neben Reinbenzin und Wintergas haben wir diesen als dritten Brennstoff dabei. Er soll besonders sauber und effizient verbrennen und den Kochern eine lange Lebensdauer bescheren. Beides ist optimal für unsere Expedition: keine rußende Flamme, dafür saubere Kocher, die lange durchhalten. Wir sollten nur darauf achten, dass das Heptan sauber abgefüllt wurde. Jetzt schnüren wir den Sechs-Liter-Kanister von meinem Schlitten und Mads befestigt ihn auf seinem. Immerhin fünf Kilogramm weniger, die ich nun nicht mehr hinter mir herziehen werde. Der Schlitten ist jetzt so schwer wie ich. Noch ahne ich nicht, dass es Momente geben wird, in denen ich mir wünsche, dieser Heptan-Kanister hätte nie existiert. In denen ich mir wünsche, wir hätten uns nicht zu dem vermeintlichen Superbrennstoff überreden lassen, sondern schnödes Benzin genommen. Auf vielfältige Arten sollte er zum großen Störenfried unserer Expedition werden und sich als wandelbarer Dämon des Inlandeises entpuppen.

Wir schirren die Schlitten wieder an. Diesmal setzt sich der Koloss bereits mit meinem ersten Schritt in Bewegung. Mads flucht kurz, der Kanister stört das vorher so ausgeklügelte Gleichgewicht seines Schlittens. Nach den ersten gemeinsamen Metern fällt die Anspannung von mir ab. Unsere Tempos werden harmonischer, wir bleiben zusammen, gehen sogar nebeneinander und schauen hin und wieder gemeinsam zurück aufs Meer. In wenigen Tagen werden wir uns so weit entfernt haben, dass wir in alle Richtungen nur noch Schnee und Eis sehen werden. Jetzt ist das noch eine abstrakte Vorstellung. Die Nachmittagssonne hüllt uns in goldenes Licht, als wolle sie uns feiern und ehren. Wir reden aufgekratzt miteinander, jetzt, da es endlich losgeht: „Weißt du noch, wie wir fast die Bankbürgschaft nicht bekommen haben?" – „Wie wir um das Permit bangten?" – „Jetzt sind wir wirklich hier. So viele Hürden und nun sind wir doch hier, das muss guat werden!", sagt Aenne in ihrem schweizerischen Dialekt. Alles fühlt sich „guat" an. Mit der Zeit werden wir immer stiller. Schweiß rinnt mir unter den Achseln und den Rücken hinunter. Ab und an bewege ich meine Zunge im trockenen Mund hin und her. Und so gleiten wir schweigend in die erste richtige Pause hinein. Eine gute Stunde sind wir am Stück gelaufen.

Ich klicke mich aus dem Gespann, stapfe nach hinten zum Schlitten und öffne meine Pulkatasche, gleich oben habe ich meine Thermoskanne mit Tee verstaut. Noch am Morgen hatte ich ihn mir im Red House frisch zubereitet. Einen dreiviertel Liter kippe ich jetzt gierig in mich hinein. Als der letzte Tropfen auf meine Zunge gleitet, lege ich den Kopf tiefer in den Nacken, kippe die Kanne noch mal, hoffentlich kommt noch ein zweiter letzter Tropfen raus. Mein ganzer Körper schreit nach Wasser, Tee, Brühe, was auch immer – Hauptsache Flüssigkeit. Aber es ist nichts mehr drin.

Nach zehn Minuten schnallen wir unsere Skier wieder an und ziehen weiter, immer leicht bergauf. Vor uns nichts als weiße Weite. Zu den Seiten sind felsige Landschaften, hinter uns der weite Nordatlantik und die typischen Fjorde der nordischen Küsten zu sehen. Manchmal bleibe ich stehen, schaue bewusst nach links, nach rechts, dann lange hinter mich, ich möchte das alles bewusst in meiner Erinnerung festhalten.

Wir merken bald, dass ein Gänsemarsch kraftsparender ist, und bilden nun langsam immer stiller werdend eine Reihe, gehen in einer Spur hintereinander, ich bin ganz hinten. Mit der Zeit verändert sich die Schneeoberfläche von kleinen zu immer größer werdenden Wellen. Die windgepressten Strukturen sind nicht nur schön, sondern vor allem anstrengend – über jede kleine Erhebung muss ich das Schlittengespann regelrecht zerren.

Den ersten Nachmittag auf Skiern beenden wir nach 4,1 Kilometern. Alles ist schwer – mein Atem, meine Beine, und an Hüfte und Schultern spüre ich deutlich die Druckstellen der Gurte. Ich bin nass geschwitzt bis auf die Knochen. Mein kühles isotonisches Getränk zische ich nur so weg und denke sehnsüchtig daran, dass wir bald Schnee schmelzen werden. „Ich habe Durst wie am Morgen nach einer durchzechten Nacht." Aenne, die sich geschmeidig und mühelos bewegt, als hätte sie einen entspannten Nachmittag hinter sich, stimmt mir zu.

Vielleicht hätten wir an diesem ersten Abend schon erahnen können, dass das Innere der größten Insel der Welt nicht für den Menschen gemacht ist, noch weniger für uns Mitteleuropäer:innen. Wir können uns zwar einen Helikopterflug leisten, teure Schlitten, isotonische Getränke und das ganze Equipment – aber zwölf Kilometer von der Zivilisation entfernt nach dieser Anstrengung und dank Helikopterflug erscheint mir jetzt wie nichts. Wir sind langsamer als auf einem Sonntagsspaziergang mit den Großeltern. 40 Kilometer am Tag und mehr bin ich auf meinen Langstreckenwanderungen durch Brandenburg gegangen. Am nächsten Tag hatte ich meine Beine zwar gespürt, aber ich machte weiter im Alltag, als wäre nichts gewesen. Allein sich auf das Inlandeis zu begeben, weg von der Zivilisation, ist ein irres Unterfangen. Als wollte uns das große weiße Grönland sagen: *Ich lasse euch noch nicht rein.*

Für unseren ersten Zeltaufbau haben wir perfekte Windstille. In diesem Moment höre ich das hohe Fiepen zum ersten Mal. Ich drücke mehrmals auf mein Ohr, doch das Geräusch bleibt. Ich versuche es zu ignorieren, als ich gemeinsam mit Aenne unser Tunnelzelt mit doppeltem Gestänge ausstatte. Einfache Zeltstangen halten starken Stürmen wie dem gefürchteten Piteraq nicht stand. Der Wind bläst so kräftig und gnadenlos, dass einfache Zeltstangen mit einem lauten „Ping" unter ihm zerbrechen. Die Zelthaut würde über unseren Köpfen zerreißen, und selbst wenn das Zelt nicht davonflöge, wäre unser einziger Schutz zerstört. Es ist eine lange Prozedur und elende Fummelei, die leichten Stangen, deren Glieder im Inneren mit Gummischnüren verbunden sind, in die richtige Position zu bringen. Zu unserem Glück ist das Wetter mild und wir tragen nur dünne Fleecehandschuhe und nicht dicke Fäustlinge. Mit Klebestreifen kleben wir die Alustangen paarweise zusammen und schieben diese Bündel dann in die engen Kanäle des Zeltes, die eigentlich nur für eine Stange gemacht sind. Aenne und ich tüfteln konzentriert als Team mehr als eine Stunde lang an dem Gestänge, es soll schließlich perfekt werden. Die Konstruktion muss für die gesamte Expedition halten. Unser Heim stellen wir in Windrichtung auf, mit dem Vorzelt, in das wir unsere provisorische Küche bauen werden, zur windabgewandten Seite. Der Schnee liegt ganz eben auf dem Eis und die Schneepiranhas, die Zeltheringe für Schneeuntergründe, lassen sich gut im Boden befestigen.

Jetzt noch den Eisbärenzaun spannen und dann endlich entspannen! Zu dritt kuscheln wir uns in das eingerichtete Hauptzelt und reden davon, wie hungrig wir sind, wie sehr wir uns aufs Abendessen freuen. Es kostet mich viel Überwindung, meinen müden Körper noch einmal anzustrengen, in die Skistiefel zu steigen, da rauszugehen, zu meinen Pulkas. Ja, ich hatte etwas mehr dabei als die anderen. 1,5 Kilogramm mehr, um genau zu sein. Peroni hatte sie uns zugesteckt. Als ich wieder im Zelteingang erscheine, reißen Mads und Aenne gerade die Vakuumtüten auf und gießen heißes Wasser auf die gefriergetrocknete Nahrung. „Vorspeise", sage ich und lege die feine italienische Salami zwischen uns. Ihre Augen leuchten und wir genießen ein paar Scheiben. Die helle Freude in dieser größten Schneewüste Europas, wo es auf jedes Gramm ankommt.

Wir reden davon, dass das jetzt tatsächlich Realität geworden ist. Wir sind hier. Wir sind endlich losgegangen. Wir machen das, was wir uns so lange erträumt haben – worauf wir uns so lange vorbereitet haben.

Mads wird heute, und solange wir uns noch auf der Eisbären-
wanderroute befinden, in unserem Zelt schlafen. Und wie gut, dass
wir nicht wissen, dass Eisbären mit ihrem phänomenalen Geruchssinn von Salamiduft nur so angezogen werden. In meinen Schlafsack gekuschelt gehe ich den Tag noch einmal im Kopf durch – die
Plackerei, die unglaubliche Schönheit von Schnee und Eis, die Anspannung. Und mit Gedanken an meinen Mann und meine zwei
Kinder schlafe ich ein.

„It's fresh and cool and you are, too."

Tag 2:
Langsame P(l)ackerei

Samstag, 15.04.2023
Tageskilometer: 9,6 km
Dauer: 5 h
Vor uns liegende Strecke: 534,5 km
Temperatur: 2 °C
Breitengrad: 65.728190, Längengrad: -38.810574

Ich hatte wohl Hummeln im Hintern, denn am Morgen wachte ich noch vor dem Wecker auf. Es ist Mitte April und die Nächte hier im Norden sind kurz. Ich öffne den vereisten Reißverschluss und schaue in das gleißend weiße Licht, klettere aus dem Graben im Vorzelt heraus ins Freie. Die Sonne ist längst aufgegangen, steht hoch am Himmel, als ich halb angezogen in meiner Skiunterwäsche und mit der übergeworfenen Daunenjacke vor das Zelt trete. Die Stimmung ist vollkommen anders als am Abend, das Gold ist einem gleißenden Silberweiß gewichen.

Ich nehme einen tiefen Atemzug, es ist nicht allzu kalt. Im Osten sehe ich noch die Bergspitzen, im Westen erstreckt sich eine weiße Fläche. Meine Blase drückt, also erleichtere ich mich schnell und husche wieder ins Vorzelt zum Schneeschmelzen und Frühstücken. Ich freue mich auf all die Handgriffe, die bald zur Routine werden. Frühstücken, Camp abbauen, weiterziehen.

Ich pumpe die Benzinflasche und lasse etwas Flüssigkeit aus der Öffnung strömen, zünde die kleine Pfütze auf dem Blech zum Vorwärmen des Brenners an, dann wird die Flamme blau und ich drehe den Hahn auf. Der Kocher faucht und zischt ... perfekt, er läuft. Einige faustgroße Schneebrocken, die von den Bauarbeiten am Küchengraben übrig geblieben sind, landen in unserem Topf. Die Rippen unter seinem Boden sollen den Kochvorgang beschleunigen. Der Dreilitertopf ist randvoll mit Schneebrocken, die nur langsam zu einer kleinen Pfütze schmelzen. Fast eine Stunde benötigen wir, bis wir Frühstückswasser und unseren Getränkevorrat für den Tag geschmolzen haben.

Diesmal sorge ich vor und fülle beide meine Thermoskannen bis zum Rand mit Tee und Gemüsebrühe, pimpe sie noch mit etwas Maltodextrin, einem langkettigen Zucker. Der wird schnell vom Körper aufgenommen, lässt den Blutzuckerspiegel aber nur langsam und kontinuierlich ansteigen, versorgt mich also länger mit Energie. Ein Stärkungsmittel. Die anderthalb Liter Flüssigkeit müssen für die geplanten fünf Etappen reichen. Diesmal will ich vorbereitet sein, heute soll niemand auf mich warten müssen. Aenne ist ebenfalls früh auf den Beinen, versorgt sich für den Tag. Etwas später bauen wir das Zelt gemeinsam ab, falten und verstauen es auf Aennes Pulka als längliches Paket. Um 9 Uhr sind wir Frauen startklar.

Mads hantiert noch an seinem Packsack herum, nimmt Gegenstände heraus, bringt sie woanders unter. Er hat sich für ein etwas anderes Packsystem als wir entschieden und zieht nur eine der orange leuchtenden Paris-Pulkas und dann noch eine Art selbstgebautes Rodelbrett. Darauf liegt sein Packsack und der macht ihm heute Vormittag Probleme. Das Ding fasst rund 120 Liter, ist leichter, enger und damit weniger voluminös als unsere 200-Liter-Taschen, hat aber nur einen Rollverschluss am oberen Ende und keine Unterteilungen. Wir Rucksackreisende kennen das Phänomen: Je größer der Rucksack, je weniger Reißverschlüsse und Unterteilungen, desto aufwendiger dessen Verwaltung. Wo ist noch mal die Verpflegung für zwischendurch? Eben noch eingesteckt und schon sucht man wieder danach. Etwas liegt ganz unten im Rucksack? Dann erst einmal die Gegenstände darüber aussortieren und nach unten tauchen. Mads verstaut seine Habseligkeiten so im Packsack, dass er dessen Größe maximal ausnutzt, das ist wie Tetris. Als Letztes schnürt er den Heptan-Kanister auf seine Paris-Pulka, wie ein Vorwurf kommt er ganz oben drauf. Und auch heute wird Mads sich darüber beschweren, dass sein Schlitten nun nicht mehr gleichmäßig läuft. *Du hast dich mit dem Gewicht verschätzt.* Und: *Das geht doch alles zu Lasten der Gruppe.* Er könnte auch gleich sagen: *Wegen dir muss ich jetzt den Kanister schleppen und das macht das Ganze erst unangenehm für mich.* Ich ertrage Mads Vorwurf schweigend. Die Schwere des Kanisters habe ich gestern eingetauscht gegen die Schwere seiner Vorwürfe. Um 10 Uhr kommen wir endlich los, jede:r auf eigene Art im Ungleichgewicht.

Das Inlandeis muss man sich wie eine riesige Eiskappe vorstellen, die die größte Insel der Erde bedeckt. In ihrer Mitte steigt sie bis auf eine Höhe von 2.500 Metern an und bildet dort ein Plateau. Da müssen wir erst einmal hinauf. Die ersten Tage unserer Expedition gehen wir stetig bergauf. Manchmal erscheint mir diese ansteigende Ebene flach wie ein Pfannkuchen, dann wieder steil wie ein Achttausender. Die Lichtverhältnisse ändern sich über den Tag hinweg, verwandeln diese schier endlose Fläche jedes Mal aufs Neue: von flirrend hell nach dunstig-neblig bis knackig klar. Die Landschaft sieht ähnlich aus wie gestern, es geht so leicht bergauf, dass es mit den Augen nicht zu erkennen ist … aber wir spüren es. Ich schiebe mich mit aller Kraft voran, rucke an meinen Schlitten, die mich mit ihren 75 Kilogramm abwärts ziehen. All das begleitet von einem ständigen Pfeifen in meinem Ohr: Es ist das Echo der absoluten Stille auf dem Eis.

Nebeneinander, das haben wir gestern gelernt, ist es zu anstrengend. Mads geht voran, seine Skier und Schlitten hinterlassen eine Spur im unberührten Schnee, ähnlich einer Langlauf-Loipe, nur viel breiter. Die Breite wird vom Schlitten bestimmt, der je nach Schneebeschaffenheit einen tiefen Graben in die weiße Oberfläche pflügt. Aenne folgt ihm und ich bilde das Schlusslicht. Ganz weit hinter uns liegen das Meer und die Berge. Ich liebe es, mich regelmäßig umzudrehen, sie wie in Zeitlupe verschwinden zu sehen.

Vorn zerrt Mads jetzt an seinem Rodelbrett, das ihm Probleme bereitet. Es schlingert hin und her, ist etwas breiter als die davor laufende Paris-Pulka. Mads justiert die Riemen und versucht das Brett zu optimieren. Trotz dieser Probleme ist er mir jetzt weit voraus, dicht gefolgt von Aenne.

Packen für Grönland

Mads Packsack ähnelt meinem Grönlandordner auf dem PC. Ich hatte ihn randvoll gestopft mit Unterordnern und Dateien und ihn oft auf der Suche nach den richtigen Informationen durchkämmt. Vier Excel-Listen hatte ich angelegt: wichtige Adressen, eine Essensliste, in der ich jedes Expeditionsnahrungsmittel inklusive Kalorien und Gewicht eingetragen hatte, eine mit allen Ausrüstungsgegenständen inklusive Gewicht und eine zum Budget. Die Listen hatten mir in der Vorbereitungszeit ein Gefühl von Sicherheit gegeben.

In meinem Keller stapelten sich Berge von gefriergetrockneter Nahrung, Hardware, Kleidung und Schlitten, also alles, was ich mitnehmen würde. Diese meine ganz eigenen Grönlandberge wuchsen viel größer und umfangreicher, als ich mir am Computer sitzend hatte vorstellen können. Anfang Februar 2023 war es dann so weit. Mads und Aenne sandten über die Hälfte ihrer Ausrüstungen vom Bodensee nach Grönland und ich wollte meine in Potsdam aufgeben. Im Keller schraubten mein Sohn Johan und ich Schienen an die orangefarbenen Plastikschalen, die Paris-Pulkas, und knüpften Packgummis an den Rand der Schlitten, sortierten Tee, Kaffee, Zucker, Vor- und Nachspeisen, Hauptmahlzeiten und Riegel in die Versandkartons, hakten Gegenstand für Gegenstand auf der Liste ab. Er schrieb liebevoll „Tee" und „Kaffee" auf die Tüten, malte Kringel und eine dampfende Kaffeetasse darauf, als verpackte er Weihnachtsgeschenke. Ein großer Fahrradkarton musste herhalten, damit auch die Paris-Pulkas hineinpassten. Wir schnitten ihn mit einem Cuttermesser zurecht und brachten ihn mit Klebeband auf das perfekte Maß, sodass er von der Post noch als Sperrgut befördert werden würde. „Das nimmst du ALLES mit?", fragte Johan. „Alles" ... eine gute Frage. Was *alles* würde ich auf Grönland brauchen? Als wir schließlich „Tasiilaq" als Ortsangabe auf die Pakete schrieben, schauten wir uns kurz an. Grönland war ein Stück näher gerückt.

„Ist das noch Sperrgepäck?", fragte ich die Postbeamtin und hievte den Karton auf die Waage. Die Dame sah recht gelangweilt auf die Anzeige und meinte trocken: „Dit is drei Kilos zu schwer." Also schleppten wir das Monster wieder zwei Straßen zurück in den Keller. Nahm ich zu viel mit?

Eine Grönlandexpedition ist ein gewaltiges Unterfangen. Wer sich durch die gigantische Weite des Inlandeises bewegen will, muss sich minimieren. Je effizienter, je energiesparender, desto besser. 4.500 Kilokalorien pro Tag hatte ich einkalkuliert, aber natürlich nicht als opulentes Mahl, sondern vakuumverpackt, gefriergetrocknet in stabilen Tüten. Alle Gegenstände sollten möglichst leicht sein. Seit Monaten hatte ich an der Packliste gearbeitet. Bei jedem Gramm hatte ich viermal überlegt, ob es denn notwendig wäre. *Wie viele Paar Handschuhe brauche ich? Sechs? Oder reichen fünf und ich spare 20 Gramm?* Genauso erging es mir bei den Socken, stinken würden sie in jedem Fall, ob es nun zwei oder drei Paare waren. Wir, das Expeditionsteam, informierten uns bei erfahrenen Polargänger:innen, in Outdoorgeschäften, über das Internet. Eine unschlagbar wichtige Informationsquelle ist aber auch die eigene Erfahrung – und hiervon hatte Mads sehr, sehr viel.

Ihm hatte ich meine Liste gemailt. Nach ein paar Tagen hatte er mir zurückgeschrieben und gab ein verwirrtes und verwirrendes „Ok". Ich solle noch mal auf die Suche gehen, irgendwie sei mein Gepäck schwerer. Er wüsste aber auch nicht, weshalb. Es gäbe nicht den einen Gegenstand, von dem man sagen könnte: „Lass den weg."

Mads ist in Sachen Gepäck der Meister der Leichtigkeit, die meisten seiner Ausrüstungsgegenstände tragen das Label „Ultra Light". Auf unserem Wildnistrack durch Island hatte er jeden meiner Ausrüstungsgegenstände in die Hand genommen: „Die Powerbank, die ist zu schwer", er hatte sie mir zurückgegeben, damit ich das Gewicht erspüren konnte. „Da gibt es leichtere Modelle." Als Nächstes war die Tasse dran. „Nee", hatte er gesagt. „Das geht leichter." Ich vertiefte mich noch einmal in die Liste, warf ein T-Shirt und ein paar Socken raus.

Ich schätzte Mads Meinung und Erfahrung sehr. Wenn er also jetzt zu mir oder über mich sagte, ich nehme zu viel mit, dann ist das vergleichbar mit einem Lehrer, einer Autorität, der seiner Schülerin ausstellt, dass sie durchgefallen sei und alle aufhalte. Sein Vorwurf liegt mir schwer im Magen. Ich frage mich, welcher Gegenstand der sein könnte, der „zu viel" ist. Mein aufblasbares Kopfkissen wiegt knapp 100 Gramm, ich kann damit gut schlafen, vielleicht hätte ich es auch weglassen und stattdessen einen zusammengelegten Pullover benutzen können. Einem Gegenstand verschiedene Funktionen zu geben, steht auf einer Expedition hoch im Kurs. Was ist Komfort und was lebenswichtig? Ich habe 32 kleine Papierstreifen dabei, scheinbar nutzloses Gewicht, doch für mich sind sie lebensnotwendig: Es sind Seelenstreichler, Motivationssprüche meiner Tochter Matilda, einen für jeden Tag. Wahrscheinlich versteht nur eine Mutter, dass diese 20 Gramm zusätzlich mir Tag für Tag mehr Energie spenden werden, als es 100 Gramm Maltodextrin je könnten. Jeden Morgen bringen sie mich zum Schmunzeln oder Nachdenken und abends schreibe ich sie als Motto in mein Tagebuch.

Wir schleppten die Pakete wieder zur Postfiliale und ich hievte sie mit Aufregung im Bauch auf die Waage. Ich suchte nach einem Funken in den Augen der Beamtin, einem Hinweis, dass sie überrascht, erstaunt war. Die Dame scannte den Barcode ein, sagte: „Dit macht dann 350 Euro", und drückte mir die Versandbestätigung in die Hand. Mir fiel eine gefühlte Last von Hunderten Kilo Sperrgepäck von den Schultern – ich hatte einen weiteren Meilenstein geschafft. Den Trackingcode würde ich die kommenden Wochen immer wieder auf den Websites diverser Postanbieter eingeben, um den Status meiner Pakete zu verfolgen. Darin waren die Schlitten, schwere Hardware und Nahrung, natürlich nur unverderbliche. Den empfindlichen Daunenschlafsack und die Skier würde ich mit ins Flugzeug nehmen.

Dann waren die Pakete plötzlich nicht mehr zu tracken, ihr Status hier in Deutschland verweilte auf „im Transferland eingetroffen" – das musste Dänemark sein. Mads und Aennes Paketen erging es genauso. Lagerten unsere Pakete wirklich in Dänemark? Mithilfe von verschiedenen Tracking-Apps machten wir uns auf die Suche.

Der Inhalt der Pakete war nicht nur teuer, sondern auch lebenswichtig. Kämen die Pakete nicht an, könnten wir unsere Expedition nicht antreten. Nach fast sieben Wochen der Ungewissheit rief ich schließlich die Poststation in Tasiilaq an, ob unsere Pakete dort seien. Der freundliche Herr in der Leitung legte dieselbe Gelassenheit und „Business as usual"-Haltung an den Tag wie die Damen in der Potsdamer Filiale: „Helicopter not flying today, bad weather, maybe in two days." Und tatsächlich, nach den genannten zwei Tagen lasen wir endlich: „Die Sendung wurde erfolgreich zugestellt." Wir schlossen uns per Videokonferenz zusammen und stießen virtuell mit einem Apéro an. Die Expedition begann also für uns schon sehr lange, bevor wir am 11. April in Grönland landeten. Scheinbare Alltäglichkeiten wie der Versand von Paketen bekamen für uns eine neue Bedeutung, wurden essenziell. Auch der bürokratische Aufwand im Vorfeld war enorm. Welche Permits brauchten wir, wo würden wir unsere Lebensläufe und Anträge hinschicken müssen, welche Versicherungen ließen sich auf unser Grönlandabenteuer ein, welche Bank übernahm die notwendige Bürgschaft? Wir hätten uns nie vorstellen können, dass wir vor so vielen verschlossenen Türen stehen würden. Das zerrte an unseren Nerven. In Online-Runden sprachen wir einander von Bildschirm zu Bildschirm Mut zu und teilten die Nervosität miteinander. Diese Zeit war der erste Test: Wer sie nicht gut aushält, der hält auch die Ungewissheit auf dem Grönlandeis nicht aus.

„Eine muss die Langsamste sein"
Ich trotte Mads und Aenne hinterher, die abwechselnd anführen. Wer vorn geht, hängt sich den Kompass um und navigiert. Als Orientierung dienen uns die GPS-Daten vergangener Expeditionen. Noch in Deutschland hatte ich mir die Route angesehen und stu-

diert und hatte eigentlich auch ein GPS-Gerät mitnehmen wollen. Doch Mads hatte mir davon abgeraten, da bereits Aenne und er je eines dabeihätten und die Orientierung übernehmen würden. Wieder kam ich mir vor wie das Wintertourküken. So blieb mir der Beobachtungsposten ganz hinten. In der Theorie hatte ich mir das Navigieren schon mit einem Buch angeeignet, mir fehlte jedoch die Praxis, die es dafür brauchte.

Wer in Grönland auf dem Kompass nachschaut, wo Norden ist, wird nie ankommen. Denn Norden ist auf Grönland nicht gleich Norden. Das liegt an der sogenannten „Ortsmissweisung" (engl.: *magnetic declination* oder *variation*). Sie beschreibt den Winkelunterschied zwischen dem magnetischen Nordpol und dem geografischen. Je weiter wir uns Richtung Pol bewegen, desto größer wird der Abstand zwischen den beiden Nordpolen.

Jetzt hier auf dem Eis habe ich den Eindruck, dass es eine komplizierte und nur langsam zu erlernende Aufgabe ist, da vorn zu spuren und zu navigieren. Aenne und Mads rufen sich Zahlen zu, knobeln, gleichen die Daten mit dem GPS-Gerät ab, wägen ab und entscheiden dann, bei dem Kurs zu bleiben oder den Kurs um wenige Grade zu verändern. *Eine Wissenschaft für sich*, denke ich.

Auch jetzt auf der dritten Etappe ist der Abstand zwischen uns weit, 50, wenn nicht gar 80 Meter. Das ist hier draußen viel. Die nächste Pause erreiche ich mit mehreren Minuten Abstand, keuchend.

„Eine muss die Langsamste sein", hatte die erfahrene Polarabenteurerin Birgit Lutz zu mir gesagt. Und dass es dafür vielleicht andere Qualitäten gebe, die man habe. Jemand kann besser reparieren, jemand anderes verbreitet immer gute Stimmung. Sie hatte mir Mut gemacht. Meinen Optimismus, meine gute Laune, die habe ich immer dabei. Ich spreche mir das gedanklich wie ein Mantra vor, ich will es auch glauben, will glauben, dass ich nicht nur ein

Klotz am Bein der anderen bin, sondern etwas beitrage zum Team, dass auch ich nützlich bin. Mads richtet seinen Packsack wieder, justiert hier und da, nimmt Blasenpflaster heraus. Ich überlege, die kleine Drohne auszupacken und fliegen zu lassen. So eine wunderschöne, windstille Landschaft wie heute werden wir nur selten haben. Die kleine Drohne würde auch jetzt noch die Bergspitzen am Horizont einfangen, vielleicht sogar das Meer. Während Mads mit den Pflastern hantiert, sie abnimmt und neu anbringt, sehe ich Fotoserien von weiter Landschaft, Sastrugis und fernen Bergketten vor meinem inneren Auge, sehe Drohnenaufnahmen von kleinen Personen auf endlosem Eis. Wie wunderschön das von oben aussehen muss. Doch ich lasse die Drohne in der Tasche, ich will die Gruppe nicht noch mehr aufhalten. Als Mads endlich seine Strümpfe über die Füße zieht und schließlich den Heptan-Kanister festzurrt, sind 45 Minuten vergangen. Ein 45-minütiger Drohnenflug ... tja, Chance verpasst.

Ich schlucke meinen Ärger runter und reihe mich hinten ein. Ich stemme mich gegen den Schlitten und weiter geht's. Mittlerweile ist Wind aufgekommen und es kühlt deutlich ab. Aenne und Mads gleiten voran, entfernen sich weiter und immer weiter von mir. Ich habe alles dabei, denke ich, doch die wichtigste Ressource bleibt trotz hartem Training unerreichbar: der richtige Körper. *Grönlanddurchquerung*, das klingt nach Reinhold Messner statt nach mir. Bin ich einem Traum aufgesessen und zwischen ihm und der Realität liegt eine unüberwindbare Gletscherspalte? Frauen aus Potsdam mit Mamapfunden auf den Hüften überqueren nun mal nicht Grönland!

Andererseits haben mir die zwei Geburten der Kinder, die Arbeit am Icehotel und schließlich das Wildnistrekking auf Island gezeigt, wozu mein Körper imstande ist. In den Jahren davor und vor allem in meiner Jugend habe ich kein Selbstbewusstsein für meinen Körper verspürt, hatte mich nicht sehr wohl in den Formen und Größen gefühlt, die mir die Natur mitgegeben hatte. Bald schon ist der Abstand zu Mads und Aenne riesig. Sie drehen sich nicht einmal nach mir um. Warum rennen sie so voran? Wir sind Fremde in einer unwirtlichen Gegend, die niemand von uns kennt. Wenn jetzt das Langfell unter meinen Skiern Probleme macht, ich hinfalle und nicht mehr aufstehen kann – würden sie mich rufen hören? Diese Sorge hatte sich schon im Vorfeld unserer Expedition tief in meinem Kopf verankert. Das ist meine Angst, die ich mitbringe: Niemand dreht sich nach mir um und ich verschwinde in der weißen Riesigkeit. Unauffindbar. Für immer.

Noch ein paar Tage und wir sehen in alle Himmelsrichtungen nur Weiß bis zum Horizont. Ein bisschen Nebel noch dazu und die Sichtweite reduziert sich auf wenige Meter. Etwas Wind und die Spuren verwehen. Darauf folgt die große Orientierungslosigkeit. Wir können einander auf wenigen Metern Abstand aus den Augen verlieren, und zwar unauffindbar, wenn wir uns weder hören noch sehen. Ein Rufen ist gerade bei Wind oft sinnlos und kostet außerdem viel Kraft.

Ich schiebe meine Hand in die Hosentasche und als ich den kleinen harten Gegenstand zwischen meinen Fingern spüre, kehrt ein wenig Erleichterung ein. Ich habe ihn in einem kleinen Sportladen in Nuuk, der Hauptstadt Grönlands, gekauft. Aenne trägt ihn auch mit sich herum: eine schwarze Trillerpfeife. Ich werde im Verlauf der Expedition noch oft nach ihr tasten. Heute nehme ich sie noch nicht heraus.

Am späten Nachmittag gegen 17 Uhr wollen wir das Camp aufschlagen. Mein Magen knurrt und ich lechze nach Wasser. Das Gelände aber ist so steil, dass wir die Zelte nicht aufstellen können.

Mads geht ohne Schlitten und Gewicht voraus, um die Gegend zu erkunden. Als er fast außer Sichtweite ist, sehe ich, dass er weder das Gewehr noch den Notfallsender, das Inreach-Gerät, mit sich trägt. Wenn ihm jetzt ein Eisbär entgegenkommt, wäre keine von uns schnell genug zum Helfen bei ihm. Aenne und Mads, die Outdoorprofis, scheinen sorglos zu sein. Nach 20 Minuten gleitet unser Expeditionsleiter auf seinen Skiern fröhlich zu uns herab. *Was für eine traumhafte Abfahrt*, denke ich. Ich freue mich jetzt schon auf den Tag, an dem wir die Eiskappe am anderen Ende herabfahren. Jetzt aber zerren und rucken wir unsere Schlitten bergauf. Der Wind bläst uns immer stärker um die Ohren. Dann endlich wird das Gelände so flach, dass wir unser Camp errichten können.

„Zehn Kilometer sind wir heute gelaufen", sagt Mads und mir fällt die Kinnlade runter. „Nur zehn?", frage ich. Doch Mads ist zufrieden. Es sei erst der zweite Tag, sagt er, unsere Körper müssten sich noch an die hohe und stetige Belastung gewöhnen. Wir sollten ihnen Zeit geben, uns jetzt nicht überfordern. An die lange Distanz denken statt an schnelle Streckenerfolge.

Wir beschließen, zuerst eine Schneemauer zu errichten, um unsere Zelte vor dem Wind zu schützen. Mit Klappsäge und Aluschaufeln machen wir uns ans Werk, Fließbandarbeit: Ich zersäge den windgepressten Schnee, Aenne nimmt die ausgeschnittenen Schneeblöcke entgegen und Mads stapelt sie so hoch, dass er kaum noch drüberschauen kann. Da die zwei Zelte nebeneinanderstehen werden, muss der Schutzwall entsprechend lang sein. Als Letztes spannen wir den Eisbärenzaun um das Hauptzelt. Genauer gesagt, eine dünne Schnur, die mit einem elektrischen Signal verbunden ist. Mir fliegen fast die Ohren weg, als ich den Ton teste. Es ist ein elendes Gefummel, in dicken Handschuhen den sensiblen Mechanismus mit dem dünnen Faden um die aufgestellten Skier und Skistöcke so zu spannen, dass er weder zu locker noch zu straff ist und auslöst, wenn die Schnur von einem Eisbären heruntergerissen wird.

Nach zwei Stunden Bauzeit muss ich mich erst mal hinlegen.
Aenne kriecht zu mir ins Zelt und fragt mich, ob alles in Ordnung
sei. „Nur zehn Minuten ausruhen", sage ich und schlummere schon
weg. Als ich aufwache, ist eine halbe Stunde vergangen. Ich schlie
ße wieder die Augen, möchte ohne Abendbrot in die Nacht hineinschlafen. „Geertje", höre ich Aenne sagen. „Du musst etwas essen.
Sonst hast du morgen nicht genug Energie, dein Körper braucht
etwas, raff dich auf!", motiviert sie mich. In meiner weichen, weiten Daunenhose krabbele ich behäbig aus dem Innenzelt ins Vorzelt. Ich streife die Booties aus Daunen über meine Wollsocken
und fröstle dennoch. Heute habe ich während der Tour meine Periode bekommen, kein guter Start. Dankbar nehme ich die Tasse
heißen Tee entgegen und starre in die blaue Flamme des zischenden Kochers. Der Wind zerrt jetzt an den Zeltwänden.

Ich gieße mir ein Fertiggericht auf, rühre mit meinem
langen, federleichten Titanlöffel darin herum, bis sich die Flocken und Brocken zu einer ansehnlichen Mahlzeit vermischt haben. Es erfordert große Geduld, das Gemisch jetzt nicht so, wie
es ist, in mich hineinzustopfen, sondern es durchziehen zu lassen. Ich schließe den Zipper, genieße die Wärme zwischen meinen Händen. Als Nachtisch gibt es, laut Packung, einen „Seelenwärmer". *Her damit!*, denke ich und schlürfe den warmen Schokopudding.

Der dünne Zeltstoff flattert jetzt wie ein aufgeschrecktes
Tier. Mads hat sich zu uns ins Hauptzelt gesellt. Mit Kopfhörern
über den Ohren kuschele ich mich tief in meinen Schlafsack, ziehe
die Kapuze um meinen Kopf, sodass gerade noch meine Nasenspitze herausschaut. Das Innenzelt des langen Tunnels hat Platz

für drei nebeneinanderliegende Personen, Mads schläft zwischen uns Frauen, unsere Füße zeigen Richtung Ausgang. Heute Abend hatte uns eine Nachricht von Frank erreicht, ein erfahrener Grönlandquerer und unser Wettermann. Er weiß, auf welche Fakten es ankommt: Wetterlage, Stimmung und Gesundheit. Unsere Expedition verfolgt er anhand der GPS-Daten, die wir jeden Abend senden, und er behält die Wettervorhersage für uns im Blick.

Achtung! Morgen ist Fallwind bis 65 km/h,
kann auch staerker werden!
Temp 13:00 -8 Grad, nachts -10, Wind 02:00 19 km/h N.
Wind aus noerdlichen Richtungen.

Und später:

Schwieriger Start aber es wird besser.
Alles Gute und warme Gruesse an Euch!

Fallwind, das klingt harmlos. Doch dahinter steckt eine solch überwältigende Naturgewalt, dass sie dem Menschen seine Nichtigkeit zeigt. Die gruseligsten Geschichten ranken sich um dieses Naturphänomen, das an der Ostküste Grönlands als Piteraq bekannt ist. Zahlreiche Häuser hat er schon geschreddert, Container durch die Luft geschleudert, ist durch Fjorde gefegt und hat ganze Dörfer zerstört.

Ich stelle die Musik lauter, bis sie das Peitschen des Windes übertönt. Vier Coversongs hat mein Mann für mich aufgenommen. Ich lausche seiner Stimme und sehe ihn jetzt vor mir, wie er in seinem Studio bis spät in die Nacht hinein Songs abmischt und nach dem perfekten Sound sucht.

„Hope you're having fun und super Wetter,
wenn nicht, dann macht es euch gemütlich."

Tag 3 & 4:
The Beauty of the Wind

Montag, 17.04.2023 – Dienstag, 18.04.2023
Tageskilometer: 0 km
Dauer: 0 h
Vor uns liegende Strecke: 525,2 km
Temperatur: -10 °C
Breitengrad: 65.811933, Längengrad: -38.832246

Auch das ist Grönland: Der Sturm flaute erst am dritten Tag ab und wir schoben uns weiter Richtung Nordwest. Auf die nervenaufreibende Nacht war ein vergleichsweise ereignisloser Tag gefolgt. Doch auch das kann sich hier schnell ändern ...
 Es ist der vierte Tag unserer Expedition. Ich öffne meine schweren Augenlider, spüre Aennes Hand auf meiner Schulter, sie schüttelt mich sanft. Der Wind tost über unser Campgelände hinweg und pcitscht gegen die Zeltwände. Aenne hat sich über mich gebeugt, ihre Lippen formen Worte, doch sie gehen zwischen ihr und mir verloren, als blase der Wind sie weg. Aenne versucht es noch einmal, mit mehr Kraft: „Geerrrrtje ... Guten Morgen!"

Mein Wecker war im Lärm völlig untergegangen, ein winziges, unbedeutendes Geräusch im Vergleich zur Naturgewalt da draußen. Sie zerrt an unserer kleinen Behausung. War es ein schlechtes Omen, die Göttin des Sturms und der Winde, Asiaq, ganz vorn ins Tourtagebuch zu zeichnen? Ich schüttele den Kopf bei diesem Gedanken, jetzt bloß nicht abergläubisch werden. Ich schlüpfe aus dem Daunenschlafsack heraus, in die Daunenjacke hinein, von Wärmequelle zu Wärmequelle, und krieche aus unserem Schlafbereich. Im Vorzelt sieht es anders aus als noch gestern Abend. Wo vorher Kocher und Skischuhe standen, liegt jetzt eine Miniatur-Winterwunderlandschaft vor mir. Vielleicht hat Asiaq ja doch ihre Finger im Spiel und über Nacht Flugschnee durch die winzigen Ritzen hinein in unser Zelt geblasen – und alle Gegenstände damit umhüllt. Über unseren Kocher hat sie eine zarte Schneedecke gelegt, die seine Konturen gerade so verbirgt, dass er wie ein geheimnisvolles Artefakt wirkt. Dahinter stehen majestätische Türme aus fernen Ländern, die sich stolz über das winterliche Reich erheben. Gestern noch, bevor die Magie eingekehrt war, steckten wir unsere Füße hinein und trugen sie als ovale, klobige Schuhe auf den Skiern. Einige kleine Gegenstände, wie unser Besteck, scheinen ganz verschüttet, die Becher und Tüten jedoch geben fantastische kleinformatige Schneeskulpturen ab. Immer wieder verblüffend, was die Natur kreiert, die kleinen Kunstwerke faszinieren mich. Vielleicht auch deshalb, weil ich mit meinem Werkzeug Schneeskulpturen in einem viel größeren Maßstab erschaffe.

Über Nacht ist mein Lebensmotto, das ich in meinen Skulpturen ausdrücke, sichtbar geworden: „If you choose not to find joy in snow, you will have less joy in your life but the same amount of snow." Danke, Asiaq. Komm doch auch mal bei uns in Potsdam vorbei, wenn die Wohnung im Chaos versinkt und der Boden in den Teenagerzimmern vor lauter Sportsachen, Rucksäcken und Schulbüchern fast nicht mehr sichtbar ist. Blase die Magie des Schnees darüber.

Kaum berühre ich den vereisten Reißverschluss des Zelteingangs und ziehe ihn vorsichtig ein Stückchen nach oben, kämpfe ich schon gegen den tobenden Wind, der mir mit Kraft den Zeltstoff aus den Händen reißen will. Unsere Schneeschaufel muss irgendwo da draußen liegen. Mir gelingt es, das Zelt weit genug zu öffnen, um nach draußen zu sehen. Eine meterhohe Schneewehe versperrt den Eingang. Ich habe verstanden: Heute ist ein Tag der Naturkräfte.

Der Wind treibt Schnee so lange vor sich her, bis ein Hindernis ihn stoppt, dort lagert er sich dann ab. Je geringer die Dichte des Schnees ist, desto weiter bläst ihn der Wind voran. Feiner, sanfter Pulverschnee lässt sich besonders leicht bewegen. Kommt die zarte Schneemasse dann zum Ruhen, türmt sie sich zu eindrucksvollen und mitunter mehreren Metern hohen Wehen auf. In dieser kargen Gegend sind unsere Zelte und Schlitten weit und breit die einzigen Hindernisse.

Die Schneewehe ist weich und kalt. Mit meiner Handschuhhand taste ich nach unserer Schneeschaufel, die irgendwo hier draußen liegen muss, zumindest falls Asiaq gnädig war und erst den Schnee, dann den kräftigen Wind darübergeblasen hat. Denn dann ist sie nur eingeschneit und nicht davongeweht. Wir werden lernen, in Grönland zurechtzukommen, werden Routinen entwickeln, die uns auf der Tour Nerven und vor allem Energie sparen. Die Schaufel werde ich nie wieder außerhalb des Zeltes aufbewahren, sondern an einem festen Ort im Vorzelt verstauen. Schließlich bekomme ich den Stiel der Schaufel zu fassen. Mit einem Ruck ziehe ich sie heraus.

Schaufelladung nach Schaufelladung trage ich die Schneewehe ab, dabei rutscht unablässig Schnee in das Vorzelt. Vor vielen
Jahren hatte ich einen Artikel über einen Schweden gelesen, der in
seinem Auto von einem Schneesturm überrascht worden war und
komplett einschneite. Daran muss ich jetzt denken. Der Schnee
hatte sich so weitläufig und dicht um das Auto gelegt, dass er einfach nicht mehr rauskam. Zwei Monate lang hat er in seinem
Schneegefängnis ausgeharrt, bis er gefunden wurde. Eine unglaubliche Geschichte. Der Mann war nicht erfroren, weil er einerseits
einen Schlafsack zum Wärmen hatte, zum anderen, weil die dicke
Schneedecke das Autoinnere isolierte und ihn so vor der Kälte geschützt hatte. Der Mann war nicht verdurstet, weil er Schnee vom
Autodach gegessen hatte. Der Wind, der Schnee, die Naturkräfte – sie sind gleichzeitig unsere Feinde, Herausforderungen, Freunde und Begleiter. Der Schnee hatte den Mann in Gefahr gebracht,
der Schnee hatte den Mann gerettet. Eine verrückte Geschichte.

Langsam gibt die gestutzte Schneewehe den Blick nach draußen frei und in ein paar Metern Entfernung sehe ich beigefarbenen
Zeltstoff unter einer der vielen anderen Schneewehen hervorra-
gen, Mads Zelt. Wir hatten es aufgebaut, dennoch hatte er bei uns
übernachtet, da der Eisbärenzaun um unser Zelt gespannt ist. Nur
mit einer langen Wollunterhose bekleidet, kämpfe ich mich aus
dem Zelt, es wird ja schnell gehen, denke ich mir. Mit den Stiefeln
sinke ich tief in den losen Schnee, der sich sofort an die Wolle
klettet und sich mit seiner Kälte durchbeißt bis auf die Haut. Ich
klettere und stolpere über die hohen zwischen unseren Zelten an-
gehäuften Schneeberge, bis ich eine gute Stelle gefunden habe. Der
Toilettengang heute ist eisig und windig.

Als ich wieder in unser Zelt steige und den flatternden Reißverschluss vor Wind und Kälte verschließe, hat Aenne bereits den
Kocher angeworfen und wir machen uns den ersten Tee des Ta-

ges. Mit den großen, warmen Bechern in den Händen genießen wir die Zeit, einfach mal stillsitzen. Danach besprechen wir die Wetterlage, gleichen eine Nachricht Franks mit dem offiziellen Garmin-Inreach-Wetterdienst ab, ein mobiles Navigationsgerät, mit dem wir über GPS die Route überprüfen und auch unseren Campstandort jeweils an unsere Leute daheim übermitteln können. Ebenfalls können die Behörden unseren Standpunkt sehen, da wir die Geräte bei ihnen registriert haben. Auch detaillierte Wettervorhersagen zeigt uns das Gerät an: Windstärke, tatsächliche und gefühlte Temperatur, Luftfeuchtigkeit – und das für jede Stunde des Tages. Trotz der Genauigkeit der Daten bleiben sie für mich völlig abstrakt. Die Windgeschwindigkeit zum Beispiel. Ich stelle mir vor, wie ein Auto mit 50 Kilometern die Stunde an mir vorbeifährt, ich stelle mir vor, wie schnell die Landschaft an mir vorbeizieht, wenn ich mit unserer alten Familienkutsche 120 Kilometer pro Stunde auf der Autobahn fahre, und dann, wie schnell alles an mir vorbeirauscht, wenn ich im ICE mit 300 Kilometern pro Stunde durch Deutschland brause. Aber ein Wind von 80 Kilometern pro Stunde? Von 250? Zieht in Potsdam Wind auf, dann sehe ich aufgewirbeltes Laub, sehe, wie sich die Äste bewegen und sich bei Sturm die Bäume biegen, wie sie durchgeschüttelt werden, ich sehe Tore mit Schwung zufallen und Mülltonnen, die der Wind über die Straße schiebt. Wo wir jetzt sind, gibt es nichts davon, nur das Schneetreiben über dem Boden und den Sound des Windes. Selbst der rasende Piteraq ist unsichtbar, bis er auf Zivilisation trifft, und dann ist es zu spät.

In einer monotonen Landschaft erscheinen die Naturgewalten vielfältiger und unheimlicher. Nicht nur, weil sie extreme Kräfte entwickeln können, sondern auch, weil sie eben vor allem hörbar, spürbar, aber selten sichtbar sind. Und dann gibt es diese seltenen Momente der Naturphänomene: Nordlichter, Halos und Piteraqs. Naturvölker fürchten sich sicherlich auch deshalb vor ihnen, weil unerklärliche sichtbare Veränderungen Unheil bringen können.

So klarte am 22. November 2015 der bedeckte Himmel über Tasiilaq auf und leuchtete plötzlich eisblau. Die Menschen zogen sich in ihre Häuser zurück, sperrten sich ein. Ein paar Stunden später überfiel sie ein Sturm mit 250 Stundenkilometern, ein Piteraq. Er schüttelte das kleine Dorf durch, riss Holzpaneelen mit sich und alle anderen Gegenstände, die nicht fest genug verankert waren, wirbelte Boote in die Luft und fegte ganze Häuser einfach weg. Der Piteraq ist eine der Naturgewalten, die alle Grönlanddurchquerer:innen fürchten. Alle kennen die Geschichte von Philip Goodeve-Docker und seiner gescheiterten Arktisexpedition im Jahr 2013. Ein Piteraq hatte das Zelt mitgerissen und die drei Freunde schutzlos der Kälte im Freien ausgesetzt, Goodeve-Docker erfror. Die angefunkte Hilfe per Helikopter konnte wegen des Sturms erst viel zu spät starten. Auch im Jahr 1970 hatte ein solcher „Eislufttsunami" große Teile des Dorfes Tasiilaq zerstört. Mit 324 Stundenkilometer war der Piteraq über die kleine hölzerne Bilderbuchsiedlung hinweggefegt.

Ein Sturm, der mit 324 Kilometern pro Stunde über mich hinwegrast – das ist jenseits meiner Vorstellung, selbst die schnellsten ICEs fahren in Deutschland langsamer. Damit so ein gigantischer Wind entsteht, müssen bestimmte Gegebenheiten zusammenkommen: Ein Tiefdruckgebiet südöstlich von Grönland zieht über das Meer nach Norden. Die Luft über dem 3.000 Meter hohen Inlandeis kühlt ab und drückt auf das Land. Es bildet sich ein Hoch – der natürliche Gegenspieler zum Tief über dem Meer. Dieses saugt die Luft vom hohen Eispanzer herunter durch die Fjorde ins Meer.

Wir rechnen hin und her, wie viele Stundenkilometer Wind uns erwarten werden – es sieht gut aus. Er dürfte nicht stärker werden, sondern abnehmen. Unser Wettermann Frank rät uns, erst einmal im Camp zu bleiben und dann aufzubrechen, wenn der Wind nachgelassen hat. Das heißt, entweder die Tagesetappen in die helle Nacht zu verlegen oder einen Ruhetag einzulegen und morgen aufzubrechen. Das ist eine wichtige Entscheidung und der in der Abenteurer-Community gängige Begriff „Ruhetage" ist hier verwirrend. So ein Tag im Zelt, gerade am Anfang einer Expedition, bringt Stress in den Zeitplan. Unsere Essens- und Brennstoffvorräte sind begrenzt. Wir haben für 30 bis 32 Tage geplant. Es gibt Expeditionen, die es locker in 28 Tagen schafften, andere brauchten wegen Sturm oder anderer Umstände 31 oder 32 Tage für dieselbe Strecke. Jetzt bereits einen der Puffertage zu „verbrauchen" wäre schmerzhaft: Nehmen wir einen Ruhetag, wollen wir ihn unbedingt durch höheres Tempo und mehr Kilometer an den folgenden Tagen wieder reinholen – die nächsten Tage würden also noch anstrengender als die bisherigen werden. Wir wissen von anderen Expeditionen, dass die Grönlandüberquerer:innen mit jedem Tag ausgelaugter und gebeutelter wurden. Niemand kann so viele Kalorien in sich hineinstopfen, wie nötig wären, niemand bekommt genügend Schlaf. Wir sind jetzt noch frisch bei Kräften, wir sollten Strecke machen. Ich weiß das, doch mein müder Körper sehnt sich bereits nach einem Ruhetag.

Mads als Expeditionsleiter trägt natürlich die größte Verantwortung auch bei Entscheidungen wie diesen. Aufgrund seiner langjährigen Erfahrung mit Wintertouren schätzen Aenne und ich seine Meinung sehr. Kein angelesenes Wissen kommt gegen solch einen Erfahrungsschatz an. Mads plädiert für einen Ruhetag. Ich jubele innerlich und spüre eine Welle der Erleichterung durch meinen Körper fließen. Es ist entschieden. Gemeinsam frühstücken wir ausgiebig, trinken sogar einen kleinen Instant-Kaffee, ein Freuerle, das es nicht jeden Tag geben wird, denn meistens werden wir gesunden Tee in großer Menge zu uns nehmen.

Wenn wir uns nicht an sichtbaren Naturveränderungen orientieren können, so können wir immer noch lauschen. Also lausche ich jetzt. Plötzliche Windstille nach orkanartigen Böen ist ein weiteres Vorzeichen des Piteraq, dann müssten wir uns innerhalb von 15 Minuten in Sicherheit bringen.

Dieses Szenario hatten wir vor zwei Monaten in der Schweiz durchgespielt. Wir versuchten, in einer Viertelstunde eine Höhle in den ein Meter hohen Schnee zu graben, in die wir drei hineinpassten. Dafür schaufelte ich eilig Schneebrocken am Berg aus, ließ sie auf eine Isomatte fallen, die Aenne dann nach „draußen" zog. Ich versuchte, immer weiter einzudringen, der Stiel der Schaufel war zu lang, meine Winterkleidung zu aufgebläht, die Höhle eng. Es war unglaublich anstrengend, aber ich zog durch, mein Ehrgeiz als Schneekünstlerin war angestachelt. Ich würde aus dem vergänglichen Material einen Schutzraum für uns bauen. Zentimeter für Zentimeter arbeitete ich mich in zusammengekauerter Stellung vor. Nach einigen Minuten tauschten wir die Rollen: Mads schaufelte, ich zog den Schnee raus, dann tauschten wir erneut und Aenne schaufelte. Ein mühsames Unterfangen, je tiefer wir gruben. Nach 15 Minuten drängten wir drei uns in den Unterschlupf. Eng an eng passten wir zusammengekauert gerade so hinein, es war unmöglich, sich darin zu bewegen. Wir sprachen nicht darüber, hatten aber wohl alle denselben Gedanken: Wie sollten wir es über Stunden regungslos in solch einem schmalen Unterschlupf aushalten?

Doch jetzt sind wir im Zelt mit seinem doppelten Gestänge und fühlen uns trotz des lauter werdenden Winds sicher. Nach dem Frühstück ziehe ich eine Schicht Kleidung über die nächste, schließe gut alle Reißverschlüsse an Hose und Jacke, dann noch die Skibrille über das Gesicht und die Kapuze auf – und gehe hinaus in die Welt des Windes.

Die gestern mühsam erbaute Schneemauer hat eine bizarre Form angenommen, ganze Löcher hat der Wind freigeblasen. An anderen Stellen hat er Ecken abgeknabbert und asymmetrische Muster geformt – sie sieht aus wie ein Gaudí-Kunstwerk, wie die berühmte Barceloner Kirche Sagrada Família. Kunstvolle Schwünge, harmonische Proportionen. Immer wieder erforsche ich die neu entstandenen Durchblicke der Mauerskulptur und blicke durch die Löcher in die ferne Weite.

Eine Schneewehe hat fast das gesamte Vorzelt verschluckt, da hatte ich mich heute früh rausgegraben. Auch zwischen Innen- und Außenzelt ist der Schnee mit dem Wind hineingekrochen und hat sich dort angesammelt, liegt rund und kugelig da, wie der Bauch eines Riesen. Diese entstandene Schneewehe schmiegt sich so stark in die Seite des Zeltes, dass sie gut einen halben Meter nach innen gedrückt wird und meinen Schlafplatz minimiert. Ich bin fasziniert von dieser Schönheit und ihrer Eigenwilligkeit. Wie der Wind und der Schnee gemeinsam Kunstwerke erschaffen und ich ihre Besucherin sein darf.

Aenne, Mads und ich, wir fühlen uns mit den Elementen verbunden. In der Natur erfahren wir eine Geborgenheit, die wir in der lauten, wuseligen Stadt oft vermissen. Wir haben so nie darüber gesprochen, doch diese tiefe Verbundenheit zur Natur eint auch uns drei. Die Elemente sind unsere Freunde. Sie mögen eigenwillig sein, mögen Menschen in Autos einsperren, Boote durch die Luft wirbeln und auch uns hier auf Grönland möglicherweise unter sich begraben. Wir fürchten sie, aber fühlen uns doch geborgen in ihnen.

Ich repariere Teile der Schneemauer, dann stößt Aenne dazu und wir schichten noch einige Mauerreihen auf. Je höher die

Mauer ist, so hoffen wir, desto besser ist auch der Schutz unseres Camps. Zurück im Zelt tost der Wind mittlerweile so stark und laut, dass wir uns nicht mehr unterhalten können. Wir widmen uns unseren kleineren To-dos, stopfen Socken, sortieren Gegenstände, dann geben wir uns dem Müßiggang hin. Mads schreibt in sein A6 großes Tagebuch, Aenne betrachtet Fotos auf ihrer Kamera und ich möchte mir ein Hörbuch anhören, auf sehr hoher Laustärke, doch es gibt kein Durchkommen gegen den Wind. Ich döse weg und verliere mich in meinen Träumen, bis mich die Rückenschmerzen aufscheuchen. Mit ausgestreckten Beinen beuge ich mich nach vorn, um die Fußspitzen zu berühren. Auf halber Strecke fühle ich den Widerstand, es geht nicht weiter. Ich bin innerhalb von drei Tagen steif geworden. Die eintönigen Bewegungen, Arm vor, Stock in den Boden, Bein nachgezogen, dann dasselbe auf der anderen Seite, und wieder und wieder und wieder und immer wieder. Der Körper verändert sich ständig und hat sich in den letzten zwei Tagen auf höchstmögliche Effizienz in dieser neuen Bewegung eingestellt und dafür alle anderen Bewegungsräume minimiert. Eigentlich schlau, aber auch schmerzhaft! Ich widme meinen Körper etwas Zeit, drehe den Oberkörper im Schneidersitz nach rechts und links, wie daheim auf der Yogamatte – nur deutlich unbeweglicher.

Um die Mittagszeit treffen wir uns im Vorzelt. Das Kocherbrett funktionieren wir zur mobilen Tischplatte um und würfeln darauf, was das Zeug hält. Auf einem Kniffelblock notieren wir gewissenhaft die Ergebnisse, auch das geht fleecebehandschuht, mit etwas Gewöhnung. Eine schöne Abwechslung und ein Zeitvertreib, für den sonst auf der Tour kaum Zeit sein wird. Auch können wir uns als Team anders erleben. Ich bin stolz auf mein Kocherbrett, das immerhin 700 Gramm wiegt und von unserem Expeditionsleiter bei den Vorbereitungen mit einem Fragezeichen versehen worden war. Ich hatte es selbst konstruiert, meine Tochter Matilda wunderschön verziert, nachdem ich auf einer Tour mit Wilfried erlebt hatte, wie praktisch es ist. Nicht nur der Campingkocher und die Brennstoffflasche finden darauf Platz, stehen stabil und sinken vor allem nicht in den Schnee ein. Die zwei Löcher im Brett halten Aennes und meine Tassen, damit sie nicht im Schnee hin und her rutschen. Und an Ruhetagen ist es ein super Spieltisch. Mads ist ein Meister der Zitaterätsel. „Wer sagte: ‚Früher war mehr Lametta?‘ ", Aenne und ich raten, tasten uns mit Fragen an die Antwort heran. Loriot in seinem unvergessenen Weihnachtsabend-Sketch mit den Hoppenstedts, da kommen wir sofort drauf. Mads wird uns die ganze Tour lang mit Zitaten versorgen, die wir über die Etappen mit uns tragen und grübeln, woher sie stammen könnten. Manchmal werden sich unsere Nachfragen über mehrere Tage ziehen. Auch das ist richtige Teamarbeit, ich errate zum Beispiel die Zeit und Aenne den Ort, so nähern wir uns der Lösung an.

Dann muss ich doch mal vor die Tür. Mich haut es fast um, die Welt da draußen ist wild und ungestüm, die Himmelsfarben bewegen sich von Cyan zu Pink. Die Schneewehen sind wahre Kunstwerke. Ich taufe das Camp in meinem Tagebuch „The beauty of the wind". Und diese Schönheit weht mir jetzt kleine Eiskristalle in mein ungeschütztes Gesicht. Als bewerfe mich Asiaq mit klitzekleinen geschliffenen Diamanten, die sich piksend in die Wangen bohren.

Die feine, dünne Schnur des Eisbärenzauns flattert lose im Wind, eine Schneewehe hat sie heruntergerissen. Ich versuche sie einzusammeln und in einem kleinen Knäuel in der Hand ins Vorzelt zu transportieren, doch sie entgleitet mir immer wieder in den Wind und kräuselt sich zu einem Wirrwarr. Ich ahne schon meine

Aufgabe des restlichen Tages: Eisbärenzaun entwirren. Es gelingt mir nicht. Der Sturmtag neigt sich mit all den Aktivitäten dem Ende zu. Es ist noch hell draußen. Die Sonne geht um diese Jahreszeit nur kurz unter, dann gleich wieder auf. Aenne hat ein kleines Kühlschrankthermometer in den Zelteingang gehängt, das minus 10 Grad Celsius anzeigt. Jede Luftfeuchtigkeit gefriert sofort an der Zeltwand und bildet Eiskristalle. Wenn wir sie berühren, rieseln sie zu Boden. Die Schuhe stecken wir zwischen Innen- und Außenzelt, um sie dieses Mal vor dem Pulverschnee zu schützen. Dann suchen wir die Zeltwände nach Ritzen ab und schließen sie sorgfältig. Asiaq hat genug gezaubert in unserem Zelt, heute Nacht darf sie sich draußen austoben und uns drinnen in Ruhe lassen. Das Gewehr und die Patronen liegen in dieser Nacht griffbereit zwischen uns.

„Wir haben dich ganz doll lieb.
Matilda, Jan, Johan"

Tag 5:
Whiteout

Dienstag, 18.04.2023
Tageskilometer: 10,1 km
Dauer: 5 Etappen
Vor uns liegende Strecke: 515,1 km
Temperatur: -5 °C
Breitengrad: 65.857614, Längengrad: -39.02188

Die tosenden Böen haben über Nacht deutlich an Kraft verloren. Um 9 Uhr wollen wir losgehen. Ich verstaue meine Habseligkeiten und das Gemeinschaftsgepack in Packsacke, schnappe mir die Schaufel aus dem Vorzelt, krieche hinaus ins Freie und bleibe schlagartig stehen. Der Anblick ist überwältigend. Riesige Verwehungen haben sich um unser Camp aufgetürmt und unsere Schlitten unter sich verborgen. Sie haben sie einfach komplett verschluckt, nicht einmal mehr ihre Konturen sind zu erkennen. Die Zelte ragen nur noch halb aus den Schneemassen hervor. Wie wunderschön und arbeitsreich das zugleich aussieht.

Ich erinnere mich grob, an welcher Stelle wir unsere Schlitten vor zwei Tagen abgestellt hatten, und grabe dort auf gut Glück. Zunächst vorsichtig, dann entschlossener, bis endlich etwas leuchtend Grünes zum Vorschein kommt. Langsam, Stück für Stück, grabe ich die riesigen Pulkas mit ihren Taschen aus. Aennes Gespann müsste direkt danebenstehen. Ich schaufele so emsig wie schon lange nicht mehr, nicht vor unserer Haustür in der Heimat und nicht beim Schneeskulpturenbau. Nach 20 Minuten habe ich ein Loch gegraben, das groß genug ist, dass Aenne und ich ihr Gespann gemeinsam an die windgepresste Schneeoberfläche zerren können. Minus 15 Grad hat das Thermometer am Zelt angezeigt. Zusammen mit dem Wind von ungefähr 40 Stundenkilometern ergibt das eine gefühlte Temperatur von minus 34 Grad Celsius. Ich schwitze. Bei dieser Temperatur kann das Fleisch innerhalb von einer Minute gefrieren, dagegen hilft auch das Schwitzen nichts. Wir müssen mit dicken Handschuhen arbeiten, selbst bei so feinen Arbeiten wie dem Ausbuddeln und Herausziehen der Schnee-Piranhas. Jeden Quadratzentimeter Haut im Gesicht decken wir ab. Es zwickt und zwackt unter der Sturmmaske. Die Sicht wird verschwommen, ich prüfe, ob meine Brille beschlagen ist, aber es scheint Nebel aufzuziehen. Ausgerüstet mit Schaufeln und Besen tragen Aenne und ich den Schnee ab und befreien die kleine Zeltstadt.

Diese vom Wind neu geschaffene Welt verblüfft mich. Auch Mads ist überrascht. Sein Blick trifft meinen und ohne ein Wort zu sprechen, ist uns klar: Die anvisierte Startzeit für den heutigen Tag können wir knicken. Nachdem Aenne und ich die Zelte befreit und gepackt haben, helfen wir Mads bei den Ausgrabungsarbeiten seines Zeltes, buddeln seine Schnee-Piranhas aus.

Dann stehen die Schlitten und das Rodelbrett so bereit, als hätten sie nur darauf gewartet, ihre Reise mit uns fortzusetzen. Aber Mads ist noch nicht so weit. Er schimpft und flucht, versucht vergeblich, sein chaotisches Packsystem zu ordnen. Er gräbt, wühlt und kämpft mit diesem monströsen, widerspenstigen Sack, der sich weigert, befüllt und verschlossen zu werden.

Um zehn Uhr stehen wir drei endlich angeschirrt im nachlassenden Wind und im Nebel. „Richtung mit Marschzahl 289 Grad", sagt Aenne und gibt damit die Richtung vor. 0 oder 360 Grad stehen auf einem Kompass für Norden. Eine Marschzahl von 289 Grad bedeutet also, dass wir in nordwestliche Richtung gehen.

Ich ziehe meine Sturmmaske zurecht und die Brille beschlägt jetzt vollständig, ich kann nichts mehr erkennen. Mit den warmen, aber auch dicken Handschuhen ist eine Feinjustierung unmöglich. Ich drehe mich aus dem Wind und schiebe die Brille ein Stück hoch und die Sturmmaske darunter und sehe, dass Aenne die gleichen Probleme hat. Der Wind ist heute ein gefährlicher Freund. Wir drei checken uns jetzt gegenseitig ab: „Hast du auch wirklich jeden Millimeter Haut abgedeckt? Schau mal, da am Kinn ist eine kleine Stelle frei. Bei dir sehe ich die Haut zwischen Brille und Maske ganz links am Haaransatz, warte mal, ich richte dir das."

Schon die erste Etappe führt uns durch eine dichte, weiße Nebelsuppe. Aenne und Mads tragen beide einen Kompass und lassen die Nadeln keine Sekunde aus den Augen. Wir erkennen keine Strukturen in der Landschaft, keinerlei Anhaltspunkte, nichts, woran wir uns orientieren könnten. Der grauweiße Schleier verschließt den Blick auf den Horizont und lässt das Sonnenlicht diffus von oben und von unten erscheinen, denn der weiße Boden reflektiert es.

Wie in einer gigantischen Lightbox, 360 Grad weiße Konturlosigkeit, rundum keine Schatten, kein Horizont, alles ist fern, alles ist nah, alles ist gleichzeitig. Jeder Schritt ist wackelig, alle paar Meter bleibe ich stehen, um mich neu zu sortieren. Da ist oben, da ist unten, hier ist rechts und da links. „Mein Gehirn spielt mir einen

Streich", sage ich mir laut vor. *Das ist eine körperliche Reaktion,* antworte ich mir gedanklich selbst, beruhige mich. *Der Mensch ist einfach nicht für so eine endlose, strukturlose Weite gemacht.* Mir ist schwindelig. Ich richte meine Augen fest auf die Skispitzen – ein Fixpunkt. Sie ragen bis in den Himmel hinein. Vor mir zeichnet sich Mads' Schlitten schemenhaft ab. Ein anderer Fixpunkt, ich sehe ihn, ich weiß nicht, wo er ist, wie weit entfernt, 10 Meter, 40, 100? Aber hier, hier unten ist die Spur, hier gehe ich weiter.

Mit jedem Schritt versuche ich den Abstand aufzuholen – jetzt nur nicht den Anschluss verlieren. Da ist oben, hier ist unten, da ist links und dort ist rechts ... Aenne vor Mads sehe ich nicht. Meine Schritte werden schwerer, ich versuche, meine Atmung bewusst zu kontrollieren, tief ein- und tief auszuatmen, dränge mich gleichzeitig dazu, schneller zu gehen, die Lücke zu schließen, bevor das Whiteout mich ganz mit sich nimmt.

Nichts hält mich hier. Mads und Aenne laufen mit ihren Kompassen davon. Sie aber sind jetzt meine Kompasse und ich hoffe, sie würden verstehen, dass ich auch ihrer bin. Sein muss, wenn das hier eine Teamexpedition ist. Schauen sie sich ab und zu nach mir um? Ich sehe es nicht. Jeder Schritt lässt wieder die Panik hochsteigen. Oben, unten, rechts, links – vorn Mads, hinten ich. Letzteres wenigstens, das weiß ich sicher, dafür muss ich nicht innehalten.

Als die Kolonne endlich am vorderen Ende stoppt, ist eine Stunde dieses Wahnsinns vergangen. Ich brauche einige Minuten, um aufzuschließen und die Pause mit den beiden anderen auch für mich einzuläuten. Auf den Schlitten sitzend trinken wir Tee und warme Brühe aus den Thermoskannen. Ich möchte mir die richtige Formulierung im Kopf zurechtlegen, eine klare, deutliche Ansage machen, die gleichzeitig freundlich ist – *Dreht euch doch bitte öfter nach mir um, gebt mir mehr Sicherheit!* Aber die Wut ist schneller, will sofort was sagen, schießt heraus und die Gedanken gleich durch den antrainierten „Nimm dich zurück"-Frauenfilter. „Ich wünsche mir, dass wir bei dem Nebel öfter nacheinander schauen. Ob noch alle da sind", höre ich mich sagen. Warum klinge ich so zaghaft?

„Wieso?", fragt Mads und schaut mich erstaunt an. „Hat doch funktioniert, wie wir gegangen sind. Du hast den Anschluss nicht verloren." Er zuckt verständnislos die Achseln.

„Ich würde mich wohler fühlen und sicherer ist es allemal", und während ich die Worte ausspreche, will ich mir schon auf die Zunge beißen. Wie lasch und kraftlos ich da rede, wie vorsichtig. In mir schreit alles „ICH WILL, dass wir uns besser umeinander kümmern. Dass ihr schaut, wo ich bleibe. WEIL ICH ANGST HABE, Angst habe, den Anschluss zu verlieren und allein auf dem Eis zu sterben!" Meterhoch ist die Barriere aus Scham, die sich zwischen meinen ehrlichen Gedanken und den gesprochenen Worten aufgetürmt hat.

Auf der nächsten Etappe bin ich damit beschäftigt, einen klaren Gedanken zu fassen. Nur einen. Ich suche die Antwort auf die Frage, ob ich zu zimperlich sei. Doch meine Gedanken entgleiten mir. Jeder einzelne, so laut er sich präsentiert, so schnell verschwindet er wieder im nebligen Nichts, dann taucht er wieder überraschend auf und, nicht einmal zu Ende gedacht, ist er dann schon wieder fort. Teamspirit, Abenteuer, Whiteout, Halt, Familie, Einzelgänger, Mutter, Geborgenheit, Chaos – alles Wörter, die aufploppen und davongeweht werden, Wörter, mit denen ich die Frage beantworten will. Es ergibt alles eine Sekunde lang Sinn, aber in der nächsten verstehe ich gar nichts mehr. Die Schönheit der Monotonie, von der mein Freund Wilfried gesprochen hat, die finde ich heute nicht. Je eintöniger es um mich herum ist, desto turbulenter ist es in mir.

Während ich so vor mich hin stapfe, läuft mir eine Träne die Wange herunter. Bitte, wieder mehr Klarheit – sonnige Tage, klare Konturen, einen Himmel, der sich deutlich vom Boden trennt. Ein zweigeteiltes Bild – wie die Flagge Grönlands. Ein Oben, ein Unten, ein Rechts, ein Links. Am Ende des fünften Tages sind unsere Klamotten, Schlafsäcke und Zelte klamm. Unsere Zelte und viele Ausrüstungsteile haben sich so mit Feuchtigkeit vollgesogen, dass sie jetzt deutlich schwerer sind als im trockenen Zustand. Meine dünnen Handschuhe und die dünnste Sockenschicht trockne ich seit Tourbeginn Nacht für Nacht im Schlafsack mit meiner Körperwärme. Dafür gibt es in Brusthöhe ein kleines Netzfach. Jeden Morgen freue ich mich darüber, wie gut das funktioniert. Wenn das Wetter morgen besser ist, wird meine Wolljacke in der Mittagssonne an meinem Körper trocknen und die Hardshelljacke werde ich hinten oben auf der Pulka befestigen und von der Sonne bescheinen lassen. Wenn ...

„Matilda schreibt heute Deutsch (Mittwoch).
Denk an mich. Küsschen"

Tag 6:
Ruferin in der Eiswüste

Mittwoch, 19.04.2023
Tageskilometer: 9,4 km
Dauer: 5 Etappen
Vor uns liegende Strecke: 505,7 km
Temperatur: -10 °C
Breitengrad: 65.903838, Längengrad: -39.195646

Alles ist nass und schwer. Die Funktionskleidung ist klamm. Auch das ist Grönland: Die Feuchtigkeit und der Schnee der letzten Tage schalten die Vorteile dieser hochentwickelten Softshellhosen und Hardshelljacken teilweise aus. Eigentlich sollten sie die Körperfeuchtigkeit von innen nach außen transportieren, schnell trocknen und uns vor Wind und Wetter schützen. Zum Glück wärmt mein Merinoshirt trotzdem und fühlt sich gut auf der Haut an.

In den Etappenpausen sitze ich heute nicht auf dem Schlitten, sondern laufe auf und ab, schwinge die Arme, um nicht auszukühlen. *Wer bin ich*, denke ich, *wenn ich mich von allem löse, was mein Leben, meine Individualität ausmacht? Wer bin ich ohne die Menschen um mich, die mich lieben, ohne meinen Alltag mit seinen vielen Wahlmöglich-*

keiten? Grönland gleicht uns einander an: drei Menschen, die sich, wäre es nicht für Grönland, nie getroffen hätten. Drei Menschen, die komplett unterschiedliche Alltage leben. Hier auf Grönland sind wir in unseren Wünschen und Bedürfnissen gleich, weil wir auf das Existenzielle reduziert sind. Ich muss in Bewegung bleiben, mich ständig anpassen, flexibel auf alles reagieren, was kommt. Muss vertrauen, vertrauen, vertrauen.

Ein zarter Nebel zieht auf. Wo bin ich? Heute kann ich die Frage leicht beantworten: in der Spur, weit hinter Aenne und Mads. Vor ihnen liegt der Horizont. Die Bewegungsabfolge ist am sechsten Tag so routiniert, als hätte ich nie etwas anderes gemacht. Arm vor, Stock in den Boden, Fuß nachziehen und weiter. Nur unter meinem rechten Ski ist etwas anders als sonst. Es fühlt sich seltsam wellig an, hubbelig, es schabt auch laut und macht ein wiederholtes „flap flap flap" im Gehrhythmus. Jedes Geräusch in dieser Stille fällt auf. Jetzt nicht aus dem Rhythmus kommen, nicht noch mehr Abstand, dranbleiben, aufschließen, nicht anhalten, Arm, Stock, Fuß. Mein Fuß fühlt sich gut an, da ist nichts, es ist die Ausrüstung, irgendetwas unter dem Ski, ich versuche, es zu ignorieren. Es ist hinten am Ski. Ein Blick zurück, das Langfell schlabbert am Ski herum, hängt halb unter, halb neben dem Ski. Es hilft nichts, ich muss anhalten. Ich überlege kurz, zu rufen und um Pause zu bitten – aber da ist sie wieder, diese hohe Mauer aus Scham. Ich tue nicht, was ich will. Oder doch? Ich will den anderen nicht zur Last fallen, aber gleichzeitig ist es beängstigend, so weit zurückzufallen. Wir sind gerade erst aus einer Pause aufgebrochen, für die nächsten Minuten werden sie sich vielleicht nicht umdrehen. Der Nebel wird dichter.

Schnell ziehe ich das Fell wieder am Ski lang, klebe es ordentlich auf die Skiunterseite und streiche mit der bloßen Hand darüber, drücke die klebrige Seite extra fest. Ich hoffe, das hält. Ich spute mich, wieder auf die Skier und dem Team hinterher, zwei kleine bunte Punkte. Ab in die Spur, forschen Schrittes Vollgas geben. Die Beine brennen, trotzdem wird die Distanz zwischen Aenne und mir nicht kleiner. Ihre Silhouetten blieben konstant weit vorn, ich komme einfach nicht näher an sie heran. Frustriert, außer Atem rufe ich nach ihnen, und noch einmal und noch einmal. Keine Reaktion. Ich taste nach der kleinen Trillerpfeife in meiner Hosentasche und blase mit aller Kraft hinein. Sie laufen weiter. Noch einmal, ich pfeife jetzt in staccato – die Töne verschwinden im Nichts.

Es bringt nichts. Ich drossele mein Tempo. Meine Lunge schmerzt vom kalten Wind. Eine Ewigkeit in dem endlosen Weiß und mit der schlechten Sicht vergeht, bis die beiden vorne anhalten. Als ich eintreffe, hechel ich. „Das Langfell hatte sich gelöst", sage ich. Es klingt für mich wie ein „Ich war's nicht, ich kann da nichts für". Es ist eine absurde Situation. Als ich meine Angst vorgestern mitgeteilt hatte, hatten sie mich nicht verstanden. Heute, in meiner größten Angst, hörten sie mich nicht, der Wind trug mein Rufen und Pfeifen davon.

Am Abend im Zelt frage ich mich im Stillen, was wohl die größten Ängste von Aenne und Mads sind. Welche Furcht sie mitgebracht haben oder neu an sich entdecken. Ich wünschte, wir könnten darüber sprechen.

Teamspirit

Zwei Jahre ist es nun her, dass Mads und ich uns das erste Mal getroffen und nach gemeinsamen Testwanderungen entschlossen hatten, das Grönlandabenteuer gemeinsam anzugehen. Aenne kam ein halbes Jahr später dazu.

„Warum wollt ihr Grönland überqueren? Also so ganz, ganz tief in euch drinnen, was möchtet ihr wirklich erleben oder erreichen?", fragte ich. Grönland, das sei die logische Fortführung seiner Wintertourerfahrungen, sagte Mads. Grönland sei die Steigerung all dessen, was er die vergangenen Jahrzehnte getan hatte. Auch die Naturverbindung suche er. Für Aenne war Grönland ebenfalls ein Meilenstein, vielleicht sogar die Krönung ihres bisherigen Extremsportlerinnenlebens. Und dahinter, wollte ich wissen, was lag dahinter? Was suchten sie auf Grönland, welche Erfahrungen suchten sie, sich selbst oder eine neue Seite an sich? Doch sie antworteten nicht.

Ein anderes Mal sprach ich sie darauf an: „Wir begeben uns in Lebensgefahr, wie geht es euch damit?" – „Wir könnten da einfach sterben und niemand würde uns finden, denkst du da auch dran?" Sie wollten nicht mit mir darüber sprechen, es kam mir vor, als dachten sie gar nicht so sehr über diese Themen nach. Ich schlug vor, dass wir uns unsere Gedanken notieren könnten, doch das passierte nie. „Ich habe keine Angst", sagte Mads bei anderer Gelegenheit zu mir. Er habe Respekt. Respekt vor der Natur. Respekt vor der Challenge. Aenne stimmte ihm zu.

Vielleicht musste man die Angst verdrängen, um hier nicht verrückt zu werden. Die Angst führt zum Unfall. Die Angst kann lähmen, jegliche Lähmung ebenfalls tödlich enden. Ticke ich vielleicht anders, weil ich Mutter und Ehefrau bin, ich also meinen Kindern und meinem Mann gegenüber Verantwortung habe? Bin ich eine gute Mutter, weil ich meinem großen Traum, meiner großen Leidenschaft nachgebe und so den Kindern vorlebe, dass wir unsere Träume verwirklichen können? Oder bin ich eine schlechte Mutter, gerade weil ich meinem großen Traum, meiner großen Leidenschaft nachgebe?

Mads und Aenne hatten als Singles diese Sorgen und Gedanken nicht. In unseren Videotreffen zur Vorbereitung der Expedition gingen wir Excellisten durch und hakten Erledigtes ab. Das konnte aber doch nicht alles sein?

„Irgendwie habe ich ein komisches Bauchgefühl", verriet ich meinem Mann Jan. Auf mein Bitten hin gesellte er sich zu einem Videocall dazu. Für ihn war die Sache danach klar. „Euch fehlt der Teamspirit", sagte er mir. „Wenn ihr Musiker wärt und jetzt zusammen auftreten müsstet, ihr würdet denselben Song spielen und trotzdem nicht gemeinsam musizieren. Jeder würde in einem anderen Takt und Stil spielen, aber nicht wissen, warum das Stück so schräg klingt." Und: „Ihr braucht einen Spirit, eine Energie, die euch zusammenhält, die euch an das große Konzert, die Expedition, glauben lässt." Er erzählte mir davon, wie er und seine Bandkollegen sich vor wichtigen Auftritten fast täglich kontaktierten, um sich aufeinander einzustimmen, um auf dieselbe Wellenlänge zu kommen. Das machten sie so lange, bis sie eine richtige Einheit bildeten.

Es gibt nicht viele Menschen auf dieser Welt, die eine Grönlanddurchquerung auf ihre Bucketlist schreiben. Wir drei aber teilten diesen Traum, ich mag sie beide. Ich mag Mads' und Aennes Humor, Aennes Lebendigkeit und Lebensgenuss, wenn sie auf Schweizerisch einen kleinen Drink einfordert, nachdem uns etwas gelungen ist: „Jetzt aber einen Apéro!" Außerdem ist sie eine Durchbeißerin. Sie ist körperlich und mental robust. Selbst beim Beinbruch anderthalb Jahre vor Expeditionsstart blieb sie zuversichtlich: „Das wirrd schoan!" Ich erkenne mich in ihrer engen Verbundenheit zur Natur wieder. Mads und ich wiederum funken trotz Gemeinsamkeiten immer wieder auf verschiedenen Wellenlängen – meine ist die Emotion, seine die Sachlichkeit, der Nüchternheit.

Im Vorfeld der Tour klärte ich die formellen Bedingungen unserer Expedition ab. Ich telefonierte viel mit Behörden und schrieb viele E-Mails. Mir fällt es leicht, bei solchen Sachen geduldig zu sein, und ich wollte unbedingt einen wichtigen Beitrag zum

Team leisten. Wenn mich Mads dann kritisierte, wenn ich nicht schnell genug auf seine E-Mail geantwortet hatte, mir ein Fakt aus dem Schriftverkehr entfallen war oder ich seiner Meinung nach Nachrichten zu oberflächlich las, traf mich das sehr. Und wieder und wieder ließ er die Bemerkung fallen, dass ich zu viel mitnehme. Dass ich nicht so fit sei wie er und Aenne. Immer wieder fragte ich mich, warum er an mir als Teammitglied festhielt. Allerdings fallen potenzielle Teammitglieder nicht vom Himmel: Ich war die Einzige gewesen, die sich auf seine Facebook-Anzeige gemeldet hatte ... Zieht Mads, so wie heute, auf dem Eis davon, ohne sich nach mir umzudrehen, frage ich mich, ob er es bereut. Bereut, mich mitgenommen zu haben.

„Hallo Mama, danke, dass du mich zur Welt
gebracht hast und mich durchs Leben begleitest.
Du bist so eine starke Frau.
Hab dich ganz doll lieb."

Tag 7:
Geburtstagsgrüße aus dem Sturm

Donnerstag, 20.04.2023
Tageskilometer: 0 km
Dauer: 0 Etappen
Vor uns liegende Strecke: 505,7 km
Temperatur: -8 °C
Breitengrad: 65.903838, Längengrad: -39.195646

Wir sitzen im Zelt, draußen tobt der Sturm. Wir diskutieren, ob wir weitergehen oder den zweiten Ruhetag in einer Woche einlegen sollen. Ich träume von einem ausgedehnten Frühstück in Potsdam. Wie schön wäre jetzt ein Brunch mit meiner Familie, ein Geburtstagsbrunch mit meiner Tochter Matilda. 16 Jahre alt wird sie heute und das Tonband „Bin ich eine gute Mutter?" spielt sehr laut in meinem Kopf, in der Dauerschleife. Ich hatte vor Expeditionsbeginn pro Woche je einen festen Nachmittag für jeweils ein Familienmitglied reserviert. Matilda waren die Mutter-Tochter-Stunden besonders wichtig. Kino- und Restaurantbesuche, Schwimmhalle, Bastelprojekte. Am meisten genoss ich das gemeinsame Zeichnen. Wir nahmen unsere Skizzenbücher und malten uns gegenseitig, kamen dabei aus dem Lachen fast gar nicht mehr heraus, wenn wir uns gegenseitig in die Gesichter schauten statt auf das Papier, aber den Stift trotzdem bewegten. Dann betrachteten wir unsere Skizzen und lachten über die entstandenen Kunstwerke, die Blindporträts. Ich wünsche mir in diesem Augenblick, dass diese guten Erinnerungen für Matilda aufwiegen, dass ich heute nicht bei ihr sein kann. Statt mit ihr zu feiern, stopfe ich im engen Zelt Socken, trinke mit Aenne und Mads Kaffee und ruhe mich aus.

Um Matilda zum Geburtstag zu gratulieren, brauche ich das Satellitentelefon. Es steckt, gegen die Nässe in mehrere Tüten verpackt, in Mads' kleinem Rucksack. „Aber nicht zu lange", murmelt Mads und reicht mir das Telefon aus seinem Zelt heraus. Er hat es wirklich gut verpackt und ich muss eine Weile an den Gummis und Tüten fummeln, bis es in meiner Hand liegt. Seine Form erinnert an ein altes Mobiltelefon aus den 90er-Jahren, altmodisch und klobig mit richtigen Tasten statt Touchdisplay. Vorsichtig ziehe ich die dünne Antenne heraus, drücke den An-Knopf und ertappe mich dabei, wie ich das Teil Richtung Himmel halte. Ich wähle Matildas Nummer, bekomme vor Aufregung Herzklopfen. Einige Sekunden lang Stille. Dann eine Stimme vom Band, eine automatische Ansage auf Grönländisch. Ich verstehe nur Bahnhof und verkrieche mich mit dem Telefon wieder ins Zelt und streife dabei Aennes Jacke, die im Eingang hängt.

Sie hat eine Fellkapuze, wie ein kleines Polartierchen. „Puschi" nennt sie die Jacke liebevoll. An vielen Polaranoraks sind echte und künstliche Felle angebracht. Die feinen Härchen stoppen den Wind und verwirbeln ihn, so schützen sie das Gesicht vor der Kälte. Früher, wenn ich alte Bilder von den Inuit und ihren Fellkapuzen gesehen hatte, hatte ich das Ganze für eine Modeerscheinung gehalten.

„Hat's funktioniert?", fragt Aenne neugierig.

„Wahrscheinlich kein Empfang oder so. Ich muss es später noch einmal probieren."

Der Sturm lässt nach. Die Zeltwand knattert nicht mehr so laut und die Sonne kommt raus. In unserer Zeltbehausung wird es gleich ein paar Grad wärmer und die Sonnenstrahlen werfen ein gemütliches Licht durch das gelbe Innenzelt. Als ich Matilda endlich erreiche, höre ich im Hintergrund Gläser- und Geschirrgeklapper, viele Stimmen. „Ja, hallo", die Stimme meiner Tochter klingt so nah, als wäre sie im Nachbarort, nicht in einer Potsdamer Pizzeria. Wir sind beide aufgeregt und Matilda beschreibt mir jede Pizza auf jedem Teller ganz ausführlich. Mir steigt der Duft von fettigem Käse und gegrilltem Gemüse in die Nase. Unterschiedlicher können unsere Leben zurzeit wohl nicht sein: Expeditionsnahrung versus eleganter Pizzateller beim Babelsberger Italiener. Frühlingsgeburtstagswetter versus Eiswüste mit starkem Wind. Meine Glückwünsche sprudeln ebenso ungehalten aus mir heraus, und als wir nach wenigen Minuten auflegen, ist mein Herz ganz warm und mit Liebe gefüllt. Die Worte, die wir tauschen konnten, waren begrenzt, doch sie haben mir unendliche Energie gegeben.

„Ist es nicht schön so jeden Tag im Schnee?
Genieße es."

Tag 8:
Eat, Sleep, Ski, Repeat

Freitag, 21.04.2023
Tageskilometer: 16,8 km
Dauer: 7 Etappen
Vor uns liegende Strecke: 488,9 km
Temperatur: -17 °C
Breitengrad: 65.892979, Längengrad: -39.559010

Nur meine Nase ragt aus dem Schlafsack heraus, die Kapuze habe ich eng um meinen Kopf verschlossen, so bleibt mein Körper die ganze Nacht über warm. Wenn ich jetzt die Luft durch die Nase einziehe und meine Nasenhärchen die Nasenflügel zusammenkleben, dann weiß ich, dass es unter minus 15 Grad ist. Seit ich Teenager bin, messe ich so in eisigen Gebieten die Temperatur und entscheide, ob ich noch eine Weile im Warmen bleibe. Das Aufstehen im Zelt ist mit einigen Geräuschen verbunden. Vor allem in der Früh vermeide ich es möglichst, um Aenne nicht zu wecken, die nah neben mir liegt. Wir schlafen im zentralen Teil des Tunnelzelts, das für mehr Wärme noch mit einem Innenzelt ausgestattet ist. Unser Schlafraum ist gerade einmal 1,60 mal 2,30 Meter groß.

Es hilft nichts, die Blase drückt. Mein dicker Daunenschlafsack ist innen mit einer Plastikfolie ausgekleidet. Sie trennt die Feuchtigkeit meines Schweißes von den wertvollen Daunen, die trocken bleiben müssen, eine Art Dampfsperre. Unter der Plastikfolie befindet sich eine Schicht Kunstfaser-Liner, damit mein Körper nicht direkt am Plastik liegt. Unter lautem Rascheln und Knistern schäle ich das Ungetüm von mir. Mit meinen bloßen Händen wärme ich den gefrorenen Reißverschluss des Außenzelts an. Schon durch den ersten schmalen Spalt sehe ich, dass es ein wunderschöner Tag werden wird: Der Himmel hat sich in ein sanftes Pink gekleidet, zwischen mir und dem Horizont bewegen sich zarte Nebelschwaden, als wollten sie das Tageslicht noch nicht ganz zu uns hereinlassen. Es ist erst halb sechs, die Sonne steht noch tief am Himmel und wirft ein weiches, warmes Licht auf alles. In zwei Monaten ist Mittsommer, dann werden die Skandinavier die Sommersonnenwende feiern, mit Lagerfeuern, Musik und Tanz. In Grönlands nördlichsten Gegenden erscheint die Mitternachtssonne bereits ab dem späten April, dichter am Polarkreis ab Anfang Juni – die Tage, an denen die Sonne gar nicht untergeht. Ich hocke in einer wunderschönen, windigen und deshalb nicht sehr praktischen Kulisse für den Toilettengang.

Am Zeltstoff sammelt sich Raureif von innen. Die winzigen Kristalle schimmern im Morgenlicht und rieseln zu Boden, sobald die Zelthaut sich bewegt. Im vorderen Teil des Tunnelzeltes liegt die verlängerte und größere Apsis. Dort bauen wir bei jedem Campaufbau eine kleine Küche. Die Idee ist simpel und wird meist von Wintercampern im Schnee praktiziert: Wir buddeln einen Graben im Vorzelt. So sitzen wir erhöht wie auf einer Schneebank und lassen unsere Füße in den Graben baumeln. Einen halben Grad wärmer dürfte es immerhin auf Sitzhöhe sein, scherzen wir.

Heute schneit es bei der Schneeschmelze vom Zeltdach auf mich hinab. Auf dem Boden des Grabens entzünde ich vorsichtig den Primus-Kocher auf dem bunt bemalten Kocherbrett und positioniere ihn so weit wie möglich entfernt von der Zeltwand. Selbst wenn eine Stichflamme hinausschießen sollte, dürfte das Zelt intakt bleiben. Ich staune jedes Mal über die fragile Primuskonstruktion, die sich seit über 100 Jahren bewährt hat. Roald Amundsen erreichte 1911 als erster Mensch den geografischen Südpol, im Gepäck besagten tragbaren und robusten Kocher. Auch in hohen Höhen leistete er seine Dienste: Er begleitete Edmund Hillary und Tenzing Norgay 1953 bei der Erstbesteigung des Mount Everest.

Mittlerweile gibt es eine Vielzahl verschiedener Modelle, auch solche, die laut Hersteller mit allen Brennstoffen dieser Welt zu bedienen sind. Solch ein Mehrstoffkocher steht bei uns in der kleinen Küche. In den nächsten Tagen werden wir auf unseren Superbrennstoff Heptan zurückgreifen. Dann wird auch der Kanister für Mads leichter und das Schlittengleichgewicht nicht mehr stören.

Durch mehrmaliges Pumpen setze ich den Brennstoff in der kleinen roten Metallflasche unter Druck und entzünde die Vorheizflamme. Durch meine dünnen Fleecehandschuhe spüre ich, wie die rote Flasche durch das Pumpen kälter wird. Bald faucht und zischt die blaue Flamme des Kochers und schmilzt die ersten Schneebrocken. Kurz darauf öffnet Aenne den Reißverschluss und schaut verschlafen ins Vorzelt hinein. Ich reiche ihr die erste Tasse Tee und wir begrüßen zusammen den achten Expeditionstag. Das Thermometer am Zelteingang zeigt minus 17 Grad. Meine Nasenhaarschätzung war gar nicht so schlecht.

Die Handgriffe sitzen, das Zusammenspiel zwischen Aenne und mir klappt wortlos, ob Schneeschmelze, Zeltaufbau und -abbau, gemeinsames Essen. Wir funktionieren wie ein kleines Uhrwerk auf dem Eis. Unsere Leben sind so sehr auf das Wesentliche beschränkt, dass wir die Bedürfnisse der anderen sofort einschätzen können. Aenne muss mich nur auf diese bestimmte Art ansehen und ich weiß, dass sie am liebsten nicht aus dem Schlafsack will und ihren Tee gerade sehr genießt. Außerdem hat sie nach ein paar Tagen heraus, dass ich am Ende des Campaufbaus am dankbarsten für einen Schluck Resttee aus der Thermoskanne bin. Kleine Gepflogenheiten, die uns den Alltag auf der Tour versüßen. Je routinierter wir werden und je leichter alles von der Hand geht, desto mehr Energie haben wir für die Etappen übrig. Dazu tragen selbst so scheinbar kleine Routinen, wie etwas Schmelzwasser am Vorabend für den ersten Tee am Morgen aufzusparen, bei.

In der Früh benötigen wir verlässlich zweieinhalb Stunden zum Abbau und sind dann abmarschbereit. Wir genießen ruhige Minuten und hetzen nicht, essen kalorienhaltiges Frühstück, trinken Tee und dann noch eine heiße Schokolade hinterher. Hin und wieder nehmen wir uns Zeit für Tagebuchnotizen, wenn wir am Vorabend vor lauter Müdigkeit nicht mehr dazu gekommen sind. Ich mache einen kurzen Check-in mit meinem Körper – wie geht es mir? Wie fühlen sich Knochen, Muskeln und Gelenke an? Braucht ein Körperteil meine Aufmerksamkeit? Heute zwacken mal wieder neue Blasen an den Füßen und ich versorge sie mit Pflastern. Dann putze ich mir im Vorzelt sitzend die Zähne mit Zahnputztabletten, herkömmliche Zahnpasta würde bei den Minusgraden einfrieren. Die Bürste reibe ich nach Aennes Vorbild im Schnee sauber.

Spätestens um sieben Uhr in der Früh stülpe ich den Biwaksack über meine Isomatte und das Schlafsackmonstrum. Das lange Paket befestige ich oben auf dem Schlitten und habe es damit immer griffbereit. Es ist superpraktisch und eine Zeitersparnis, die einzelnen Bestandteile nicht in kleine Säcke zu stopfen und an jedem Abend wieder neu aufzubauen. Die Effizienz in den Abläufen bringt eine enorme Klarheit und Erleichterung. Aenne ist mir eine große Hilfe, holt mich aus meinen manchmal chaotischen Handlungen heraus und mahnt zur Struktur. Sie muss nur sagen „Es ist schon sieben Uhr", und ich weiß, was das heißt: Wir sollten jetzt das Camp abbauen, damit wir rechtzeitig um acht Uhr auf den Skiern stehen, wie wir es mit Mads verabredet haben.

Die Handgriffe sitzen: allen Haushalt in Packsäcke verstauen, aus dem Zelt werfen und später in die Pulka sortieren. Wenn alles leergeräumt ist, genieße ich noch einmal das Vorzelt als wohlig warme, windgeschützte Toilette. Als eingespieltes Team bauen wir Frauen das große Tunnelzelt ab, falten es zu einem großen Paket zusammen, schieben es in eine mannshohe Nylonhülle und legen es auf Aennes Schlitten. Der Wind bläst heute immer wieder in das große Stoffpaket und drückt es auseinander, aber auch dieses Ungetüm bändigen wir und sind abfahrbereit.

Aenne und ich schauen in die Runde, dann uns verwundert an. Mads gelingt es immer noch nicht, pünktlich fertig zu sein. Er wurschtelt mal wieder in seinem gigantischen Packsack herum, stopft Sachen hinein, zerrt sie wieder raus, flucht. Einige Ausrüstungsgegenstände liegen bunt verstreut im Schnee herum. Ich frage vorsichtig, ob ich ihm helfen könne. Er lehnt dankend ab. Wie jeden Morgen will er keine Hilfe.

Seine Logistik scheint nicht die beste und ausgeklügeltste zu sein. Der Wind bläst kalt. Mads hat ganz kleine Augen heute Morgen und sieht farblos aus, er muss sehr müde sein. Jeden Abend bleibt er länger wach als wir, benötigt mehr Zeit mit seiner Koch- und Zubettgehroutine. Ich bin hin- und hergerissen. Wird diese Warterei jetzt jeden Morgen so weitergehen bis zum Ende der Expedition? Werde ich jeden Morgen im Kalten warten? In der halben Stunde zusätzlicher Packzeit hätten wir schon eine halbe Etappe gelaufen sein können. Pro Tag könnten wir so ein oder zwei

Kilometer näher gen Osten wandern. In 30 Tagen sind das zwischen 30 und 60 Kilometer, das sind gleich mehrere Tage, die wir weniger unterwegs wären. Etwas ist dennoch anders heute. Mads flucht weniger beim Packen, sein Gesicht liegt nicht ganz so tief in Falten, er sieht entspannter und gelassener aus. Das wäre ich jetzt gerne auch, gelassener. Wie er mit zweierlei Maß misst – seine Langsamkeit ist scheinbar ok, aber meine bewertet und kritisiert er ständig. Ich stehe in meinem Zuggeschirr vor meinen Schlitten, die Skistöcke in der Hand und das Gesicht in Marschrichtung. Sturmhaube und Skibrille sorgfältig vor das Gesicht gebastelt, damit kein Zentimeter Haut frei liegt.

Auch unsere Haut reagiert auf die niedrigen Temperaturen. Der Körper will die Wärme im Inneren festhalten und drosselt deshalb die Hautdurchblutung und Talgproduktion, die Poren ziehen sich zusammen, die Haut nimmt weniger Sauerstoff und Nährstoffe auf. Sie ist trocken und wird rissig. Wir kommen mit dem Eincremen kaum hinterher. Morgens gibt's die erste Runde Fett- und Sonnencreme, in jeder zweiten Pause schmiere ich nach. Wenn ich den Tiegel Fettcreme öffne, duftet es nach Ringelblumen und Kräutern, der Geruch ist eine wohlige Abwechslung zu den wenigen Sinneseindrücken auf der Expedition. Vor Abfahrt hatte mir ein Kollege diese besondere Fettcreme geschenkt. Von Kindesbeinen an hatte er bei seiner Mutter gelernt, Bienenwachs, Fett und Pflanzenauszüge in eine heilende Creme zu verarbeiten. Sie duftet nach Frühling. Ich wärme sie vor dem Auftragen in meiner Jackentasche an, sodass sie dann schön geschmeidig ist.

Ich bin nur leicht bekleidet. Der Wind bläst mir in den Rücken. Sobald ich stillstehe, wird mir kalt. Aenne steht auch wie ein angeschirrter Gaul vor ihrem Gespann und wartet. Ich atme tief ein, breite meine Arme aus und dehne mich nach unten zu meinen Füßen. In meinem Inneren macht sich nach einigen Minuten Dankbarkeit und Gelassenheit breit. Dann drehe ich meine Arme, um in den Schultergelenken warm und beweglich zu werden. Ich hätte früher nie geahnt, wie wichtig der Oberkörper und die Arme für die Fitness auf einer Skiexpedition sind. Die Arme nehmen über die Stöcke viel von dem Gewicht der Pulka mit nach vorne. Das Abstoßen mit jedem Schritt fordert die Oberarme und Schultern. Das gesamte Zuggewicht ist durch den Zuggurt bestenfalls sowohl auf Schultern als auch auf Hüfte verteilt. Den Oberkörper habe ich so auch mit dem Reifentraining auf diese Anstrengung vorbereitet. Innerlich danke ich meinem Körper, dass er durchhält, und schätze den Moment, an diesem Ort zu sein. Ich bin dankbar, Mads und Aenne gefunden zu haben, die ebenfalls solche Schnee- und Eisfans sind und von einer Grönlanddurchquerung nicht nur träumen, sondern sie wagen. Ohne sie und ihre Expertise wäre ich nicht hier.

Meine Gedanken wandern zu meiner Familie, die mich in all diesen Vorhaben so sehr unterstützt und die Wochen auch mal ohne mich zurechtkommt. Die Kinder müssten jetzt in ihren Schulklassen sitzen. Mir wird warm. Sie senden ihre guten Gedanken zu uns. Wenn sich in meiner Brust ein warmes Gefühl ausbreitet, bin ich mir sicher, dass in diesem Moment viele Menschen in Gedanken bei uns sind.

Ich schaue mich erneut um. Mads macht die letzten Handgriffe an seinem Schlittengespann. Der Heptan-Kanister liegt zwischen uns. Er hievt ihn mit Flüchen ans Ende seines Schlittens und murmelt etwas wie: „Der macht mich heute wieder viel zu langsam und der Schlitten läuft nicht ordentlich in der Spur." Morgenroutine eben. Mads deutet einen kurzen Kick an, als wolle er dem Kanister einen Tritt versetzen. Pünktlich eine halbe Stunde nach acht steht Mads fertig angeschirrt da und sagt: „Wir können los."

Auch in unsere Etappen und Pausen haben sich Vorgänge und Handgriffe eingeschliffen, die für weitere drei Wochen zu unserem

Alltag gehören werden. Sie machen ihn effizient, manchmal auch besonders und besonders schön. Es ist das Pausenzeichen für das Team, wenn die vorderste Person beide Skistöcke an die Seite in den Schnee steckt und sich ausschirrt. Etwas umständlich nehme ich dann die Gurte wie einen Rucksack ab: Nun bin ich frei von dem hohen Gewicht des Schlittens. Ich klicke mich aus und stelle die Skier mit den Bindungen Richtung Sonne in den Schnee. So können sie etwas auftauen und abtropfen.

Das Dringendste zuerst: Ich trete ein paar Meter zur Seite und hocke mich für den Toilettengang in den Schnee, hier gibt es keinen Wind- oder Sichtschutz. Wer seine Scham nicht beiseitelegen kann, sollte keine Grönlandexpedition unternehmen. Während der gesamten Tour haben wir so gut wie keine Privat- und Intimsphäre – auf den Etappen sowieso nicht, in den Camps aber auch nicht. Die Zeltwände sind so dünn, dass kein ungestörter Anruf daheim möglich ist. Die Kommunikation mit der Familie fällt kurz aus und ich berichte nicht viel davon, was in meinem Inneren vorgeht.

Die grüne Pulkatasche habe ich so gepackt, dass ich mit einem Griff Thermoskanne und den Beutel mit den Pausensnacks hervorholen kann, während ich darauf sitze. Die Pausensacks wärme ich jetzt immer schon auf den Etappen in meiner Jackentasche an, damit ich mir nicht mehr die Zähne an tiefgefrorenen Brocken ausbeiße. Plötzlich steht Mads schon angeschirrt da, die zehn Minuten sind um und die nächste Stundenetappe ist angebrochen.

Aenne ruft noch in die Runde, wir hätten fast zwei Kilometer in der letzten Stunde geschafft. Sie sieht die Zwischenergebnisse auf ihrem GPS-Gerät und kontrolliert, ob wir noch auf Kurs sind. Wir jubeln. Das ist viel mehr als in den Tagen davor und wir können richtig stolz darauf sein. 75 Kilogramm in einer Stunde zwei Kilometer bergauf ziehen, das ist kein Pappenstiel. Es ist jetzt noch schwer vorstellbar, dass wir irgendwann oben auf dem Plateau ankommen und wieder hinabfahren werden. Wie befreiend dieses Gefühl sein muss! Wenn es erst einmal bergab geht, sollten wir deutlich längere Distanzen schaffen. Bisher haben wir an noch keinem der Tage die geplante Strecke geschafft. Immer sind wir ein paar Kilometer drunter geblieben. Das ist nicht gut, weil die Reststrecke sich nach hinten aufstaut. Heute diskutieren wir erneut, ob wir früher Camp machen sollen. Unser erfahrener Arktisabenteurer Frank hatte uns die Wettervorhersage via Kurznachricht zukommen lassen: starker Wind in der kommenden Nacht. Die Entscheidung fällt uns schwer. Wir müssen die richtige Balance finden, einerseits im Zeitplan zu bleiben, aber gleichzeitig auf unsere Körper zu hören. Aenne mahnt und ermutigt: „Lasst uns wenigstens noch eine halbe Stunde laufen! Wir schaffen bestimmt noch einen Kilometer, dann haben wir Puffer für später."

Mads hat viele Grönlandexpeditionen studiert, die meisten davon folgten der Strategie, zu Beginn Kräfte zu sparen, um langfristig, einen ganzen Monat lang, durchzuhalten. So zum Beispiel auch die deutsche Polarfahrerin Birgit Lutz. *Sie hat damals an den ersten Tagen auch deutlich unter zwölf Kilometer pro Tag geschafft. Am Ende wurde sie wesentlich schneller. Lasst uns für heute Feierabend machen.*

Mein rationaler Geist sagt: *Weitergehen und Puffer erlaufen ist viel besser. Wer weiß, wie viele Sturm- und Zelttage die Tour verlängern werden.* Aber ich weiß auch, dass ich dafür viel zu müde bin. Und so sage ich: „Eine Schneemauer zu bauen kostet uns bestimmt auch noch 'ne Stunde." Ich wäre froh, hier und jetzt den Skitag zu beenden, mein Körper ist so müde. Wir beenden den Skitag für heute.

Kurze Zeit später krame ich die klappbare Schneesäge aus meiner Pulka. Wir alle haben je eine leichte Aluschneeschaufel dabei. Mit diesen simplen Werkzeugen sägen wir rechteckige Klötze aus dem Schnee und stapeln sie wieder zu einer langen und zirka 1,30 Meter hohen Mauer auf. Sie überragt gerade so unsere zwei Tunnelzelte und schützt sie vor dem Wind. Jede Lücke und Ungenauigkeit im Bauwerk führen zu einer fetten Schneewehe dahinter. Der Wind findet jedes Loch und pustet feinen Schnee hindurch. Wir sind eine kleine Schneemauermanufaktur. Ich liebe so ein Zusammenspiel aus sechs Händen mit einem ansehnlichen Endergebnis. So ähnlich erlebe ich es mit meinen Teams beim Schneeskulpturenbau auch. Der Wind frischt auf und ich bin glücklich, als wir nach dem langen Skitag in unser großes Tunnelzelt krabbeln. Dann sitzen wir auf der Kante unseres Innenzeltes, halten eine warme Tasse Resttee vom Tag in den Händen, schauen uns dankbar an: Sind wir nun schon wirklich über eine Woche in dieser Eiswüste unterwegs?

Aenne zieht sich trockene Sachen im Innenzelt an. Meist ist die erste Schicht unserer Merinowollunterwäsche vom Schweiß leicht feucht und es ist eine Wohltat, in etwas Trockenes zu schlüpfen. Ich höre ein erleichtertes „Ahh" von innen, während ich den Kocher aktiviere, um Schnee für das Abendbrot zu schmelzen.

Staub gibt es in der Schneewüste nicht. Deshalb liegt am Abend lediglich ein dünner Film aus Schweiß und Fett auf der Haut. Nicht jeden Abend nehme ich ihn wieder ab, oft, wenn ich erst einmal meine Beine in dem flauschigen Schlafsack wärme, sinke ich immer tiefer in die wolkige Daunenmasse und den Schlaf hinein. Dann passiert es, dass ich Longsleeve und Longjohn nicht mehr gegen meine Schlafgarnitur tausche, sondern so, wie ich bin, einschlafe.

Duschen und uns mit Wasser waschen werden wir uns über die gesamte Zeit der Expedition nicht. Eine Packung mit Ölpflegetüchern, die eigentlich für Babys sind, ist meine „Polardusche" –

aufgrund ihres Fettgehalts frieren sie nicht so schnell ein. Die Tücher duften nach Zivilisation und Reinheit, nach Heimat und Wellness. Eine weit entfernte Welt strömt mir in die Nase. Ich hole die Schichten Kräuterfettcreme und Sonnencreme von meiner Haut wieder herunter, lasse sie atmen. Nach der Prozedur fühle ich mich fast wie frisch geduscht und fahre am restlichen Körper fort. Dann landen die benutzten Tücher in meiner Mülltüte. Das sind die leeren, praktischen, daher umfunktionierten Zip-Beutel der Trekkingnahrung. Klopapier, Öltücher, Folienfetzen von Riegeln – alles, was wir nicht verbrauchen, kommt hier hinein. Diese kleinen Tagesmülltüten sammele ich in einem großen schwarzen Müllsack, der zwar federleicht ist, aber von Tag zu Tag voluminöser wird und sich in der Pulka immer größer aufplustert. Ich bin erschrocken, wie viel Müll wir im Laufe nur eines Tages produziert haben.

Am Abend gibt es ein Drei-Gänge-Menü aus drei verschiedenen Tüten. Mein Körper giert nach Kalorien. Auf die Instantsuppe folgt die Hauptmahlzeit. Von gefriergetrockneten Nudeln Bolognese bis hin zu Dorschpfanne ist alles in meinem Vorratssack. Ich schließe meine Essensroutine mit einer großen Tasse Schokopudding ab. Unser ausgedehntes Menü versorgt uns nicht nur mit über 1.000 Kalorien, sondern auch mit Flüssigkeit. Die anderthalb Liter in den Pausen reichen einfach nicht. Ich bin unendlich müde und möchte nur noch in meinen Schlafsack. Dankbar nehme ich Aennes Angebot an, Schnee für die Thermoskannen zu schmelzen, damit wir schon mal etwas für den Frühstückstee morgen vorbereitet haben.

Wir checken unsere Garmin-Inreach-Geräte auf wichtige Nachrichten, die uns hier draußen wie SMS-Nachrichten über Satellit erreichen. Außerdem senden wir unsere aktuelle Position an das Supportteam zu Hause, den Wetterfrosch Frank und meinen Mann Jan, damit sie im Notfall Bescheid wissen. Außerdem wird die Position automatisch auf eine Service-Website übertragen und erscheint auf einer virtuellen Karte auf meinem Blog.

In ein paar Stunden beginnt ein neuer Tag: „Eat, Sleep, Ski, Repeat." Und wie jeden Morgen werde ich mich fühlen, als würde ich eine Arbeitsschicht antreten. Einen Monat lang derselbe Tagesablauf mit Schichtpausen und Feierabend. Für diese Arbeit habe ich mich vor vier Jahren entschieden. Meine Gedanken reisen zurück in diese Zeit ...

„Wenn du eine Grönlandexpedition machen willst, dann musst du es mögen, dich zu schinden", hatte mir mein Freund Wilfried Korth gesagt. Körperlich harte Arbeit kannte ich von meiner Zeit im Icehotel, daran habe ich Spaß. Aber schinden? Schinden ist etwas anderes. Schinden bedeutet quälen, bedeutet die eigene Leistungsfähigkeit übermäßig und bis zur Erschöpfung beanspruchen und dann noch darüber hinausgehen. Ich liebte die Ausflüge und Abenteuer mit meinem Mann und den Kindern, liebte lange Wanderungen durch Brandenburg mit meinem Wanderkumpel, liebte Skilanglauf in Skandinavien – aber aus Liebe zur Natur, nicht aus Liebe zum Schinden. Ich wusste, dass ich hart arbeiten konnte, ich wusste, dass ich zäh war – aber würde ich es mögen, mich zu schinden? Es so sehr mögen, dass ich in der eisigen Kälte Grönlands mich jeden Tag aufs Neue gerne auf die Skier begab? Über einen Monat lang? Es hatte nur einen Weg gegeben, das herauszufinden: indem ich mich auf einer Testtour herausforderte.

Auf Gletscherzungen über Island (2021)

Seit Tagen waren wir mit schwerem Gepäck durch grauen Nebel und Regen, Flüsse und Lavagestein unterwegs. Wir, das war eine fast zufällig zusammengewürfelte Truppe an Sonderlingen, drei Männer von 59, 55 und 29 Jahren und ich selbst mit meinen damals

46 Jahren. Uns einte die Liebe zur wilden nordischen Natur, die Lust an den Herausforderungen, die mit dieser rauen Umgebung verbunden sind, und die Gelassenheit, damit umzugehen.

Ohne Wege navigierte uns Mads, unser Tourleiter, durch die Wildnis Islands. Unsere Zelte hatten wir vor zwei Nächten in einem bemoosten Rund aufgeschlagen. Nicht weit entfernt gluckerte ein friedlicher, klarer Bach. Das Wasser war so sauber, dass wir Trinkwasser daraus gewinnen konnten. Um uns herum gab es nur Stille und Weite.

An diesem Morgen war es neblig und kühl. Die Sonne hatte sich bei fünf Grad Celsius noch nicht richtig durchgekämpft. Simon, mein Zeltnachbar, und ich waren gerade vom Wecker wach geworden. Wir wollten es langsam angehen lassen, warteten auf eine Nachricht unseres Tourguides Mads: Ginge es heute weiter oder müssten wir wegen des schlechten Wetters den zweiten Pausentag einlegen? Eigentlich hatten wir schon gestern die Gletscherzunge überqueren wollen. Doch das Wetter war zu schlecht gewesen. Durch die dünne Zeltwand hörten wir Georg, einen weiteren Teilnehmer, mit den Töpfen klappern. Zögerlich drang endlich die Nachricht durch den Morgennebel zu uns: Um neun Uhr würden wir aufbrechen.

Es erwartete mich ein aufregender Tag. Ich würde schließlich die isländischen Gletscherzungen betreten und eine noch nicht begangene Route über das Eis des größten Gletschers Europas mit den anderen ausprobieren. Der Schwierigkeitsgrad war nicht so hoch, die voraussichtliche Dauer mit 3,5 Stunden überschaubar. Aus der Erfahrung der letzten Tage wussten Simon und ich, dass wir uns für das Frühstück eine Stunde Zeit lassen konnten, um dann zügig alle anderen Handgriffe zu erledigen, damit wir rechtzeitig abmarschbereit waren. Wir waren schon ein eingespieltes Team. Seit fast einer Woche bauten wir das Zelt zusammen auf und ab, packten die Rucksäcke jeden Morgen aufs Neue und schnürten uns die Stiefel. Heute waren wir voller Vorfreude.

Ich war das Trekkingküken der Gruppe. Bis auf kleinere Touren mit Rucksack und Zelt sowie die Testtour mit Wilfried durch Norwegen hatte ich zwar keine große Erfahrung mit Gebirgen, aber einen umso größeren Willen. Die Tour durch Island war ein weiterer Schritt, mit dem ich mich meinem Traum der Grönlandquerung näherte.

Mich schinden mögen, das würde ich müssen, hatte Wilfried gesagt. Von Schinden konnte bisher keine Rede sein. Aber etwas anderes hatte ich über mich herausgefunden. Etwas, das jede oder jeder über sich wissen sollte, bevor sie oder er zu einer Tour über das Inlandeis aufbricht: Kann ich mich jeden Morgen aufs Neue dazu motivieren, aufzubrechen? Halte ich das unwirtliche Wetter aus? Das Gedankenwälzen in karger Landschaft?

Punkt neun Uhr standen wir mit geschultertem Rucksack und Trekkingstöcken bereit, erwarteten Mads' Richtungsangabe. Er hatte die Expedition geplant und war einen Teil der Route schon einmal gegangen. Laut seinen Äußerungen würde diese gegen Ende immer spektakulärer. Was das genau bedeutete, konnte ich mir zu diesem Zeitpunkt noch nicht vorstellen. Für mich waren die Landschaftsformen, die schwarzen Lavafelder, das leuchtend grüne Moos und die bezaubernden Details der subarktischen Flora schon dramatisch und spektakulär genug, was hätte das noch überbieten sollen?

Bis zum Eisrand der Gletscherzunge stand uns ein ungefähr anderthalbstündiger Wanderabschnitt bevor. Meine Schuhe kletterten mit mir über Lavabrocken und Basaltgestein, die Stöcke halfen bei der Balance, manchmal nahm ich die Hände zu Hilfe und musste mich abstützen. Kurz vor der Eiszunge standen wir vor einem steilen Abstieg über große eckige Felsbrocken. Ich stützte mich auf meine Stöcke und schaute mir in Ruhe an, wie die drei Männer diesen Abstieg meisterten. Ich versuchte schnell zu lernen, wo sie ihre Stöcke einsteckten, wo sie Halt fanden, das Tempo, mit dem sie bergab gingen, die Stellen, auf die sie traten.

Ich probierte ähnliche Trittstellen aus und hangelte mich von Fels zu Fels, von Brocken zu Brocken. An einer Stelle stützte ich mich schwer auf einem der Stöcke ab, kippte plötzlich nach vorn, der Stock rutschte in eine Felsspalte, ich versuchte auf den Beinen zu bleiben, schrammte mit dem Unterarm über eine scharfe Felskante und fiel zwischen die Felsblöcke. Ich musste mich schnell wieder aufrappeln. Die Trekkingstöcke hatten den Sturz jedoch weniger gut überstanden: Sie waren beide durchgebrochen.

Wenige Augenblicke später schauten drei besorgte Männer nach mir, der Flachlandtirolerin, die bis hierhin alle Herausforderungen mit schwerem Rucksack gut gemeistert hatte. Die Stelle am Unterarm schwoll zu einer Beule an. „Alles in Ordnung", beschwichtigte ich. „Die Stöcke sind nur leider hin ... Aber der Arm geht noch", scherzte ich zudem und bewegte ihn wie zur Demonstration.

Simon und Georg, die beide jeweils mehr Erfahrung hatten als ich, gaben mir je einen Stock, wanderten also selbst nur noch mit einem weiter. Diese Selbstlosigkeit war bewundernswert, aber gleichzeitig ärgerte ich mich über mich selbst. Darüber, dass ich sie und das Team in diese Situation gebracht hatte.

Auf meinen Wanderungen und Testtouren mit Mads und später auch Aenne würde das immer wieder ein Thema sein, an dem ich mich abarbeitete: Ich war fit im Flachland, aber die Berge nicht gewohnt. Die Bewegungsabläufe im Tal und am Berg sind anders, ich musste erst lernen, unter Anstrengung und im mitunter hohen Tempo bergauf und bergab zu gehen. Das geht nur mit Learning by Doing. Drei coole Outdoorkerle waren nun bei meiner Lerneinheit dabei, das war mir unangenehm. Ich kämpfte gegen die Tränen an: *Ihr nützt jetzt gar nichts*, denke ich. *Weitergehen!*

Am Eisrand angekommen, brachten wir Grödel und Steigeisen unter den Wanderschuhen an. Dann befand sich für die nächsten Stunden das graue alte Eis unter unseren Füßen. Auf dessen Oberfläche hatte sich eine schlammige Schicht aus Vulkanasche gelegt – kein Schimmer von dem leuchtenden Gletscherblau, wie ich es von spektakulären Fotos kannte.

Oberhalb des Hangs, an dem meine Stöcke zerbrochen waren, hatten wir einen guten Überblick über die ersten Kilometer der Gletscherzunge. Wir konnten die ersten Spaltenzonen ausmachen und spähten von dort den geeigneten Einstiegsort aus. Hier waren die Spalten schmal und gut zu überwinden. Wir würden ziemlich genau gen Osten laufen müssen und Mads stellte uns in Aussicht, dass wir das Ziel bald erreichen würden. Das machte uns Mut. Die zehn Kilometer über das Eis erschienen selbst mir machbar.

Zwei Stunden liefen und sprangen wir nun schon. In den Gesichtern meiner Mitwanderer meinte ich Sorge erkennen zu können. Anders als geplant, liefen wir nicht auf einer geraden Strecke gen Osten, sondern mussten uns über das weitläufige Gelände schlängeln. Schmalere Gletscherspalten übersprangen, breitere umliefen wir. Mads und die Jungs diskutierten über die Wegfindung, ich hielt mich hinter ihnen. Wir befanden uns jetzt in einem Spaltenlabyrinth: Entweder standen wir vor Spalten, die zu breit zum Überspringen waren, oder es taten sich plötzlich Querspalten vor uns auf, die uns den Weg komplett abschnitten. Dann hieß es, wieder ein Stück zurückzugehen und auf geeignetes Terrain weiter nördlich zu hoffen.

Kalte frostige Luft stieg vom Boden auf, die Sonne strahlte uns warm ins Gesicht. Das kühle Eis schien eine Mikroatmosphäre zu erzeugen. Hin und wieder fand ich meinen Schatz, das schillernde Blau, eingefroren in den Tiefen des Gletschereises. In diesen Augenblicken, wenn das Blau im Eis aufblitzte, durchströmte mich ein unbeschreibliches Glücksgefühl. Die Anstrengung, die Anspannung, meine Scham – sie verblassten unter dem leuchtenden Blau.

Ich japste inzwischen nach Luft, denn die letzten zwei Stunden waren anstrengend gewesen. Ich konnte jetzt schon spüren, an welchen Stellen ich am nächsten Tag Muskelkater vom Springen haben würde. Die Spalten schienen mitunter unendlich tief, das Ende konnte ich oft nicht sehen, und ich versuchte, nicht zu viel darüber nachzudenken, was passieren würde, wenn ich oder einer der Jungs zu kurz sprangen und in einer Spalte landeten. Der Tag forderte schon jetzt meine Konzentration und meinen Gleichmut heraus.

Ich brauchte eine Pause. Erst schob ich es vor mir her, das auszusprechen, es einzufordern, doch irgendwann konnte ich einfach nicht mehr. Meine Bitte wurde auf einen späteren Zeitpunkt verschoben, wir müssten erst einmal aus diesem Labyrinth herausfinden. Doch so schnell ging das nicht, also hielten wir doch an und kramten unsere Verpflegungsbeutel heraus. Die wilden Kerle hatten fette, große Haferflockenbarren dabei – dagegen wirkten meine Müsliriegel wie aus einer Puppenstube. Mitleidig reichte mir Simon seine zweite Hälfte. Als ich ihm in die Augen schaute, meinte ich, Angst zu sehen, Angst, dass ich kraftlos mitten auf dem Gletscher zusammenbrechen würde. Vielleicht waren es auch meine Sorgen, die sich in seinen Augen spiegelten.

Wir einigten uns darauf, noch eine Stunde den Weg etwas weiter nördlich zu suchen. Später würden wir auf dem GPS-Track einen wahren Zickzacklauf erkennen können. Wir hatten Glück: Das Gelände wurde Meter um Meter gangbarer. Wir erreichten ein Gebiet ohne größere Spalten, zumindest, soweit wir das von unserem Standpunkt aus erkennen konnten. Wir waren guter Dinge, dass wir hier die Überquerung der Gletscherzunge schaffen würden. Wenn wir hier nicht weiterkommen würden, müssten wir umkehren und den ganzen Weg zurückgehen.

Wir legten eine weitere ausgelassene Pause im Black Forest ein, wie wir diesen Ort nannten. Auf diesem Teil des Gletschers waren Eiserhebungen beziehungsweise kleinere Schneehügel mit Lavaasche bedeckt. Sie sahen aus wie kleine Bäumchen in einem dunklen Tannenwald. Die Sonne schien auf diese düster-zauberhafte Szenerie herab.

Durch den „Wald" fanden wir weiter über den Gletscher gen Osten bis zur Gletscherzone am östlichen Rand der Zunge. Mittlerweile waren wir neun Stunden unterwegs, und meine Kräfte ließen deutlich nach. Immer wieder standen wir vor großen, zwischen siebzig und hundertfünfzig Zentimeter breiten Spalten im Eis, die wir überspringen mussten. Ich hielt kurz inne, atmete durch, versuchte, mich auf den Auftrittspunkt zu fokussieren, sammelte meine Kräfte und benutzte meine zwei gespendeten Stöcke für sicheren Halt. Die Steigeisen mit ihren fetten Stahlzacken verhakten sich im Eis und boten Widerstand und Halt. Die Spalten am Gletscherrand waren zahlreich und klafften wie gierige offene Münder.

Der Wind pfiff um unsere Köpfe und gelegentlich hörten wir ein Rauschen. Einmal war es so laut, als würde ein Flugzeug starten, meinte Georg. Es waren jedoch gewaltige Gletscherflüsse, die unter dem Eis langpreschten, wie von riesigen Rädern angetrieben.

Plötzlich stand ich vor einer Spalte, die mir beängstigend breit erschien, breiter als alle bisherigen. Mein großer Wanderrucksack war in den letzten Stunden nicht leichter geworden, sondern hinderte mich immer mehr daran, leichtfüßig über die

Spalten zu springen. Die Männer waren bereits auf der anderen Seite und schauten mich erwartungsvoll an. Wie ein nervöses Tier lief ich am Rand zögerlich auf und ab. Ich hatte kaum noch Kraft in den Beinen und auch meine Konzentration schwächelte. Ich fokussierte den Blick und die Gedanken, aber schon glitt die Aufmerksamkeit wieder weg. In der Spalte sah ich fünfzig Zentimeter unterhalb der Kante einen kleinen Absatz auf der gegenüberliegenden Seite. Würde ich darauf springen und mich dann hochziehen können? Wäre das sicherer? Meine Fantasie reichte nicht sonderlich weit. Auf der anderen Seite standen Mads und Simon, sie machten sich bereit, mich im Zweifelsfall aufzufangen und zu sich zu ziehen. Es war mucksmäuschenstill, bis aus dem Eis ein tiefes, schauerliches Grummeln ertönte. Ein paar Sekunden lang erstarrte unsere Gruppe. Wollte die Spalte mich verschlingen? War sie so hungrig?

Bloß weg hier. Ich holte tief Luft, drückte mich mit aller Kraft ab und sprang. Die Zacken meiner Steigeisen rammten sich sicher in das Eis auf der anderen Spaltenseite. Ich atmete erleichtert aus. Dann ging es weiter, als wäre nichts gewesen. Eine weitere Spalte von vielen Hunderten.

Es fühlte sich an wie ein endloses Hin und Her, ein Springen und Hoffen, dass wir den Gletscherzungenrand bald erreichen würden. Wir sahen das Felsplateau vor und über uns thronen, unseren Zielpunkt, aber es war unmöglich einzuschätzen, wann wir dort ankommen würden.

Die Sonne stand nun tief und tauchte die Landschaft in goldenes Licht. Endlich betraten wir den rauen Felsen, das Gletscherwasser floss in einen Bereich mit Geröll und Asche, unsere Schuhe versanken in dem kalten Schlamm, aber dann ... endlich ... spürten wir festen Grund unter den Füßen. Erleichtert hielten wir an und legten unsere Grödel und Steigeisen ab.

Das Eis war in den letzten Jahren aufgrund des Klimawandels so weit zurückgegangen, dass wir jetzt wieder hinaufklettern mussten, um Camp zu machen. 100 bis 200 Höhenmeter aus scharfkantigem Geröll und kleinem Gestein, die es bei fast 45 Grad, aber gefühlten 90, zu überwinden galt. Und das nach einem zehnstündigen Wandertag mit allen emotionalen Hochs und Tiefs. *Schinden*, denke ich. *Mag ich das?* Sisyphos hätte sich bei diesem Aufstieg wie zu Hause gefühlt. Bei jedem Schritt, den ich mit meinem 20 Kilogramm schweren Rucksack bergauf ging, rutschte ich einen halben wieder zurück. Ich atmete schwer, keuchte und beschloss, nach einigen Metern eine Pause einzulegen und den Blick zurück zu genießen.

Hinter mir lag die Gletscherzunge Skeiðarárjökull. Die Männer waren schon kleine Punkte, weiter oben am Hang, sie schienen das Plateau bald erreicht zu haben. Ich pfiff mir einen Drops Traubenzucker nach dem anderen rein, bis die Stange leer war. Vielleicht half das ja.

Dann schulterte ich erneut mein Gepäck und setzte einen Schritt vor, um einen halben danach zurückzurutschen. *Hier wäre auch ein schöner Platz fürs Camp*, dachte ich. *Ich könnte meinen Schlafsack ausrollen und mich einfach hier hinlegen.* Schinden mögen ... Ich lief nun ein Bachbett entlang, es wurde einfacher und plötzlich, wie eine Halluzination, stand Mads vor mir, ohne Gepäck war er den Hang heruntergewandert, mir zu Hilfe. Er war keine Halluzination. Das erste und einzige Mal auf der zwölftägigen Tour überreichte ich ihm meinen Rucksack, um meinen müden Körper ohne Gepäck die letzten Höhenmeter den Hang hochzuhieven.

Alles war so viel einfacher ohne Gepäck. Oben angekommen, eröffnete sich ein ebenes Plateau, wie für unsere drei Zelte gemacht. Beim Beisammensitzen erfuhr ich dann, dass heute auch die drei Männer an ihre Grenzen gekommen waren, nur dass sie dabei schneller den Berg raufgekommen waren ... Die untergehende Sonne verzauberte uns und unsere Gemüter. Selig schauten wir über dieses spektakuläre Naturwunder, das wir soeben bezwungen hatten, die Herausforderung, die wir gemeinsam bestanden hatten. Simon kochte an der Kante mit Aussicht für alle einen frischen Kaffee. Noch nie hatte mir dieses dampfende schwarze Getränk in der Natur so gut geschmeckt. Der Zeltaufbau war nun ein Klacks.

Das nahe gelegene Bächlein, das wie im Märchen den Hang hinunterplätscherte, lud uns ein, den Schweiß des Tages abzuwaschen. Ich war wie auf Drogen und schüttete mir mehrere Schöpfkellen kaltes klares Wasser über die nackte Haut. Gänsehaut, Kälte, Nässe? Alles ein Kinkerlitzchen gegen die Strapazen, die wir gerade hinter uns gebracht hatten. Das kalte Nass, das meinen Körper umspülte, war ein Geschenk. Alle Anstrengungen waren abgewaschen. Ich fühlte mich klar und kräftig, gesund und wie am richtigsten Platz dieser Welt. Einige frisch gefüllte Wassersäcke trugen wir zu den Zelten, um unser Abendessen zu kochen und für den morgendlichen Tee genügend Wasser vorrätig zu haben.

In den vergangenen Tagen hatten wir oft in den Zelten gekocht und uns dazu in die Schlafsäcke gelegt. An diesem Abend kosteten wir jede Minute mit dem gigantischen Blick aus und stellten die Campingkocher an der Kante mit Aussicht auf die Spalten des alten Eises auf, das wir mühevoll überquert hatten. Die Aussicht war unsere Belohnung. Immer tiefer sank die Sonne, die Farben wurden wärmer und bald war alles in ein tiefes dunkles Orange getaucht. Nie war ein Campingessen aus gefriergetrockneter Nahrung so schmackhaft gewesen wie an diesem Abend. Wir belohnten uns mit den leckersten Instantdesserts und mit dem leckersten Yogitee. Sogar ein paar Stückchen der wertvollen Schokolade durften wir verspeisen, eine Belohnung, die ich nicht für jeden der Wandertage dabeihatte. Wann, wenn nicht jetzt?

Ich konnte mich nicht satt sehen, der Blick nahm mir den Atem, machte mich sprachlos, alles schien unwirklich und ich konnte mir nur mit Mühe den Beginn des Tages ins Gedächtnis rufen, mein emotionales Tief nach dem Sturz und die folgenden Irrungen durch das Spaltenlabyrinth. Wie ein Film, der ein Erlebnis einer anderen Gruppe dokumentierte, zogen diese Ereignisse vor meinem inneren Auge vorbei.

Ich fühlte Dankbarkeit und Ehrfurcht vor den Kräften der Natur und dieser gewaltigen Schöpfung in mir aufsteigen, vor dieser Landschaft, die sich seit vielen tausend Jahren ohne unser Zutun geformt hatte und weiter formen würde. Und mit diesem Gefühl im Bauch kroch ich bibbernd vor Kälte in meinen Schlafsack. Simon hatte seine Isomatte nach draußen gelegt und betrachtete den Sternenhimmel. Alle Sternbilder des nördlichen Himmels waren deutlich zu erkennen. Sogar die Milchstraße schien zum Greifen nah. Gegen 23 Uhr kroch ich auch noch einmal aus dem Zelt heraus, um mir den Himmel anzuschauen. Meine Nordlichtnase erahnte einen grünlichen Schimmer am nordwestlichen Horizont – alles an mir war wach und wieder voller Energie, wie immer, wenn ich die Chance witterte, Lady Aurora am Himmel zu sehen. Und tatsächlich breitete sie für uns ihr grün schillerndes Kleid aus und tanzte darin ihren schönsten Tanz. In Nullkommanichts hatte ich mir meine Kamera und mein Stativ geschnappt, sie mit Gletscheraussicht installiert und fing die grünen Schleier über der Gletscherzunge ein. Was für eine Belohnung nach einem so unfassbar harten Tag! Die Natur meinte es gut mit uns, verzauberte und versöhnte uns. In unseren Herzen und unserer Erinnerung blieben fantastische Bilder. Die Schmerzen und Zweifel des Tages verschwanden mit den tanzenden Formen. Selig glitt ich ein wenig später in einen tiefen erholsamen Schlaf.

Als der morgendliche Weckruf meiner Armbanduhr erschallte, freute ich mich und öffnete das Vorzelt, damit Simon und ich freie Sicht auf den spektakulären Gletscher hatten. Auf dem Plateau liegend, warteten wir sehnlichst darauf, dass die Sonne zu uns herüberwanderte, um uns zu erwärmen. Und wir schauten auf den Gletscher, den wir am vergangenen Tag gequert hatten. Er lag da, als wäre nichts gewesen, doch wir konnten den Verlauf des gesamten gestrigen Tages an ihm ablesen.

Ich lag in meinen Schlafsack gemummelt an der frischen Luft und, die Mütze ins Gesicht gezogen, beobachtete, wie Mads auf dem Campingkocher seine Frühstückspfannkuchen zubereitete. Es duftete nach zerlassenem Kokosfett und Apfelstückchen. Ein achtsam zusammengestelltes Menü für Morgen wie diese. Aus einer kleinen Tüte fischte er sogar noch ein paar Krümel Instantkaffee heraus. Was war das für ein Fest, inmitten dieser großartigen Landschaft. Was für ein Glück, an diesem Ort sein zu dürfen, weitab von der Zivilisation und den Querelen des Alltags, von Verpflichtungen, Definitionen und Rollen, die wir alle zu Hause haben und erfüllen müssen.

Hier waren vier Seelen miteinander unterwegs, die einander verbunden und dankbar waren, die wertschätzend und froh gelaunt unterwegs waren, einfach und ehrlich, ruhig und vergnügt – die einfach waren. Genau das ist es, was so ein Ort kann – er bringt uns zurück zum reinen Sein. Voller Dankbarkeit verneigte ich mich innerlich auch vor mir selbst und diesem isländischen Gletscher, schätzte die wilden Kerle an meiner Seite, die mir den Weg in die Trekkingwelt geebnet hatten.

Es war während dieser Tour und besonders an diesem letzten Tag mit all seinen Aufs und Abs das klare Bild entstanden, dass dies nun mein Weg war: Den Norden bereisen mit einfachen Mitteln, mit kleinen Schritten, mit tiefen Einblicken in mich und die Natur – das war es, was ich im Leben wollte und wonach ich mich sehnte. Das Fünkchen Glück konnte dort zu einem Feuerchen auflodern und eine Energie entfachen, die mich auch durch schwierige Zeiten bringen würde, weil ich wusste, dass ich so etwas schaffen konnte, dass die Natur und Verbindung mit ihr so etwas vermochte. Weil ich jetzt verstand, was Wilfried mit seinem Satz gemeint hatte: „Du musst es mögen, dich zu schinden."

Tag 9:
Navigieren lernen.
Und: Der Hunger hält Einzug

Samstag, 22.04.2023
Tageskilometer: 14,4 km
Dauer: 5 Etappen
Vor uns liegende Strecke: 474,5 km
Temperatur: -6 °C
Breitengrad: 65.906997, Längengrad: -39.873379

Es ist ein traumhaft schöner Anblick: Eine lange Linie trennt die verschneite Eiskuppe vom strahlend blauen Himmel. Wer nach Pisa reist, will den Schiefen Turm sehen, in Rom das Kolosseum, in München das Hofbräuhaus. An diesem Morgen auf Grönland will ich nur den Horizont sehen. *Diesen Horizont müssen Sie unbedingt gesehen haben,* würde in einem Reisekatalog stehen – und wer noch nie die Klarheit des Horizonts nach einem Whiteout und nebligen Tagen erlebt hat, wird das nicht nachfühlen können. Die Enge um die Brust löst sich, der Schwindel ist weg, die Augen suchen den fernsten Punkt am

Horizont, weiter und weiter wollen sie reisen. Es ist das Hochgefühl der Freiheit.

Der blaue Himmel und die weite Sicht versprechen eine einfache Navigation – das Vorankommen ist dafür umso schwieriger. Wir durchpflügen nun meterhohen Neuschnee. Es quietscht dumpf, wenn die Skier den zarten Schnee zusammenpressen. Je weiter wir gehen, desto höher liegt der Neuschnee. Die Spurrinne der Schlitten ist etwa 30 Zentimeter tief, wenn wir keine Skier anhätten, würden wir bis zum Knie einsinken.

Ich fühle mich allein vom Ausblick so unendlich befreit – und dann krönt Mads diesen Moment noch zusätzlich. Ausgerechnet Mads. Denn er hängt mir den Kompass um den Hals, als würde er mir einen Orden verleihen. Ich werde jetzt vorweggehen, auf mich selbst gestellt, durch die weiße Wüste, werde unser Team navigieren.

Die Kompasskonstruktion lässt mich schmunzeln. Eine ultraleichte DIY-Bastelei, wie sie nur ein Mathelehrer konstruieren kann: Man nehme einen alten Badmintonschläger, Nylonschnüre und Kabelbinder. Wie einen Bauchladen trage ich den Schlägerkopf waagerecht vor der Hüfte. Die Schnüre sorgen dafür, dass das Konstrukt waagerecht bleibt statt nach unten wegzuklappen, das ermöglicht mir jederzeit einen Blick auf die genaue Navigationsanzeige. Kabelbinder halten den Kompass ziemlich mittig auf den Saiten. Zur weiteren Stabilisierung klemme ich einen kleinen Aluwinkel vom Schläger in meinen Hüftgurt. *Geniale Erfindung*, denke ich und richte mich entsprechend der Kompassnadel aus. Wir gehen heute und viele Wochen lang 289 Grad, also nach Nordwesten.

„Wenn du navigierst, dann peilst du am besten eine Struktur im Untergrund an, die in der richtigen Richtung etwas weiter entfernt liegt. Anpeilen, auf sie zugehen, bis du sie erreichst. Dann neue Struktur suchen, anpeilen. So musst du bei guter Sicht nicht ständig auf den Kompass schauen", wiederholt Mads mehrmals. Er ist Lehrer durch und durch.

Endlich gehe ich los, vorneweg. „Mehr links!", ruft Mads schon. Ich bleibe stehen, die Kompassnadel zittert sich aus – er hat recht. Also Kurskorrektur. Mads hinter mir sieht, ob ich einen Bogen oder eine gerade Linie gehe. Auch Aenne prüft meinen Kurs mit ihrem eigenen Kompass.

Es ist herrlich befreiend, ganz vorn zu gehen. Ich pflüge eine Spur in den frisch gefallenen Schnee, vor mir nichts als endlose Weite. Wie der Beginn einer künstlerischen Arbeit, ein weißes Blatt, ein Block Eis, der in Form gebracht werden will. Wie ein Beginn, eine neue Gelegenheit. Mit jedem Atemzug, mit jedem Schritt kehrt mehr Klarheit in meinen Kopf zurück. Je klarer ich sehe, desto weniger Fragen stelle ich mir, desto mehr kommt mein Selbstbewusstsein zurück.

Für den jetzt bekannten Rhythmus – eine Stunde gehen, zehn Minuten Pause – schaltet mein Körper mittlerweile auf Autopilot. Nach einer gefühlten halben Stunde schaue ich das erste Mal auf meine Sportuhr – perfektes Zeitgefühl. Mads und Aenne haben etwas zu viel Abstand zu mir. Aenne bleibt jetzt stehen und klickt sich aus. Eins der Felle hängt schlapp am Ski, wie bei mir gestern. Die Felle sind kleine haarige Aufkleber. Dank ihnen erzeugen wir beim Gehen mehr Reibung, denn das hohe Gewicht der Schlitten will uns ständig nach hinten ziehen, aber die Langfelle verhindern, dass wir zurückrutschen.

Mads eilt Aenne zu Hilfe. Dann geben sie mir ein Zeichen, weiterzugehen. Jeden Tag haben wir kleine technische Probleme, die uns aufhalten, manchmal können wir sie in den Pausen richten, aber sie hindern uns auch mal beim Gehen, sodass wir sie zwischendurch ohne Pause korrigieren müssen.

Im Januar, kurz bevor ich die Pakete nach Tasiilaq hatte aufgeben wollen, hatte ich mir wahre Kalorienbomben selbst hergestellt: Erdnussbutter mit Schokohülle. Die meisten Menschen kennen die industrielle Version, die kleinen törtchenförmigen Peanutbuttercups. In doppelter Größe ziehe ich sie jetzt in meiner Pulka über Schnee und Eis. Jeden Morgen nehme ich eines aus der Haushaltsfolie und stecke es in meinen Vorratsbeutel für die Pausenverpflegung. Heute habe ich mein „Freuerle" schon gegessen. Es versorgt mich nicht nur mit Kalorien, sondern auch mit dem Hochgefühl, das genussvolle Speisen in mir auslösen.

Mein Magenknurren wird nun lauter, aber nur noch drei Minuten, dann ist die Stunde rum. Viele meiner Gedanken auf dem Eis drehen sich um meinen kleinen Vorratsbeutel, den ich täglich neu zusammenstelle. Auf Aennes Anregung hin habe ich für jede Pause einen Snack eingerechnet. Heute müssten noch zwei Müsliriegel, eine Schokolade und eine Handvoll Nüsse im Beutel sein. 200 bis 250 Kilokalorien kalkuliere ich für jede Pause ein. Das ergibt bei sechs Pausen mehr als eintausend Kalorien. Eintausend Kalorien nur für die Pausennahrung. Meine Fantasie schießt sich in den nächsten Minuten auf die Schokolade mit Mandeln ein, die ich auch für heute bereitgelegt habe. Eine halbe Tafel steht auf der Speisekarte, die andere Hälfte muss ich für eine weitere Pause aufheben.

Sastrugi anpeilen, Stock, Schritt, Stock, Schritt, anhalten, Pause einläuten. Erschöpft lasse ich meinen müden Körper auf die Pulkatasche fallen. Die anderen trudeln ebenfalls ein, Aenne schimpft über die Felle, die einfach nicht halten wollen. Vielleicht sind sie zu nass, Aenne legt sie in die wärmenden Sonnenstrahlen auf ihren Schlitten.

Routiniert hole ich Mads' Thermoskannen aus meiner Pulkatasche. „Wenn ich den Heptan-Kanister für dich schleppe, kannst du ja auch was nehmen", hatte er am Anfang zu mir gesagt. Ich reiche ihm die Kanne, damit er etwas trinken kann. Dann greife ich zur Schokolade, reiße die Verpackung sofort auf. Mit einem lauten Knacken bricht das erste Stück ab und im nächsten Moment habe ich schon die halbe Tafel verschlungen. Unser Frühstück ist erst drei Stunden her. Mein Körper verlangt noch mehr Nachschub. Noch zwei Bissen ... dann muss ich aufhören, ich kann nicht aufhören. Ein riesiges Loch in meinem Magen schreit nach Nahrung. Jetzt ist nur noch ein Viertel der Tafel in der Verpackung. *Das reicht ja nicht mehr für eine Pause*, denke ich und stopfe den Rest in meinen Mund. Ich schiele zu Mads, isst er denn gar nichts? Er habe keinen Hunger, meint er. Wie krass. Ich kann gar nicht so viel Fett und Zucker in mich hineinstopfen, wie mein Körper verlangt. Er aber braucht nichts? Auf seinen Bergtouren, sagt er, brauche er auch immer nur zwei Riegel als Pausensnacks am Tag.

Ich denke an die gewaltigen Mengen Müsliriegel, Schokolade und Nüsse, die ich noch in meinem Packsack habe. Pro Tag rechne ich insgesamt mit 4.500 Kalorien an Energie und werde doch nicht satt davon. Also esse ich heute zwischen 800 bis 1.000 Kalorien mehr. Ich bin echt baff. Mads und ich sind etwa gleich groß und gleich schwer. Allerdings kommt dazu, dass Männer einen zehn Prozent höheren Grundumsatz als Frauen haben, weil sie über mehr Muskelmasse verfügen. Und das trifft auf uns ganz unbedingt zu. Wie macht er das? Hat er einfach keinen Hunger?

Aus meinem Pausensäckchen angele ich mir einen halben Haferflockenriegel heraus. Und vielleicht noch ein Stück Schokolade von der nächsten Packung? Es kostet mich viel Überwindung, aber ich diszipliniere mich. Es ist erst der sechste Tag, noch nicht einmal eine Woche – und ich weiß jetzt schon nicht, wie ich den Hunger die restlichen drei Wochen lang überstehen soll. Er quält mich zwischendurch so sehr, dass ich mich auf meinen

Pulkasack stürzen, die Vorräte herausreißen und mich einfach satt essen will.

Wenn einem Teammitglied die Nahrung ausgeht, ist das das Ende einer Tour. Es sei denn, man lässt sich mit einem Helikopter Nahrungspakete aufs Eis fliegen, ein irrwitzig teurer Service. Die knappen Nahrungsmittel sollten uns als Team noch herausfordern – ganz anders, als ich mir hätte vorstellen können. Nichts auf Grönland ist wirklich vorhersehbar.

„Ein Drittel ist geschafft!
Ich hoffe, die nächsten zwei werden genauso toll!"

Tag 10:
Wie auf Wolken

Sonntag, 23.04.2023
Tageskilometer: 12,8 km
Dauer: 6 Etappen
Vor uns liegende Strecke: 455,3 km
Temperatur: -7 °C
Breitengrad: 65.977216, Längengrad: -40.471088

Die Berge im Osten sind längst aus unserem Blickfeld verschwunden. 360 Grad weiße flächige Schönheit. Es ist dunstig heute früh, schlechte Sicht, aber kein Whiteout. Aenne und ich stehen angeschirrt bereit, ich breite meine Arme aus, drehe meine Schultern und schüttele den steifen Oberköper. Ich höre Mads packen und mit seinem Sack kämpfen. Plötzlich schimpft er laut: „Ohne mich wärt ihr schon längst über alle Berge." Und leiser, mehr zu sich selbst: „Sagt es doch ruhig: Geh zurück, alter Sack."

Aenne und ich tauschen überraschte Blicke aus. Unsere Hilfe hatte Mads jeden Morgen aufs Neue abgelehnt und sich verschlossen abgewendet. Ich seufze in mich hinein, während ich ihn bei seinem morgendlichen Pack-Tetris beobachte. Jeder Handgriff wirkt angespannt. „Du musst das nicht allein machen", will ich ihm sagen. „Wir sind doch ein Team. Wir unterstützen dich, dafür sind wir da. Du bist kein alter Sack, und heimschicken will dich erst recht niemand. Ohne dich wären wir nicht hier." Ich möchte ihm sagen, dass ich ihm dankbar bin. Aber ich sage nichts davon. Mitten auf dem Eis, weit entfernt von anderen Menschen, ist jede Disharmonie im Team potenziell gefährlich. Auch deshalb schweige ich. Meine Worte würden die Rollenverteilung für einen Moment durcheinanderwerfen. Das Polarküken spricht dem Teamleiter Mut zu. Ich weiß nicht, was ich damit anstellen würde. Wie er damit umgehen würde. Unser Teamleiter bleibt ein Dickkopf. Ich schüttele meinen Körper locker. Nach zehn weiteren Minuten ist Mads fertig und wir marschieren los.

In der ersten Stunde gehe ich voran und ziehe meine Schlitten mit ungewohnter Leichtigkeit über die windgepresste Schneeoberfläche. Nur wenige Sastrugis und Verwehungen versperren mir den direkten Weg, den die Kompassnadel vorgibt. Der Kompass ist heute und viele Tage lang auf 289 Grad eingestellt. Mir gelingt es sehr gut, eine kleine Struktur einige hundert Meter entfernt anzupeilen und nicht aus den Augen zu verlieren. Die Landschaft ist so unglaublich schön und einfach geformt, meine Fantasie vereint sich mit ihr. Wie die Male, wenn wir im Park lagen, in den Sommerhimmel schauten und einzelne Schäfchenwolken entdeckten, die uns wie riesige Himmelstiere erschienen. So erzählen mir die kleinen Sastrugis und die vielfältigen Formen in der Schneeoberfläche Geschichten. Kleine Tierformen oder abstrakte Gebilde verbinden sich in meiner Fantasie zu Comicgeschichten und leiten mir den Weg. Aus den langgestreckten Sastrugis wird eine Wasserschlange, die in einem Walschlund verschwindet. Andere Formen ranken sich als Korallen um diese zwei Tiere. Als ich dichter herankomme, verändert sich die Form, die Schlange verwandelt sich in einen Hai, der den Wal jagt. Er scheint sich tatsächlich zu bewegen. Meine Fantasie spielt mit der windgepressten Schneeoberfläche.

Mit meinen tierischen Freund:innen an der Seite laufe ich heute leichtfüßiger und folge dabei meinem inneren Rhythmus. Ganz intuitiv beginne ich zu zählen. Ich zähle fünfmal bis zwanzig, also bis hundert. Und das Ganze wiederhole ich fünf weitere Male. Das müssten fünf Minuten sein. Wie ein präzises Uhrwerk bewegt sich mein Körper gleichmäßig und mechanisch vorwärts. Schritt für Schritt.

Ich drehe mich um und sehe nach Mads und Aenne, die viele Meter hinter mir sind. Weil die Sicht nicht so gut ist, warte ich, damit sie aufschließen können. Dann geht's weiter. Mit jedem Meter fühle ich mich stärker. Meine Brust wird weit, ich gehe aufrecht. Ein Funken Stolz glimmt in mir auf und ich beschleunige mein Tempo, meine Schritte ganz fest – es erfüllt mich, den anderen demonstrieren zu können, wie schnell ich heute vorankomme. Dafür muss ich sie etwas zurückfallen lassen, anschließend lasse ich ihnen Zeit zum Aufschließen.

In der Pause gibt Aenne einen neuen Streckenrekord durch: 2,6 Kilometer haben wir auf dieser Etappe geschafft. Wir jubeln vor Glück.

Der Ausblick von 360 Grad weiter, weißer Monotonie täuscht. Das weiß man, sobald man sich darin bewegt. Der Wind formt jeden Meter eigenwillig und neu. Niemand weiß, wie es hier morgen oder übermorgen aussehen wird. Auf der nachfolgenden Etappe wird das Gelände tückisch. Mads, der seit der Pause navigiert, lotst uns durch ein Sastrugi-Labyrinth. Er schlängelt sich hindurch, wir folgen seiner Spur. Müssen wir ansteigen, forme ich die Skier zu einem V und stemme die Innenkanten in den Schnee, um die Anhöhe zu erklimmen. Mit einem zusätzlichen Ruck zerre ich die Schlitten rumpelnd über jede der 30 Zentimeter hohen Verwehungen.

Unsere Expeditionstage werden ab der fünften Tagesetappe anstrengend. Dann sind unsere Kräfte aufgezehrt und das Durchschnittstempo sinkt. Aber auch ein langsames Vorankommen lohnt sich – jeder Kilometer bringt uns einen näher ans Ziel. Ich höre Aenne hinter mir husten. Es klingt hart und schmerzhaft, wie ein Bellen, und später, als müsste sie sich übergeben. „Ich kenne das gar nicht", sagt sie. „Das hatte ich noch nie." Die trockene Kälte reizt wahrscheinlich ihre Schleimhäute, trocknet auch sie aus. Trotz ihres Leidens ermuntert und ermahnt uns Aenne auch heute, noch eine halbe Etappe weiterzulaufen, falls wir noch irgendwie die Kraft dazu aufbringen können. *Wer weiß, was im Laufe der Tour noch passiert.*

Wenn wir die verbleibenden Kilometer auf Tagesetappen herunterbrechen, müssten wir täglich durchschnittlich 25 Kilometer schaffen, um nach insgesamt 30 Tagen anzukommen. Diese gewaltigen Längen scheinen mir utopisch, nicht machbar. Am zehnten Tag sind wir bei gerade mal 15 Kilometern. Mads vergleicht unsere Etappe auch heute mit Birgit Lutz' Expedition. Wie so oft kommt er zu dem Schluss, dass wir nicht weiterlaufen müssen und das Camp aufschlagen können.

Ich bin ganz beflügelt von der heutigen Tour und der Campaufbau geht mir leichter von der Hand als sonst. Konnte es sein, dass sich Wilfried und die anderen getäuscht hatten? Konnte sich ein Körper über 40 in eine Tour hineintrainieren? Ich spüre jedenfalls deutlich, dass jeder Tag auf der Tour wie ein zusätzliches Training ist. Heute Abend könnte ich Bäume ausreißen!

„Fühl dich warm gekuschelt
und umarmt von deiner Familie."

Tag 11:
Schmerz

Montag, 24.04.2024
Tageskilometer: 15,8 km
Dauer: 6 Etappen
Vor uns liegende Strecke: 461,7 km
Temperatur: -10 °C
Breitengrad: 65.977216, Längengrad: -40.471088

Der Neuschnee ist weich und die Skier sinken mindestens 15 Zentimeter ein. Die Pulka zieht einen 50 Zentimeter breiten und 30 Zentimeter tiefen Graben durch die Landschaft. Mein Körper fühlt sich gut an und meine Schritte sind trotz des Geländes leicht. Ich bleibe stehen, betrachte die unendliche Weite des Eises. Die Stille ist jetzt allumfassend und klar. Ein tiefes Gefühl der Ruhe und Klarheit durchströmt mich. Jetzt bin ich auf dem Eis angekommen, denke ich. Die letzte Nacht war noch einmal stürmisch und hart gewesen, aber jetzt, jetzt bin ich da.

Mit schweren, kraftvollen Schritten geht Aenne vorneweg. Langsam kämpft sie sich mit ihrem Gespann voran, ihr Atem geht stoßweise.

Meine Gedanken kreisen wieder einmal ums Essen. Wir haben für etwas mehr als 30 Tage eingepackt. Mehr ging nicht. Das Gewicht unserer Schlitten ist so kalkuliert, dass wir eine bestimmte Durchschnittsgeschwindigkeit halten können, bergauf zwischen 1,5 und 3,5 Stundenkilometern. Gestern Abend war ich nicht so diszipliniert mit dem Essen. In einer Heißhungerattacke habe ich mir gleich nach der Ankunft eine heiße Schokolade mit Peronin reingeschüttet, einem Getränkepulver, das Robert Peroni nach seiner fast dreimonatigen Grönlanddurchquerung in den 1980er-Jahren erfunden hat. Es enthält alle wichtigen Nährstoffe und Eiweiße, die man auf so einer Tour benötigt. Quasi Kosmonautennahrung mit Kakaogeschmack. Gierig hatte ich die sämige Schokomasse in mich hineingegossen. Wie ein Schwamm hatte mein Körper die nahrhafte Flüssigkeit aufgesaugt, immerhin einen dreiviertel Liter. Ich war überrascht, wie unersättlich mein Körper das Getränk aufnahm. Wenige Minuten später wurde mir schwummerig und übel.

Aenne schleppte daraufhin die Expeditionsapotheke an. Den zwei Kilogramm schweren Karton hatten wir sorgfältig gemeinsam mit einem Schweizer Arzt zusammengestellt. Darin befand sich auch eine stichwortartige Liste mit Wirkungen und Einnahmehinweisen. Aenne ging die Liste durch und reichte mir eine kleine rosafarbene Tablette. Das kleine Mittelchen beruhigte Magen und auch Geist, ich dämmerte schnell weg.

Es wird mir schwerfallen, mich zukünftig wieder mehr beim Essen zu zügeln, nicht nur wegen des unstillbaren Hungers. Essen bedeutet für mich auch Erholung, Liebe und Geborgenheit.

Heute aber bin ich wieder topfit. Wie auf Sastrugiwolken sind wir am elften Tag unterwegs. Sie erstrecken sich in endlosen Reihen über das Eis. Dort vorn bricht ein riesiger Wal durch die Schneeoberfläche, neben ihm schwimmt ein Pinguin und links davon hockt ein Hase im Schnee, gleich wird er davonhüpfen.

Etwa auf Höhe des Hasen klappt mein linker Fuß nach außen weg. Sicher Zufall. Weitergehen. Das Fußgelenk dehnt sich nach links auf, jetzt bei jedem Schritt. Ich versuche den Fuß fester aufzusetzen, um die Kontrolle über die Bewegung zu halten, aber klapp, schon knicke ich wieder um. Ich sage nichts, laufe weiter. In der Pause setze ich mich auf die Pulka, öffne vollständig Schuh und Innenschuh, ziehe dann die Schnürsenkel ganz fest wieder zu: Ich beginne unten am Innenschuh und arbeite mich am Schaft nach oben. Dann das Ganze noch einmal am Skischuh. Aenne und Mads sehen mir dabei zu. Selbstbewusst schließe ich den Reißverschluss an der Gamasche und sage laut: „Irgendwas stimmt heute nicht mit meinem Schuh. Ich knicke andauernd um." Ich sage das auch, weil ich es selbst glauben möchte. Um der Möglichkeit einen größeren Raum zu geben, denn ich weiß, es ist unwahrscheinlich.

Denn vor dreieinhalb Jahren hatte es mir sprichwörtlich den Boden unter den Füßen weggezogen. Ich war erst in eine tiefe Dunkelheit gefallen und hatte mir dann das Sprunggelenk mehrmals zerschmettert. Es war seitdem viel passiert, und meine Psyche und meine Seele hatten sich von dem Schock erholt. Ich hatte gedacht, dass auch mein Körper zurück in die Balance gefunden hatte. Aber vielleicht dauert die Verarbeitung von Trauer doch länger, als ich es mir vorstellen konnte, vielleicht sitzt da im Sprunggelenk noch eine Traurigkeit, die mich an Wilfried erinnern will, denn ihn habe ich mit auf das Eis genommen. All diese Gedanken behalte ich still bei mir.

In der folgenden Etappe gibt mir Mads ein paar Tipps zum richtigen Skilaufen. Ich grinse und finde das albern. Skilaufen kann ich. Oder doch nicht? Alle Möglichkeiten sind mir lieber als ein kaputtes Sprunggelenk. Also, Ski gerade aufsetzen, bewusst etwas nach innen drücken und nach vorne schie... – der Knöchel gibt nach. Es schmerzt, jeder Schritt schmerzt. Ein dicker fetter Kloß

Ärger sammelt sich in meinem Hals, breitet sich aus und lässt kaum Platz zum Atmen. Wie viele Tausende Schritte noch vor mir liegen – mit diesen Schmerzen erscheinen mir die nächsten zehn schon unmöglich. Völlig ausgeschlossen, dass ich so die Tour abschließen kann. Ich will aber nicht scheitern. Ich will das Schinden umarmen, weil es mich mit dieser unglaublichen Schönheit belohnt. Ich will mich weiter schinden, weil Wilfried mit mir reist, ein wenig so, wie es hätte sein sollen. Bevor ich diesen Anruf bekam, der mir alle Liebe und Freude an Schnee und Eis geraubt hatte.

Als ich meine Liebe zu Eis und Schnee verlor

Dass mich dieser Anruf überhaupt erreicht hatte, war schon reiner Zufall gewesen, eine Verkettung verschiedener Umstände, die so nicht geplant waren, aber doch passierten und alles veränderten. Es war ein Samstag, der 20. April 2019, Matildas Geburtstag. Wir, mein Mann und die Kinder, würden sie nachher für die Osterferien ins Wildniscamp im Hohen Fläming bringen. Ich hatte etwas im Atelier vergessen und war nur kurz zurückgehuscht, als mein Telefon klingelte. Wilfrieds bester Freund war am anderen Ende und fragte mich, ob ich sitzen würde. Also setzte ich mich, und dann sagte er, was niemand von uns wahrhaben wollte: Wilfried war am Tag zuvor auf einer Radtour in Potsdam-Mittelmark bei einem Unfall gestorben. Ich hörte die Worte, als kämen sie aus einer anderen Realität, mir wurde augenblicklich schwindelig, doch ich konnte nicht begreifen, was sie bedeuteten. Er war tot, der Gefährte, der all meine Aktivitäten gutgeheißen und gefördert hatte, der mich mit dem Polarvirus infiziert hatte, meine große Inspiration in Sachen Arktisabenteuer. Mein Mitstreiter und Mitgründer unseres Vereins Iceploration.

Wenn Wilfried mir von seinen Grönlandabenteuern erzählte, hatte er auch immer von der großen mentalen Herausforderung gesprochen, so viele Wochen zusammen als Team zu verbringen. Fakt ist, dass einen nichts auf die große mentale Herausforderung vorbereiten kann, einen Freund plötzlich und viel zu früh zu verlieren. Wenn man nun für immer ohne den Teamkameraden auskommen muss.

Das konnte doch nicht stimmen. Wir hatten einen gemeinsamen Traum gehabt. Iceploration war gerade einmal drei Jahre jung. In ein paar Wochen hatten wir zusammen in die Arktis reisen wollen. Mein Expeditionsvertrag lag frisch unterschrieben in seinem E-Mail-Fach.

Der Sommer nach Wilfrieds Tod war geprägt von seelischen Zerreißproben, von einer Trauer, wie ich sie vorher noch nicht erlebt hatte. Unser Verein Iceploration, unser Baby, ging ohne mich weiter seine Wege. Meine künstlerischen Intentionen, meine Aktivitäten in Sachen Öffentlichkeitsarbeit rund um das Thema Klimawandel waren nun nicht mehr gefragt und ich brachte nicht die Energie auf, in diesem Kreis von Menschen weiter zu agieren.

Kein Schnee und kein Eis konnten Licht in diese Dunkelheit in mir bringen. Ganz im Gegenteil. Die Elemente, die mir einmal Lebensenergie geschenkt hatten, ließen die Dunkelheit noch schwärzer erscheinen. Denn sie erinnerten mich an Wilfried. Tiefe Temperaturen, Schnee und Eis – sie würden nun nichts mehr in meinem Leben zu suchen haben.

„Du musst mal wieder spüren, wie es ist, aufgefangen zu werden", riet mir eine befreundete Beraterin. „So richtig physisch aufgefangen zu werden. Wie wäre es mit einem Sturztraining in der Kletterhalle?" Als Fischkopp hatte ich keine großen Erfahrungen mit Bergklettern und Kletterhallen. Gut, ein paar wenige Male war ich mit Seil und Klettergurt unterwegs gewesen, aber das konnte ich an einer Hand abzählen. Ich stellte mir vor, wie ich einige Meter hochklettern und mich dann fallen lassen würde, hinein in die

Sicherung und den Klettergurt, den ein anderer festhielt, der mich auffing. Es würde sich sicher gut anfühlen. Im Hochsommer fragte ich einen Freund, mit dem ich vor über 20 Jahren einmal geklettert war, ob er ein Sturztraining mit mir machen würde. Holger hatte die Kletterausrüstung parat und auf ging's in eine Berliner Kletterhalle. Klettern war mittlerweile auch jenseits der Alpen ein Trendsport und die studentischen Hilfskräfte sahen unsere veraltete Ausrüstung skeptisch an: „'n neues Kletterseil würd euch och nich schaden. Wär ma an der Zeit."

Wir bauten unsere Sicherung auf und kletterten mit dem alten Seil einige Routen an den Wänden empor. Auch damals im Gebirge hatten Holger und ich kleine Stürze simuliert, bei denen ich ein bis zwei Meter tief in das Seil gefallen war. Und so machten wir es jetzt auch. Ich ließ mich fallen, hinein in den Klettergurt und das Seil, während Holger mich hielt. Ich fühlte mich aufgefangen. Und noch einmal. Und noch einmal. Ich genoss das Gefühl, kurz zu schweben, das Kribbeln des freien Falls im Bauch, dann der Ruck des Seils, das mich erst bremste und dann sicher hielt. Ein bisschen Hin-und-her-Pendelei ... und noch einmal. Ich kraxelte wieder hinauf, gestärkt und lebendig. *Vielleicht ist das wirklich mein Weg aus der Dunkelheit*, dachte ich.

Ich stand an der Wand, bereit für den nächsten Sprung, drückte mich ab, aber nicht kräftig und weit genug, strauchelte im freien Fall und krachte mit meinem linken Fußgelenk mit voller Wucht an die Klettergriffe. Es tat höllisch weh. Holger ließ mich langsam runter, besorgte einen Kühlakku, der meinen ersten Schmerz betäubte. Zu Hause legte ich mich ins Bett und kühlte weiter, *ist sicher alles nicht so schlimm.*

Letztendlich landete ich im Krankenhaus, wo man eine Drahtschlinge in den Trümmerbruch des Sprunggelenks einbrachte. Nach einigen Tagen des Abschwellens wurde die notwendige

OP am Sprunggelenk dann durchgeführt. Zehn Tage im Krankenhaus, viel Zeit, über mich und mein Leben nachzudenken. Keine Alltagssorgen. Verpflegt wurde ich im katholischen Krankenhaus in Potsdam gut. Aber diese Situation war für mich als aktive Mama höchst ungewöhnlich. Zu Hause musste alles weitergehen, der Schulalltag, Hausaufgaben und Familienaktivitäten – nur eben ohne mich.

Nach dem Krankenhausaufenthalt war ich zwar wieder zu Hause, durfte aber nur auf der Couch sitzen, musste mich schonen. Man konnte mir nicht sagen, ob ich Ende November würde am Icehotel arbeiten können. „Könnte knapp werden", sagte mir der Chirurg und stellte mir eine futuristisch aussehende Fußschiene ans Bett, die mich an einen Skischuh erinnerte. Es war eine Qual für mich – dieser schmale Grat zwischen Schonung und Aktivität.

Das Icehotel 2019 sollte letztlich zu einem Wiederbelebungsversuch für meine Schneeleidenschaft werden. Die Kunst, die Arbeit mit den Elementen und die Gemeinschaft der Künstler:innen, die mit Enthusiasmus und feurigen Herzen das Icehotel erbauten, erwärmten mich wieder für Schnee und Eis.

Dennoch hatte ich das Expeditionsthema gedanklich ad acta gelegt. Ich wusste nicht, dass der Polarvirus, mit dem Wilfried mich infiziert hatte, jederzeit wieder ausbrechen konnte – so wie es geschehen sollte, als ich Mads' Anzeige las.

„Keep going!
Fuel yourself with love and strength!"

Tag 12:
Die Kälte & die Heizweste

Dienstag, 25.04.2023
Tageskilometer: 15,1 km
Dauer: 6 Etappen
Vor uns liegende Strecke: 440 km
Temperatur: -15 °C
Breitengrad: 66.028720, Längengrad: -40.776036

Gestern bin ich einfach weitergegangen, unter Schmerzen. Weil die Grönlanddurchquerung klappen muss. Am Abend im Zelt massierte ich meine Beine, Aenne knetete vorsichtig meinen Fuß und das Gelenk durch. Keine von uns weiß so genau, was sie da macht, ob es aus physiotherapeutischer Sicht richtig ist. Die Behandlung war liebevoll und gut gemeint. Und wenn auf Grönland alles nach anderen Maßstäben abläuft und die Welt der Einheimischen voller Magie und Fabelwesen ist, vielleicht heilt dann die gute Absicht mein Sprunggelenk. *Vielleicht wird man so, auf Grönland,* denke ich. *Wenn sich alles auf das Wesentliche und Existenzielle reduziert, dann füllen wir die Leere, die Ungewissheit mit dem Glauben an das Gute und sind zuversichtlich.*

Das Gelände wechselt zwischen windgepresstem Schnee mit wenigen Sastrugis und tiefem Neuschnee. Der Fuß schmerzt heute immerhin etwas weniger. Wir sind mittlerweile auf 1.500 Höhenmetern angekommen, die Sonne brutzelt gnadenlos auf uns herab.

Mich packt der Ehrgeiz. Ich will meine Höchstleistung wiederholen, lehne mich nach vorn und drücke mich fest ab, doch der tiefe, weiche Schnee bremst mich ständig aus. Mads gibt mir den Tipp, dass ich nicht so viel schwitzen solle, dann hätte ich auch nicht ständig so einen brennenden Durst. Ich wünschte, ich könnte meine Schweißproduktion regulieren. Es ist mir ein Rätsel, wie das seiner Meinung nach gehen soll. Irgendwo hatte ich während meiner Vorbereitungen gelesen, dass gut trainierte Menschen mehr schwitzten als untrainierte. Der an die hohe Trainingsbelastung gewöhnte Körper schwitze „dünnen" Schweiß aus, er schwemme vor allem Wasser aus, um den Körper zu kühlen, halte aber Mineralien und die wichtigen Nährstoffe zurück.

Am Abend fällt die Temperatur schnell ab. Steht die Sonne tief, sind es gut zehn Grad weniger. Ich werfe beim Campaufbau meine dicke Daunenjacke über und genieße ihre mich umhüllende Wärme. Wir sind schon fast zwei ganze Wochen unterwegs. Mit einer wärmenden Tasse Tee zwischen den klammen Händen sitzen wir danach wie immer auf der Schneekante unserer Zeltküche und schmelzen Schnee für das Abendessen, feiern uns. *So weit haben wir es schon geschafft. Und wie krass, dass immer noch mehr als die Hälfte der Strecke vor uns liegt. Das ist kaum vorstellbar ... so viele Kilometer noch ...* Eine Feier sieht eigentlich anders aus, aber ein paar Funken Stolz und Freude glimmen in uns einmal täglich bei diesem Ritual auf.

Aenne wechselt im Innenzelt ihre Sachen für den gemütlichen Teil des Tages: Aus der Skihose wird die flauschige Daunenhose, aus der Hardshelljacke die aufgeplusterte Daunenjacke, an den Füßen sind gleich Daunensocken statt Skistiefel.

Unser Campinggas brennt nicht gut, obwohl es Wintergas ist, eine speziellere Mischung für tiefe Temperaturen. Es wird an der Kälte draußen liegen und daran, dass die Kartusche schon ziemlich leer ist. Kommt beides zusammen, dann flackert nur eine kleine blaue Sparflamme aus dem Kocheraufsatz und der Brocken Schnee schmilzt nur widerwillig. Ich wärme die Gaskartusche zwischen meinen von Fleecehandschuhen geschützten Händen und will den letzten Rest aus ihr herauskitzeln. Der Gasstrom nimmt etwas zu und zischt ein paar Sekunden lang lauter, aber das war es dann auch. Ich installiere schließlich einen zweiten Kocher und eine volle Wintergaskartusche – vielleicht kommen wir doppelflammig schneller zu unserem Abendessen. Um 22 Uhr friere ich wegen der abnehmenden Temperaturen und der Erschöpfung immer mehr. Weil es nicht richtig dunkel wird um diese Jahreszeit, zeigt nur die Kälte an, dass es schon spät sein muss. Am Zelteingang hängt Aennes kleines rundes Kühlschrankthermometer: -15 Grad.

Endlich, spät, fast 23 Uhr, löffeln wir das „Turmat", die gefriergetrocknete Nahrung, in uns rein. Mein Körper bibbert noch immer. Aus meinem Rucksack hole ich meine Geheimwaffe für die kältesten Tourtage hervor: die Wärmeweste. Ich stecke meine kleine Powerbank an das Kabel in der Westentasche, ziehe die Weste über und in wenigen Minuten breitet sich eine wohlige Wärme in der Lendengegend aus. Die Muskeln, das Zwerchfell und die Brustgegend werden weich und die Anspannung schwindet. Nicht so ganz schwindet jedoch der Gedanke, dass mein Körper die Kälte allein aushalten müsste, so ganz ohne Hilfsmittel, wie ich es beim Eisbaden trainiert hatte.

Eine Grönlanddurchquerung im Jahr 2023 ist ein Balanceakt zwischen möglichem Komfort und Notwendigkeit. Wir haben so viele Hilfsmittel, mit denen wir uns die Tour angenehm gestalten können, sollten wir sie nutzen? Oder uns bis zum Letzten schinden? *Der Körper muss das allein schaffen*, habe ich mir bei der körperlichen Vorbereitung immer wieder gesagt. Und natürlich können wir trainieren, mit der Kälte besser umzugehen. Aber in so einer Extremsituation aus körperlichen und mentalen Strapazen, in der es ums Durchhalten geht, muss ich den Körper nicht noch weiter herausfordern, hatte ich für mich beschlossen und die Weste eingepackt.

Im Rahmen meiner körperlichen Vorbereitungen auf die Tour arbeitete ich mit Sportmedizinern der Uni Potsdam zusammen. Dort sagte man mir, es gäbe kaum Studien dazu, was ein weiblicher Körper unter den extremen Bedingungen einer Arktisexpedition benötige. Oder wie Frauen sich am besten darauf vorbereiteten, was sie unterstützen würde. Unter den Probanden der vorhandenen Studien waren in der Regel nur wenige Probandinnen. Kein Wunder, denn so viele Frauen haben sich bisher nicht auf solche Expeditionen begeben. Statt auf Daten hörte ich also auf mein Bauchgefühl. Mein aufblasbares Kissen, die leichte kleine Weste beschweren mich nicht, sie erleichtern mir das Leben auf der Tour.

Die Kälte umarmen

Schon beim ersten Besuch in der Box, wie der Crossfit-Trainingsraum hieß, war ich tief beeindruckt. Mir stieg der Geruch der Gummimatten in die Nase, ich sah den muskulösen Menschen dabei zu, wie sie sich in Handstand-Push-ups drückten und endlos viele Klimmzüge am Stück machten, als sei es das Leichteste der Welt. Solche Muskelpakete zu trainieren war jedoch nicht mein Ziel, ich wollte Widerstandskraft aufbauen, wollte Wind und Wetter trotzen können und meinen Körper auf die tägliche Anstrengung der Expedition vorbereiten. Zweimal pro Woche Crossfit war nur ein kleiner Teil meines Trainingsprogramms. Einmal wöchentlich schwimmen oder wandern und ungefähr dreimal pro Woche Reifenziehen gehörten außerdem dazu. Wie auch das Eisbaden, mein Ritual nach jeder Crossfit-Einheit und an vielen anderen Tagen: Durchgeschwitzt, wie ich war, setzte ich mich auf meinen Drahtesel und nahm den kleinen Pfad zum nahe gelegenen Baggersee. Der idyllische Ort gleich neben der Schnellstraße war für mich seit Pandemiezeiten zur zweiten Heimat geworden. Die Bäume waren jetzt im Januar kahl und eine dünne Eisschicht hatte sich auf dem kleinen See gebildet. Wie voll auch immer mein Kopf mit chaotischen Gedanken rund um die Expeditionsvorbereitungen und meine beruflichen Projekte war – hier am See schaltete ich sofort ab. Ich streifte mir die Klamotten vom Leib und ging langsam in das schnell tiefer werdende, dunkle Wasser des kleinen Baggersees. Meine Haut kribbelte erst, dann zwickte es. Ich atmete tief und ruhig, schaute in die Ferne. Meine Hände faltete ich über der Wasseroberfläche wie zum Gebet vor der Brust zusammen. Sie spendeten sich gegenseitig Wärme. Die Wintersonne schien mir ins Gesicht und ich genoss die ruhigen Momente. Leichter Schwindel, für einen Moment leergedacht. So musste es sich anfühlen, wenn man bekifft war.

Mit der Zeit und dem Training fühlte ich mich von der Kälte umarmt, sie wurde meine Freundin. Und wie bei jeder guten Freundschaft lernte ich die richtige Balance aus Nähe und Distanz in unserer Beziehung kennen. Nach drei Minuten löste ich mich aus der Umarmung. Gern hätte ich mich in diesem Moment verloren, die Zeit vergessen und wäre länger im Wasser geblieben. Doch ich hatte die Erfahrung gemacht, dass mein Körper zu stark auskühlte und nicht wieder warm wurde, wenn ich beim Eisbaden die Dauer von drei Minuten überschritt. Gerötete Körperpartien,

Gänsehaut, steife Füße und manchmal klappernde Zähne begleiteten alle meine Eisbadeausflüge. Dankbar schlüpfte ich jedes Mal danach in meine wärmenden Wollsocken. Kein Schinden, kein Quälen, kein Trainieren, es war eine einzige Wohltat für mich und meinen Körper. Ich freute mich außerdem, wenn ich meine Freundin Sina zum Mitbaden inspirieren konnte oder Johan oder mein Mann Jan mich zum See begleiteten. Es ist sicherer, nicht alleine zum Eisbaden zu gehen. Schließlich wollte ich ja nicht vor meinem großen Vorhaben noch am kleinen niedlichen Baggersee in Potsdam verunglücken.

„Halbzeit!!! Eine Anregung für dich:
Umarme mal deine Mitstreiter. You're in this together."

Tag 14–18:
Kälte, Kriegsbemalung
und keine Salami mehr

Donnerstag, 27.04.2023 – Montag, 01.05.2023
Zurückgelegte Kilometer: 61,9 km
Vor uns liegende Strecke: 353,3 km
Temperatur: -26 °C
Breitengrad: 66.233887, Längengrad: -42.407867

Die Tage und Geschehnisse verschwimmen. Im monotonen Panorama ohne markante Orientierungspunkte, im riesigen Raum, in dem wir die gleichen Abläufe und Routinen fortlaufend wiederholen, gehen die Tage ineinander über und mein Zeitgefühl verloren. Meine Tagebuchaufzeichnungen werden am Ende der zweiten Woche unregelmäßiger. Die Erschöpfung drückt mich Abend für Abend nieder. Es ist empfindlich kalt.

Mit unseren dicken, aber warmen Handschuhen ist jeder Handgriff unbeholfen und klobig. Wie mit Tatzen statt Fingern versuchen wir unser Camp auf- und abzubauen. Dabei habe ich etwas mehr Bewegungsfreiheit als Aenne mit ihren Daunenfäustlingen. Ich trage eine Mischung aus Fingerhandschuh und Fäustling, kann Daumen und Zeigefinger getrennt von den anderen Fingern bewegen. Die Zeltheringe entgleiten uns, die Schnüre bekommen wir nicht zu fassen. Es ist spät und wir können es kaum erwarten, endlich wieder im Warmen zu sein, etwas Warmes zu essen, unsere Gliedmaßen wieder zu spüren. Wir arbeiten in Zeitlupe, wie in einem Traum entrückt, ohne direkten Kontakt zu allem, das wir anfassen. Oft halte ich diesen Zustand nicht aus, reiße mir die Handschuhe von den Händen und arbeite rasch mit bloßen Fingern weiter. Ein Fehler, denn das Fleisch erfriert an den freiliegenden Stellen – und das in Sekundenschnelle, wenn zusätzlich ein Wind geht. Die gefühlte Temperatur liegt dann niedriger als die gemessene, der Körper kühlt schneller aus – der sogenannte Windchill-Faktor. Die bunten schützenden Tapes an unseren Fingerspitzen erzählen von diesen Momenten der Unbeherrschtheit.

Im Gesicht kommen die Erfrierungen aber meist zuerst. Für Mads habe ich passgenaue Stücke Frost-Tape zurechtgeschnitten und sie auf die erfrorene Haut der Wangenknochen geklebt. Das Tape schützt die Haut vor Sonne, Kälte und dem beißenden Wind. Mit den blauen Streifen im Gesicht sieht unser Häuptling nun aus, als trage er Kriegsbemalung.

Nachts verkrieche ich mich dick eingepackt in meine zwei Schlafsäcke. Meine Gedanken kreisen vor dem Einschlafen oft ums Essen. Nach meinen Berechnungen müsste ich täglich über 6.000 Kalorien zu mir nehmen. Das ist unmöglich. Dafür habe ich nicht genügend Nahrung dabei. Und selbst wenn, ich wüsste nicht, wie ich so viele Kalorien aufnehmen sollte. Peronis Salami, von der Aenne und ich uns abends gerne ein paar Stückchen abschneiden, macht den Braten auch nicht fett. Denke ich nicht ans Essen, dann an unseren angeblichen Superbrennstoff Heptan. Seit wenigen Tagen füllen wir ihn in unseren Mehrstoffkocher, oder Omnifuelkocher, das klappt alles andere als gut, denn die Flamme lässt sich nicht ordentlich entzünden, oft funzelt sie dahin und geht dann während des Kochvorgangs wieder aus. Mit meinen blau getapeten Fingerspitzen manövriere ich die zierliche Reinigungsnadel herum, versuche, sie in die Düse zu stecken und diese zu reinigen. Wahrscheinlich ist sie mit feinen Rußpartikeln verstopft. Ich fluche dabei wie ein Rohrspatz. Die Kälte und der Wind haben Hunderte winzige Risse und Sprünge in meine tauben Fingerkuppen gegraben, die Haut stellenweise aufplatzen lassen. Die Nagelbettränder sind gerötet und schmerzen. Feinmotorische Arbeiten wie Kocherreinigung und -reparatur sind nun mit blanken Händen genauso umständlich wie mit Fäustlingen. Ich versuche es trotzdem. Mit einem gezielten Blick durch die Lesebrille finde ich das kleine Löchlein in der Düse und stoße es nach mehreren Anläufen tatsächlich frei. Die Belohnung ist eine lächerlich kleine gelbliche Flamme. So ein Mist! Der Hunger nagt an mir. Wenn Heptan und Kocher nicht zusammenspielen wollen, haben wir auf lange Sicht ein großes Problem. Noch kommen wir mit den anderen Brennstoffen hin, aber die Vorräte schwinden.

Aenne und ich haben es schließlich geschafft, etwas Schnee für das Abendbrot zu schmelzen. „280 Kilometer noch vor uns", sagt Aenne. „Mehr als die Hälfte." Wir tauschen einen besorgten Blick. Mehr als 20 Kilometer müssten wir jetzt am Tag schaffen. Das ist unmöglich, wir kommen auf gerade mal 15. Schweigend löffeln wir unser Abendessen. Wir werden nicht wie geplant innerhalb von 30 Tagen am Eisrand im Westen ankommen, wir werden länger brauchen, das scheint nun klar. Wie viele Tage mehr, steht noch in den Sternen.

Ich krieche in meinen Schlafsack und schaffe es trotz Müdigkeit noch, mein Oberteil zu wechseln und mir das Schlafshirt überzuziehen. Als ich an meinem Oberkörper herabschaue, erschrecke ich. Meine Oberweite ist verschwunden. Der Sport-BH hält nur noch halb so viel. Ungläubig gleitet mein Blick weiter zu den dünnen Oberschenkeln. Die Speckröllchen, die ich seit der Geburt meiner Kinder an Bauch und Hüften trug, sind weg. Nur eine Hautfalte deutet an, dass da mal mehr war.

Ich habe mir nie viel Gedanken um meine Figur gemacht. Ich fühle mich wohl in meinem Körper, wenn er all die Aktivitäten mitmacht, die ich mir in den Kopf gesetzt habe, wenn er mir das Leben ermöglicht, das ich will. Zwei Geburten und viele Wanderkilometer in den Beinen, fast so viele Schwimmzüge über den heimischen Baggersee, regelmäßiges Kung-Fu-Training, einige Wintertouren und die Arbeit in Schnee und Eis weit nördlich des Polarkreises bei tiefen Temperaturen – all das ermöglicht er mir. Kleine Experimente, wie die Grüne Diät in meiner Yogapraxis oder Heilfasten, hat er mir leicht verziehen und die geschmolzenen Pfunde waren meist bald wieder drauf. Umso überraschter bin ich jetzt, dass mein Körper sich innerhalb so kurzer Zeit derart radikal verändert.

In der Stille der Nacht dringt das Ratschen von Mads Zeltreißverschluss zu uns hinüber. Dann höre ich ein langsames, schweres Stapfen durch den Schnee. Unser Expeditionsleiter taucht im Zelteingang auf und ein Stoß Kälte zieht mit ihm hinein. Er fragt nach der italienischen Salami. Ich bin schon weiter hinten im Innenzelt und höre die beiden nur, sehe sie nicht. Aenne muss ihm die angeschnittene Wurst gereicht haben, denn kurz darauf höre ich Mads' verärgerte Stimme: „Die ist ja fast alle! Habt ihr die ganz allein aufgegessen?" Ich zucke zusammen. Aenne stammelt Entschuldigungen, ja, wir hätten an den Vorabenden immer mal wieder ein paar Scheiben verzehrt. Es ist noch circa ein Drittel der Salami übrig. Mads ist aufgebracht, wir seien hier in der Wildnis. Da sei Solidarität angesagt, wir müssten alles teilen, die Wurst sei für uns alle gedacht.

Aenne versucht, ruhig zu bleiben, bietet ihm den Rest der Wurst an, entschuldigt sich erneut. Ich linse aus meinem Schlafsack hervor, kann die Szene aber nicht sehen, denn sie befinden sich beide am Zelteingang. Mit Herzklopfen krieche ich tiefer in den Schlafsack hinein und verfolge das Geschehen wie ein Hörspiel. Aenne versucht weiter, Mads zu beruhigen, doch auch ihre Stimme ist jetzt laut. Der Hunger zehrt an uns allen.

Grönland – das ist eine Grenzerfahrung für uns alle. Wie verhalten wir uns, wenn die mächtige Natur uns täglich an unsere Grenzen treibt, wo wir sie doch überwinden wollen? Wenn die Natur, in der wir uns so geborgen fühlen, uns körperliche Verletzungen zufügt? Wilfried hatte recht, die Teamerfahrung ist eine Herausforderung. Ich bin froh, dass ich Aenne als Unterstützung habe, ebenso wie die lieben Worte meiner Familie auf kleinen Zettelchen und in Songs. Erst spät in der Nacht stöpsle ich mir die Kopfhörer in die Ohren und lausche Jans Stimme. Da fällt es mir wieder ein. „Euch fehlt der Teamspirit", hatte Jan gesagt. „Ihr braucht einen Spirit, eine Energie, die euch zusammenhält und an das große Konzert, die Expedition, glauben lässt."

Vielleicht sucht auch Mads unbewusst nach einem Hinweis für den Teamspirit, den Zusammenhalt. So wie für mich das Umdrehen auf den Etappen das Zeichen ist, dass mein Team auf mich achtet. Wer weiß, welche Gedanken der schwächelnde Kocher, die schwindenden Essensvorräte und die letztlich unabsehbare Länge der Expedition bei ihm auslösen. Er werde die Expedition kein zweites Mal machen, hatte Mads einmal gesagt. Er wolle sie durchziehen. Und im Widerspruch dazu hatte er vor ein paar Tagen frustriert gemurmelt: „Lasst den alten Sack da." Mit seinem Drittel Salami ist er jetzt wieder in seinem Zelt verschwunden, sie wird später nie mehr erwähnt werden.

„Worauf bist du wirklich stolz?
Wir vermissen dich!"

Tag 19:
Überraschungsgast

Dienstag, 02.05.2023
Tageskilometer: 13,7 km
Dauer: 7 Etappen
Vor uns liegende Strecke: 339,6 km
Temperatur: -26 °C
Breitengrad: 66.274861, Längengrad: -42.69632

Am Morgen erwache ich mit diesem vertrauten, merkwürdigen
Gefühl in der Magengegend. Mein Mann hatte es bei den Vorbereitungen auf den „fehlenden Teamspirit" zurückgeführt. Zu viel
„ich" und zu wenig „wir".

Nachdem Mads und ich uns gefunden hatten, wollte ich unbedingt noch eine weitere Frau mit im Team haben. Ein so intensi-
ves Erlebnis wie die Grönlandquerung wollte ich mit einer anderen
weiblichen Seele teilen, das wusste ich. Über die Facebook-Gruppe
„Club der AbenteurerINNEN", in der sich Zigtausende abenteu-
erlustige Frauen tummeln, postete ich meinen Aufruf. Ich suchte
nach einer emotionalen Verbindung, Mads waren vor allem die
Outdoorerfahrungen wichtig. Zu Aenne hatten wir beide sofort

einen guten Draht. Wir trafen uns häufiger virtuell und kamen ins Philosophieren und Fachsimpeln. Jedes Treffen bestätigte aufs Neue: Es passte einfach gut.

Im Herbst und Winter vor unserer Tour las ich dann Bücher und Artikel über andere Expeditionen und zur Teamführung. Mich interessierte, wie sie es als Team durch die harschen Bedingungen geschafft hatten.

Wenn das Eis etwas mit uns als Einzelpersonen macht, wie Ernst Klinger beschrieben hatte, dann verändert es die gesamte Teamdynamik: Verändern sich die Einzelnen, verändert sich das Team. Auch das interessierte mich.

Arved Fuchs' Ausführungen zur Teamarbeit inspirierten mich sehr. In seinen Segelmannschaften hatte er gern mindestens einen Künstler dabei, so nahm er zum Beispiel auf die Nordostpassage einen Expeditionsmaler mit, der die Abenteuer festhielt und eine eigene, andere Perspektive einbrachte, mit der er das Team und die Dokumentation der Reise bereicherte.

Auch der britische Polarforscher Ernest Shackleton (1874–1922) beeindruckte mich als Führungspersönlichkeit. Legendär ist seine Endurance-Expedition (Britisch Imperial Trans-Antarctic Expedition, 1914–1917), auf der das Expeditionsschiff „Endurance" 1915 im Packeis zerbarst. Als Held ging er in die Geschichte ein, da er seine gesamte Mannschaft lebendig nach Hause brachte – zu Fuß und in kleinen Booten, unter extrem schwierigen Bedingungen. Shackleton führte die Crew erfolgreich durch eine scheinbar ausweglose Situation und hielt während der Tortur mit seiner ruhigen und entschlossenen Art die Motivation und das Teamgefühl hoch. Außerdem stellte er seine Crew nach besonderen Kriterien zusammen: Jeder, der in sein Team wollte, musste beweisen, dass er neben fachlichen Qualifikationen auch unterhaltende Eigenschaften besaß. Künstlerische Fähigkeiten wie Tanzen, Singen oder das Spielen eines Instruments waren ihm wichtig, denn sie hielten die gute Stimmung aufrecht. Und eine gute Stimmung, das wusste er aus eigener Erfahrung, war auf Expeditionen essenziell.

Tanzen, singen und musizieren sind nicht nur künstlerische, sondern auch verbindende Fähigkeiten, sind sozialer Kit. Es mag banal klingen, dass ein zu viel an „ich" einsam macht – doch auf dem Eis ist diese Überlegung gar nicht mehr so banal, sondern, wie alles hier, existenziell.

Wenn ich hinter den anderen hertrotte, fühle ich mich oft isoliert und einsam, obwohl wir zu dritt sind: stundenlange Stille, die Gedanken drehen sich in meinem Kopf, nur ich in der Eiswüste. Im Zelt findet sich dann abends wieder die kleine Gemeinschaft zusammen: Handgriffe, Kommunikation ohne und mit Worten, Zugehörigkeitsgefühl, Rätsel und kurze Witze. Ich erzähle, was mich beschäftigt, selbst wenn ich denke, dass es niemand hören will. Vielleicht motiviere ich ja auch die anderen, zu erzählen, was gerade in ihnen vorgeht.

Es ist eine typische Falle von Führungspersonen, zu sehr an der Kontrolle festzuhalten und dabei zu vergessen, dass der Teamspirit nur entsteht, wenn alle im Team jeweils eine wichtige Funktion haben. Das Wir-Gefühl sollten die Expeditionsleitung und alle zusammen erzeugen. Und dazu gehören Vertrauen und Mut, den anderen im Team etwas zuzumuten.

Wahrscheinlich hatte sich die sächsische Expeditionstruppe, die fast zeitgleich mit uns startete, an Shackleton orientiert, als sie ein paar Ukulelen mit auf die Pulkas packte. Sie setzten für den Teamspirit auf Unterhaltung und nahmen dafür das Mehr an Gewicht in Kauf. Aber sie hatten auch viel Erfahrung und konnten gut einschätzen, wie viel sie sich zumuten und was sie bewältigen konnten.

Sicher, Mads hatte Sorge gehabt, dass ich mich mit dem Gepäck übernehmen könnte, aber dennoch träume ich mich heute früh in eine lustige Gruppe aus Ukulelespieler:innen, die sich in einem großen Zelt trifft, gemeinsam musiziert, singt und das Zusammensein feiert. Ich brauche das, dieses Wir-Gefühl. *Wir brauchen einen gemeinsamen Erfolg*, denke ich, *einen Wendepunkt oder ein Zeichen, dass wir die Expedition gemeinsam schaffen werden.* Irgendwie habe ich das Gefühl, dass zurzeit alles kaputt geht oder schief läuft. Gestern Abend versuchte ich, aus den Holzspänen einer Dattelschachtel kleine Wachsfackeln zu basteln, ich wollte mit diesen langen, schlanken, selbst konstruierten Streichhölzern näher an die Düsen des Brenners herankommen, um das Heptan leichter zu entzünden. Meine Konstruktion sah abenteuerlich aus: Ich rieb den Faden eines neuen Tampons mit Skiwachs und Fettcreme als Brennmasse ein, um dann mit dem klebrigen Ding einen Holzspan zu umwickeln – fertig war die kleine Miniaturfackel. Sie lässt sich prima entzünden und in den Brenner hineinhalten. Später wird mir klar, dass diese Konstruktion ordentlich Rußteilchen und andere Rückstände erzeugt, was den Kocher wiederum erneut verstopfen kann. Wir reinigen ihn ja eh schon ständig. Aber dann brach mir auch noch die Reinigungsnadel für die Düse ab. Mit großen Augen starrte ich auf den Boden und suchte das winzige Bruchstück.

Der Verlust ließ mir keine Ruhe. Ich stand heute extra früh auf und baute den Kocher vollständig auseinander. Mit Gedanken an den Teamspirit suche ich jetzt die Nadel im Wattebausch des Brenners. Mads schaut in unserer kleinen Küche vorbei und fordert mich auf, noch mal *richtig* nachzuschauen. Als würde ich die Nadelspitze nur deshalb nicht finden, weil ich „nicht richtig" schaute. Dennoch überkommt mich eine Welle von Schuldgefühlen, denn ich habe schließlich die Spitze abgebrochen. Im schlimmsten Fall könnte dieses millimetergroße Stück das Ende der Expedition bedeuten, weil der Kocher nun gar nicht mehr gereinigt werden kann.

Unsere Gedanken sind auf der heutigen Tagesroute notgedrungen die meiste Zeit mit dem Lösen der vielfältigen Kocherprobleme ausgelastet. In jeder Pause teilen wir unsere Sorge miteinander, ob der Brennstoffvorrat reichen werde. Wir tauschen immer wieder neue Ideen aus, wie wir das Heptan zum Kochen bringen könnten. Das Wintergas hingegen macht bei niedrigen Temperaturen Probleme, besonders dann, wenn die Gaskartusche fast leer ist. Weil das Heptan aber schlecht bis gar nicht brennt, versuchen wir das Wintergas bis zum allerletzten Rest zu leeren. Als dritte Chance bleibt uns das Reinbenzin, davon haben wir aber auch nur einen begrenzten Vorrat. Nach vier bitterkalten Nächten, in denen die Temperaturen unter minus 30 Grad Celsius gefallen sind, in denen wir stundenlang an kleinen Schräubchen des Omnifuel-Kochers gedreht haben, um Heptan oder Wintergas richtig zum Kochen zu bringen, wächst in mir die Verzweiflung.

Nun versuchen wir unser Glück über das Satellitentelefon bei Robert Peroni. Wir erreichen ihn sogar im sonnigen, frühlingshaften Italien, aber er empfiehlt uns nur die Kocherreinigung, die wir seit Tagen probieren und die uns leider nicht weiterbringt.

Die Etappen sind anstrengend und ich bin schlapp auf den Skiern, obwohl es meinem Fußgelenk schon längst wieder besser geht. Wir sind dicht am Sattel. Ich stelle mir vor, wie mühelos wir den Berg bald hinabgleiten werden. Aenne zeigt mir öfter wellenartige Landschaften, deutet in die Ferne, doch ich kann nichts dergleichen erkennen. Ihre Augen sind von den vielen Winterexpeditionen gut trainiert. Wahrscheinlich sind meine nicht geschult genug, um solche Feinheiten in der weißen Wüste ausmachen zu können. Jedoch rätselt selbst sie, ob die Wellen in einer Ebene liegen oder weiter bergauf führen.

Genau hier, auf dem Eis, will ich jetzt sein – und doch ist die Sehnsucht groß nach meinem Zuhause. Die Sehnsucht nach der Umarmung einer Freundin, meiner Kinder, nach der Nähe meines Mannes. Diese Sehnsucht rührt nicht nur von der Trennung und der Einsamkeit auf dem Eis. Wir haben seit fast drei Wochen keine anderen Menschen gesehen als uns drei. Wir sind nichts Lebendigem begegnet, keinem Baum, keinem Strauch, keinem Lebewesen. Die Sehnsucht wird verstärkt durch die Schichten von Stoff, die wir teilweise am ganzen Körper tragen: Gesichtsschutz, Sturmmaske, Sonnenbrille, Hardshell- oder Daunenjacke und -hosen, Handschuhe, dicke Skischuhe. Diese Stoffschichten schützen uns, doch sie isolieren uns nicht nur von der Kälte, sondern auch von der Außenwelt. Die Arktis mit ihrem Rundumpanorama in Weiß und Blau stimuliert den Hör- und Geruchssinn wenig bis gar nicht. In den Isolationsschichten ist dazu noch der Tastsinn reduziert.

Auch das macht etwas mit uns: Wie wir der Kälte begegnen müssen, Grönland begegnen müssen, weil wir sonst nicht überleben. „Du kommst hier noch nicht rein", das meinte ich, sagte der große weiße Raum am ersten Tag zu uns. Jetzt sind wir drin – und doch müssen wir feststellen, dass wir das große weiße *Nix* niemals ganz mit unseren Sinnen erschließen können.

Wir versuchen dennoch, zum Erschließen der Arktis beizutragen, zumindest soweit es uns Menschen möglich ist. Dafür tragen wir große Kunststoffbehälter mit uns. Voluminös und unhandlich sind sie. „Wenn wir auf dem großen weiten Eis unterwegs sind, können wir gleich auch noch etwas Nützliches tun", hatte ich meine Einstellung den anderen während eines virtuellen Treffens im Vorfeld erklärt. Schnell hatte ich Kontakte geknüpft und den Auftrag eines Forschungsinstituts an Land gezogen. Für ein Projekt der Brüsseler Universität, das den Klimawandel mit erforscht, sammeln wir jetzt Schneeproben. Diese Datensammlungen unterstützen die Fernerkundungsdaten via Satelliten und sind deshalb besonders wertvoll. Der Auftrag liegt mir sehr am Herzen. Seit meiner Arbeit mit Wilfried und im Rahmen unseres Vereins Iceploration möchte ich die Menschen für das Thema Klimaschutz sensibilisieren, sie erreichen und berühren. Ich habe die zerbrechliche arktische Landschaft schon mehrmals gesehen, hier lassen sich die gigantischen Veränderungen durch die Klimaveränderungen erahnen. Ich tue, was mir möglich ist, um die Arktis zu schützen, jetzt bin ich Teil eines Forschungsprojekts, zu Hause mache ich Ausstellungen und Vorträge, die von den nordischen Landschaften erzählen.

Meine Schritte sind mühsam und ich komme mal wieder nur sehr langsam voran. In der fünften Pause erreiche ich mein Team mit einigen Minuten Verspätung.

„Was ist los?", fragt Mads.

„Ist halt anstrengend grad."

Ohne ein Wort nimmt Aenne mir einen Teil meines Gepäcks ab. Mit letzter Kraft spure ich die sechste Etappe und zähle die Minuten, bis wir den Tag beenden. „Fünfmal bis 20 zählen" ist eine Minute ... doch statt des Camps machen wir die sechste Pause und hängen noch eine weitere einstündige Etappe hinten dran.

Die Müdigkeit zieht in meine Glieder, wir hantieren mit den Zeltstangen und stoßen die Schneeheringe fest in den Boden. Den 19. Tag machen wir das jetzt schon, wir sind richtige Grönland-Nomaden. Unser Zelt steht gerade erst, da flattert ein kleiner flauschiger Vogel ins Camp. Er setzt sich neugierig auf den obersten Punkt des Gestängebogens und mustert unser noch chaotisches Lager. Dieses winzige Geschöpf, das gut in meine Hand passen würde, rührt mich inmitten der eisigen, kargen Landschaft. Es gibt keinen grünen Ast, auf dem sich der Vogel niederlassen könnte, keine Insekten oder andere Nahrung für ihn. Er plustert das Federkleid auf, als wolle er sich größer machen, als er ist. Seine rötlichbraunen Federn müssen ihn wunderbar wärmen.

Er landet auf der Spitze von Mads' Ski, der fest im Schnee steckt, dann hüpft er weiter aufs andere Zelt, als wolle er das Camp von allen Seiten inspizieren. Wir schauen dem kleinen Kerl staunend zu. Er ist das erste Lebewesen, das wir nach 19 Tagen sehen. Zur Küste sind es fast 300 Kilometer, ob nach Osten oder Westen. Mads streut ein paar Müslikrümel für den Gast aus, doch der Vogel ignoriert die Einladung und fliegt rasch davon. Als er schon weitergezogen ist, reden wir noch von dem kleinen Kerl und dass selbst in der rauesten Umgebung die zartesten Geschöpfe überleben können. Die Handgriffe gehen unter unserem munteren Geplapper nun leichter von der Hand.

Das Kerlchen hat mich im wahrsten Sinne beflügelt. Er ließ das Müsli unberührt, aber hat mir etwas Wichtiges dagelassen: neuen Mut und Zuversicht. Als ich im Zelt meinen Skischuh ausziehe, stelle ich fest, dass ich keinerlei Schmerzen im Knöchel habe, nicht mehr umgeknickt bin auf den Etappen.

Gedanklich gehe ich meine Ausrüstungsgegenstände durch und überlege, was die Reinigungsnadelspitze ersetzen könnte. *Na klar! Das müsste klappen.* Ich ziehe eine schmale Nähnadel aus meinem Reparaturset und probiere sie an der Düse aus. Die Spitze ist zum Glück so dünn, dass ich sie zur Reinigung benutzen könnte. Ein Stein fällt mir vom Herzen. Die Lösung des Heptanproblems schieben wir auf. Bis auf Weiteres verwenden wir erst einmal Wintergas und Reinbenzin, bis zum letzten Tropfen – das gibt uns Zeit, eine nachhaltige Lösung zu finden.

Der Abend wird gemütlicher als die Tage davor. Wir sitzen zu dritt in unserem Vorzelt, führen lebendige Gespräche und kochen mit Reinbenzin auf nur einem Kocher, um Brennstoff zu sparen. Auch am Morgen wird Mads sein Schmelzwasser auf unserem Kocher zubereiten. Das Schneeschmelzen dauert lange und gegen 22 Uhr bin ich so müde, dass ich den Küchenschluss ausrufen will. Aenne übernimmt die Spätschicht und betreut das Schneeschmelzen, während ich mich schon zurückziehen darf. Dankbar kuschele ich mich in den Schlafsack und lausche dem Plappern der beiden im Vorzelt. Schon früher, als Jugendliche, hatte ich es gemocht, etwas abseits in einen Sessel gekuschelt dem Treiben auf langen Partys zuzusehen und zu lauschen, ohne mich aktiv beteiligen zu müssen. Morgen werde ich früh aufstehen, während Aenne noch schläft, um die Morgenschicht zu übernehmen.

Bevor sie ins Bett geht, bittet mich Aenne um Hilfe. Ihre Unterarmsehne schmerzt, ist vielleicht entzündet von der eintönigen Bewegung. Ich schlage vor, den Unterarm samt Handgelenk mit einer Splintschiene zu schonen und stillzulegen. Ich kenne das von meiner Schneeskulpturarbeit, wenn die Hände taub werden. Eine Splintschiene sieht aufgerollt aus wie eine Rolle Tape und ist formbar. Es gelingt uns, Aennes Unterarm damit zu stabilisieren. Damit ist ihr zwar der Schmerz nicht genommen, aber gelindert. Und die Schiene wird sie auch tagsüber auf den Etappen tragen können. Es tut gut, wenigstens ein Problem lösen zu können, alle anderen schiebe ich heute Abend gedanklich beiseite.

Schweinehund & Zweifel

Eine Schleifspur zog sich durch den Waldboden. Stöcke und Laub verfingen sich im Inneren der Autoreifen, sie knackten und raschelten, während ich das ganze Gespann vorwärts zog. Seit Kurzem gehörten ein Zuggeschirr und Autoreifen zu meinen neuen Trainingsutensilien. An dem Geschirr hatte ich ein langes Seil befestigt und an diesem wiederum erst einen, dann zwei alte Autoreifen. Mit demselben Geschirr würde ich später durch Grönland die Pulka-Schlitten ziehen. Ihr Gewicht wurde hier im Brandenburger Wald von den schweren Autoreifen simuliert.

Bei dem Training war ich nie allein, Hunde blieben stehen oder kamen und schnüffelten, um meinen ungewöhnlichen Schweif zu bestaunen, die Besitzer:innen stellten neugierige Fragen zu dieser „neuen Sportart". Auch ein leises „Bekloppt" hörte ich von einem vorbeigehenden Hundebesitzer. Jogger:innen und Spaziergänger:innen spornten mich an oder gaben belustigte Kommentare von sich: „Ach, SIE räumen hier immer den Wald auf", oder: „Sie haben sich da einen Reifen eingefangen." Vor allem ältere Spaziergänger:innen liefen ein paar Meter mit mir und fragten interessiert nach, was ich denn da machte und warum: „Ist das eine neue Sportart oder eine Art Belastungstraining?" Und dann ermutigten sie mich. Es war immer was los, wenn ich mit den Reifen im Wald unterwegs war.

Ich sammelte dabei nicht nur Stöcke, Steine, Blätter und andere Menschen ein. Auch der Schweinehund lief gern mit und kommentierte: „Das ist doch nur anstrengend und peinlich. Jetzt im Atelier, ein paar neue Kunstwerke gestalten – DAS wäre doch genau das Richtige." Oder auch, ganz kurz und sehr verlockend: „Komm, wir gehen heim." Ich nahm deshalb gern meine Freundin Claudia mit, sie lief gemächlich neben mir her, während ich vor Anstrengung schnaufte. „Du bist schon wieder stärker geworden! Alle Achtung! Dein Wochenprogramm ... Schwimmen, Crossfit und jetzt noch DAS!", motivierte sie mich oder: „Da steckt ein Stock fest, ich mach den mal weg, dann geht's gleich leichter." Gegen ihren Zuspruch und die Ermutigung hatte der Schweinehund keine Chance. Er tauchte wieder am nächsten Morgen auf, dann, wenn ich mich für die Trainingseinheit fertig machen wollte: „Weißt du noch? Deine Freundin Sina wollte dich auf einen Kaffee an der neuen Location an der Ecke treffen. Da soll heute auch eine Band spielen." Oder diese gemütlichen Kuschelsonntage mit der Familie: Morgens auf dem Sofa mit dem ersten Kaffee gemeinsam etwas in der Glotze anmachen, dann den Frühstückstisch mit allen Leckereien der Welt decken und sehr langsam in den Tag starten. Stattdessen standen aber Trainings- und Bürokratiehürdenläufe auf dem Programm.

Das Maltodextrin des Schweinehunds ist der Zweifel. Gesellt sich dieser dazu, wird der Schweinehund kräftiger, hält länger durch und nervt noch länger. Gemeinsam flüsterten sie mir Gedanken ein: „Dir tut doch das Knie weh ... nicht, dass du noch das Fußgelenk überlastest, das vor drei Jahren gebrochen war. Das fühlt sich gar nicht gut an. Stell dir vor, du machst dir jetzt den ganzen Körper kaputt mit diesem verrückten Reifenziehen." Und: „Puh, ist das düster draußen am Morgen, und kalt! Irgendwie deprimierend. Lass uns einfach nicht raus in den Wald gehen. Lass uns drin bleiben und nachher noch mal aus dem Fenster schauen, ob es sich aufhellt, sonniger und freundlicher wird, dann können wir noch mal überlegen." Und: „Also jetzt mal ganz ehrlich: Wir machen hier Flachlandtraining. Die anderen beiden aus dem Team haben eine hohe Bergfitness. Du kannst doch gar nicht so viel im Flachland trainieren, um daranzukommen. Das ist unerreichbar, bergfit im Flachland werden! Dass ich nicht lache! Und eine Grönlandüberquerung auch. Lass den Reifen doch einfach für immer liegen."

Hinzu kam dann noch ein zweiter Zweifel, der sich um meine Mutterpflichten „kümmern" wollte. Er erinnerte mich kontinuierlich daran, dass mein Training zulasten der Familie ging: „Die Große muss in diesem Frühjahr die Prüfung für ihren Schulabschluss bestehen. Bei diesem großen Lebensabschnitt solltest du voll für sie da ein, wann immer sie dich braucht. Vielleicht sollten wir mal Vokabeln abfragen oder ein bisschen Mathe mit ihr machen?" Und: „In der Wohnung gibt es jede Menge zu organisieren. Die Kinder wollen alle ihr eigenes Zimmer." Das war doch verrückt, alles auf einmal schaffen zu wollen.

Meine Freundinnen habe ich schon immer gern darin ermutigt, das zu machen, was sie glücklich machte, gerade dann, wenn es außerhalb ihrer Komfortzone lag. Aber jetzt kämpfte ich selbst damit. Doch Claudia und Sina motivierten mich und ich blieb einfach stur dabei.

Die Einheiten im Wald vor meiner Haustür waren anstrengend und nach einigen Wochen endlich: erfüllend. Nach den ersten Wehwehchen stellten sich die Erfolge ein, denn mein Körper veränderte sich, der Rumpf wurde kräftiger und meine Beine immer leistungsfähiger.

Zwei bis drei Monate vor Expeditionsbeginn hatte ich den Schweinehund abgeschüttelt. Fast automatisch griff ich nun zu meiner Trainingsausrüstung und zog mit einem Podcast im Ohr in den nahe gelegenen Wald. Das Gewicht der zwei Reifen machte mir nun nichts mehr aus. Und wenn ich mal nicht trainieren konnte, vermisste ich es sogar.

Auch den Zweifel, ob ich eine Grönlandquerung schaffen könnte, hatte ich weitestgehend hinter mir gelassen. Was blieb, war der Zweifel, ob ich „durfte". Und wieder kam die Frage auf: War das nicht egoistisch von mir? Das ganze Training, um mich so fit zu machen? Durfte ich es mir erlauben, mich so sorgfältig um meine körperliche Konstitution zu kümmern? Denn neben dem Reifentraining kamen weitere Trainings wie Crossfit und Eisbaden dazu. Durfte ich so fit sein – wenn der Weg dorthin zulasten der Familie ging? Und natürlich: Durfte ich meine Familie vier oder gar fünf Wochen allein lassen?

Ich sprach nicht viel mit meiner Familie über die Zweifel, denn mein Mann und meine Kinder unterstützten mich. Wenn die Zweifel zu groß wurden, fragte ich zu Hause nach: „Am Wochenende würde ich gerne in die Schweiz fahren zum Alpentraining mit dem Team, spricht da was dagegen?" Und obwohl er viel um die Ohren hatte, stimmte er mit bestärkenden Worten zu: „Das haben wir doch bisher immer hingekriegt, wir haben unseren eigenen Rhythmus, wenn du nicht da bist, fahr ruhig."

Manchmal schaffte es die Familie aber auch, sich mit dem Schweinehund zu verbünden, dann entstanden schöne Nachmittage mit Familienzeit und Unternehmungen, die ich umso mehr genoss, weil alle hundertprozentig füreinander da waren. Meine Tochter ermahnte mich, wenigstens ab und zu auch mal einen Rest-Day einzuschieben, damit sich der Körper nach dem Training regenerieren konnte. Selbst dann konterte ich mit Schwimmen und Yoga – sei ja wie ausruhen, sagte ich.

Je lauter die Zweifel und das schlechte Gewissen wurden, desto stärker bezog ich meine Familie ein. Meine „Grönlandfamilie" Aenne und Mads lernten sie bei einem Videocall kennen, auch wenn ein persönliches Treffen leider nicht zustande kam. Matilda verstand sehr gut, dass ich die Expedition machen musste und dass dieses „Müssen" von einer Leidenschaft kam, die mich schon lange begleitete. Sie verstand, dass die Grönlanddurchquerung keine neue Idee, sondern ein längerer Wunsch und Plan war. Für ihren jüngeren Bruder Johan war die Vorstellung – dass ich durch die zweitgrößte Schnee- und Eiswüste der Welt, da ganz weit oben am Globus, einen Monat lang auf Skiern unterwegs sein würde – teilweise nachvollziehbar, teilweise sehr abstrakt. Deshalb setzte ich gemeinsam mit seiner fünften Klasse einen Expeditionsvorbereitungstag um: Johan und seine Klassenkamerad:innen zogen ebenfalls Reifen durch den Wald. Hinter der Schule bauten sie ein

Expeditionszelt auf. Ich erzählte von unseren Plänen, dem Forschungsauftrag, den wir unterwegs erledigen wollten, und wie wir dachten, mit potenziellen Gefahren umzugehen. Neugierige Kinderfragen öffneten mir dann auch auf andere Art die Augen und ich versuchte, einfache Antworten auf komplexe Fragen zu finden: „Was macht ihr denn, wenn ein Eisbär kommt?" – „Wir sind gut darauf vorbereitet. Wir haben einen Eisbärenzaun und eine Waffe, die wir natürlich nur im Notfall benutzen wollen, denn wir wollen die Eisbären ja dort oben in ihrem Lebensraum eigentlich nicht töten." – „Und wie wascht ihr euch?" – „Klar, eine Dusche gibt es nicht, aber das wird schon gehen und man kann sich ja auch mit Schnee den Hintern abputzen, das ist fast ... wie frisch geduscht." – „Ist es wirklich so, dass das Eis in der Arktis wegschmilzt?" ... „Und wie haltet ihr eure Sachen trocken?"

Ich war mehr mit mir im Reinen, ich tankte regelrecht Liebe und Glück an diesen Nachmittagen auf. Ich fühlte mich bestärkt, unterstützt und beflügelt. Ich hatte gegeben, was ich hatte, meine wertvolle Zeit mit den liebsten Menschen geteilt, wir hatten uns gegenseitig Aufmerksamkeit geschenkt. Dennoch kamen die Zweifel immer wieder, vor allem wenn andere Menschen Fragen diesbezüglich stellten: „Und was ist mit den Kindern?" Oder: „Was sagt dein Mann dazu?" Für mich war immer klar, dass die Kinder gut versorgt sind, aber auch, dass ich meinem Mann eine Menge zumutete und zutraute. Im Familienalltag und insbesondere in der Vorbereitungsphase der Expedition verstanden wir uns als Team. Ich schätze seine Rückendeckung sehr und glaube, dass sie die wichtigste Voraussetzung für die Umsetzung meiner Träume ist. Wir hatten nicht geahnt, wie intensiv die Unterstützung der Kinder bei den schulischen Aufgaben dann wurde. Mit einem Grundvertrauen gingen wir als Paar und Familie in die Situation und mit einem zuversichtlichen: „Das wird schon gut."

Ich glaube, ich habe viel Grundvertrauen in Menschen, in die Natur und in meine Fähigkeiten, ruhig und gelassen zu bleiben, auch mal Schwieriges auszuhalten, wenn ein Ende absehbar ist. Dieses Grundvertrauen hat mir bei den Vorbereitungen sehr geholfen.

„Wege entstehen dadurch, dass man sie geht.
Bei euch sogar wortwörtlich – haha"

Tag 22:
Perfect Halo

Freitag, 05.05.2023
Tageskilometer: 18,7 km
Dauer: 7 Etappen
Vor uns liegende Strecke: 285,4 km
Temperatur: -21 °C
Breitengrad: 66.448883, Längengrad: -43.825295

Der Ablauf der Tage, ihre feste Struktur und das fast immerwährende Licht lassen einzelne Momente, Stunden und Etappen zu einem langen Zeitstrahl verschwimmen – sie ähneln einander so sehr.

Rhythmische und kraftvolle Musik treibt mich jetzt an, gibt mir den Takt vor und übertönt alle Gedankenkreisel. Es ist faszinierend, wie viel leichter und kräftiger ich mit Jans Musik und Stimme im Ohr vorankomme. Eben schleppte ich mich noch durch die siebte Etappe, jetzt aber höre ich *Perfect Halo*, eine Prog-Rock-Platte meines Mannes. Abend für Abend hatte er in den Monaten vor der Expedition Songs geschrieben, aufgenommen und am Computer abgemischt. Ich hatte keine Vorstellung, was genau daraus entstehen sollte, und war umso überraschter, als er mir kurz vor Abflug die Songs auf das Handy überspielte. Um den Akku zu schonen, gönne ich mir den Hörgenuss nur selten. An sonnigen Tagen faltet jeder von uns ein Solarpanel auf seinem Schlitten aus und lädt so eine Powerbank auf. Die einzelnen Geräte – wie GPS, Kameras etc. – laden wir später im Schlafsack oder in der Jacke auf, wo die Temperaturen wärmer sind – bei Kälte dauert der Ladevorgang länger. In meiner Daunenjacke und manchmal nachts im Schlafsack trage ich eine Sammlung an Kleingeräten an meinem Körper, die zum Aufladen an die Powerbank gestöpselt sind. Ich bin froh, dass wir hier eine gute Routine gefunden haben, durch die auch die wichtigen Geräte im Notfall nie ohne Strom sind. Und dass natürlich meine Wunderwaffe, die Heizweste, immer funktionieren kann.

Vorne im Schnee zu gehen und zu navigieren fühlt sich an, als würde man die Welt erobern. Dieses Gefühl der Freiheit habe ich nirgendwo sonst erlebt als hier in der unberührten Natur mit endloser Sicht. Hier an der Spitze kann ich mein eigenes Tempo gehen und habe freien Blick auf den weißen Horizont. Schritt für Schritt pflüge ich mit meinen Skiern eine Spur durch den frisch gefallenen Schnee. Roald Amundsen behält mich von seinem Bild, vorne auf meinen Skispitzen, im Auge. Hier hat wahrscheinlich noch nie ein Mensch seinen Fuß hingesetzt. Jungfräuliche Schneeverwehungen, die Sastrugis, deuten jetzt schon sanft an, dass sie mich ärgern wollen. Sie werden höher und höher. Die zwei Schlitten holpern schwer über die gut 30 Zentimeter hohen Verwehungen. Mit einem kräftigen Ruck ziehe ich sie über jeden Sastrugi und suche mit den Augen einen leicht gangbaren Weg durch das Labyrinth, um mir und dem Team Kraft zu sparen.

Ich bleibe kurz stehen, kontrolliere den Kurs und richte mich nach der Kompassnadel aus. Ich peile eine kleine Struktur im

Schnee an und greife wieder nach meinen Skistöcken. Ein kurzer Blick über die Schulter bestätigt mir, dass Aenne und Mads hinter mir sind. *Alles im Lot*, ich stapfe weiter. Als ich die Struktur, die ich angepeilt hatte, erreiche, ist eine Stunde um. Anschließend Navigationswechsel. Seit ich navigiere, weiß ich: Ich ermüde schneller, wenn ich ganz hinten in unserer Dreierkonstellation gehe.

Heute ist ein Wendepunkt. Wir sind am höchsten Punkt unserer Expedition angekommen: auf 2.473 Metern. „Jetzt geht es endlich bergab", jubelt Mads euphorisch. Wir gehen davon aus, dass wir bergab schneller sein werden, und wollen heute zum ersten Mal die 20-Kilometer-Marke knacken. Außerdem sind unsere Schlitten nach mehr als drei Wochen um einiges leichter. Wir rechneten damit, dass sie täglich um zirka ein Kilogramm leichter würden, da wir Brennstoff und Nahrung verbrauchen.

Mit dem neuen Tagesetappenziel wissen wir jetzt auch, wann wir ankommen wollen: An Tag 34 wollen wir am Eisrand sein, das ist, heute mit eingerechnet, in 13 Tagen. Diese Zahlen motivieren uns, sie lassen das Ende der Tour greifbarer erscheinen.

Ich hatte mir vorgestellt, dass wir vom Plateau aus eine flotte Abwärtsfahrt in die unendliche Weite des grönländischen Inlandeises hinlegen würden. Voller Sehnsucht erinnere ich mich an die Langlaufabenteuer in Skandinavien. Damals glitt ich in den gespurten Loipen mit schmalen Langlaufskiern nur so dahin. Ein süchtig machendes Gefühl, fast wie Fliegen. Mit Adrenalin, Lebensfreude und freiem Atem in die Unendlichkeit ... Doch der träge Schnee bremst uns aus. Zudem stellt sich der Berg als weitaus weniger abschüssig heraus, als ich mir das vorgestellt hatte. *Rauf war irgendwie steiler.* Das Gelände erscheint mir meistens immer noch wie eine Ebene. *Abschüssig ist was anderes*, träume ich mich wieder zurück zu den Langlaufabenteuern in der Loipe mit Gleiteffekt.

18,7 Kilometer werden es am Ende des Tages sein, knapp daneben, kein gutes Gefühl. Ich bin enttäuscht. So ein kleiner Glücks- und Geschwindigkeitsrausch täte uns jetzt sicherlich gut. Trotzdem: „Wir sind über den Berg! Es geht bergab!" Doch mit den Kurzfellen an den Skiern laufe ich wie auf rohen Eiern. Sowohl hinten in der Spur als auch an vorderster Position schlingere ich immer nach links, nach rechts und etwas zurück, benötige viel Energie, um Schritt für Schritt vorwärtszukommen. Nach jeder Etappe hoffe ich, dass es einfacher wird. Schließlich kommen die anderen beiden auch schon seit Tag 11 gut mit Kurzfellen zurecht, vielleicht gleiten sie auch etwas mehr vorwärts – so, wie ich es mir erträume. Ins Nichts, in die Weite gleiten. Ohne Zivilisationslärm, Ablenkung und chaotische Gedanken. Wer möchte das nicht?

Links von mir, im Südwesten, befindet sich die Sonne. Wenn sie nicht von Wolken verdeckt ist, scheint sie mit ihrer Unerbittlichkeit auf meine Gesichtshaut, ihre Strahlen brennen sich förmlich ein. Kein Baum spendet Schatten, lediglich die Balaclava oder ein Buff und die Skibrille schützen mein Gesicht. Manchmal möchte ich nur mit Sonnenbrille laufen und den kühlen Wind im Gesicht spüren. Aber ohne Schutz zwischen der Sonne und meiner Haut verbrennt sie mich gnadenlos, sprengt meine Lippen auf. Ihre grelle Helligkeit ist überwältigend. Der Schnee reflektiert sie zurück, es ist so hell, dass ich ohne Gletschersonnenbrille blind wäre.

Dann könnte ich nicht sehen, was plötzlich am Himmel erscheint. Vor meinen Augen tut sich ein Naturschauspiel auf, das ich nur von mythischen Erzählungen, von Weihnachtswundergeschichten und Fotos aus dem Internet kannte. Ich halte inne und mag mich nicht mehr vom Fleck bewegen: Ein großer leuchtender Ring steht um die Sonne. Ein perfekter Kreis aus weißem, leuchtendem Licht, das ganz sanft schimmert. „Ein Halo!", rufe ich.

Die Eiskristalle auf dem Schnee glitzern, die Luft ist klar und das einzige Geräusch ist unser Atem. Wie erhaben und majestätisch die Natur sich zeigt, unergründlich und wunderschön. Für einen Halo muss Sonnen- oder Mondlicht auf Eiskristalle in der Atmosphäre treffen oder durch sie hindurchtreten. Diese Kristalle müssen regelmäßig geformt und durchsichtig sein. Auch Mads bleibt abrupt stehen. „Wow. Das sieht ja fantastisch aus!" Er öffnet seine kleine Fototasche, um das Schauspiel einzufangen. Aenne hinter mir hält ebenfalls an und für einige Minuten geben wir uns dem Blick auf die Himmelserscheinung hin – und allem, was sie mit uns macht. Als ich sehe, dass es unmöglich ist, den Ring wahrhaftig mit der Kamera einzufangen, genieße ich ihn im Augenblick. Auch beim Weitergehen begleitet er uns noch eine Weile. Manche Momente kann ich einfach nicht mit der Kamera ablichten, sie sind in meinen Gedanken und Erinnerungen abgespeichert. Auch daran gewöhne ich mich im Laufe der Tour. Diese Bilder gehören nur meinem Team und mir.

Nach wenigen Minuten geht es weiter im Trott, doch ich drehe mich immer wieder zum Himmel und dem gleißenden Ring. Die Natur ist unsere Verbündete. Im Trott der weiteren Etappen weiß ich, dass uns der Gedanke und die Bewunderung des Halo verbindet, auch wenn es so scheint, als würde jede:r für sich allein dahinstapfen. Auch Mads fühlt sich in der weglosen Natur des Nordens geborgen und sicher, wie er mir in einem vertrauten Gespräch mal sagte.

Die letzte Etappe, die siebte, spure ich. Wir wissen bereits, dass wir unser Tagesziel von 20 Kilometern nicht erreichen werden. Am Abend kochen wir sehr effizient, damit wir schnell ins Bett kommen. Mein Spezial-Spar-Gericht ist heute Fischsuppe. In Tasiilaq hatte ich mir auf der Suche nach einheimischen Spezialitäten etwas Trockenfisch im Supermarkt gekauft. In der arktischen

Kälte ist er gefroren und entfaltet seinen markanten Duft erst, nachdem ich ihn in einer warmen Bouillon zu einer köstlichen proteinreichen Vorspeise aufweiche. Ich genieße die Abwechslung zu Tütensuppen und Co., und wenn ich die Augen schließe, den Duft der Suppe durch die Nase einziehe, kann ich mich in ein Spezialitätenrestaurant am Meer träumen.

Meine Träumerei von der Zivilisation wird farbenfroh und lebendig, jetzt, da wir einen konkreten Ankunftstag festgelegt haben, der 18. Mai. Was werde ich wohl als Erstes essen? Wie wird sich die erste Dusche nach vier Wochen anfühlen? Wie wird es sein, wieder in einem echten Bett zu schlafen? Wie, die Familie in den Arm zu nehmen? Und wieder spüre ich, dass meine Familie ganz eng bei mir ist. Auch Freund:innen und Kolleg:innen denken an uns.

„Frag dich und deine Freunde mal:
In welchem Schulfach warst du richtig schlecht?"

Tag 23:
Übern Berg

Samstag, 06.05.2023
Tageskilometer: 17,4 km
Dauer: 7,5 Etappen
Vor uns liegende Strecke: 268 km
Temperatur: -25 °C
Breitengrad: 66.504937, Längengrad: -44.189812

Heute ist alles leichter, als ich in der Spur vorne gehe. Lässt die vom Wind glatt gepresste Schneeoberfläche mich besser gleiten? Schiebt mich der Rückenwind voran oder bin ich einfach nur gut erholt in den Tag gestartet? Mühelos gehe ich vor und navigiere mithilfe meines Schattens. Er steht im Nordwesten, von meiner Skispitze aus ragt er in den hellen Schnee hinein. Während der Etappe wandert er etwas nach Norden und am Nachmittag nach Nordosten, das checke ich mit dem Kompass gegen. Um 8 Uhr streift mein Schatten gerade die Nase von Roald Amundsens Porträt auf meinem Ski, eine Stunde später ist er schon weitergewandert und an seinem Gesicht vorbei, wenn ich die Richtung gehalten habe. Ich bin meine eigene Sonnenuhr.

Das Navigieren mit dem Schatten ist eine schöne Abwechslung und eine großartige Möglichkeit zur doppelten Absicherung, dass ich auch die richtige Richtung einschlage. Unser dritter Navigations-Check flattert munter orange im Wind: An unsere Skistöcke hatten wir im Vorfeld fluoreszierendes Absperrband geknotet, das ich aus Kanada mitgebracht hatte. Dort hatte ich auf dem zugefrorenen Red River beim Bau einer Schneeinstallation geholfen. Dank dieser leuchtend orangefarbenen Bändchen sehen wir nun stets die Windrichtung. Sie ändert sich gewöhnlich kaum innerhalb einer Stunde. Außerdem mag ich orange, die Bändchen flattern fröhlich und lebendig im Wind, und sie sehen auf Fotos exorbitant gut aus.

Es macht richtig Spaß, so zügig und mit wenig Energieaufwand voranzukommen. Mein Körper ist kraftvoll und ich fühle mich unaufhaltbar, ich könnte Bäume ausreißen, wenn es hier welche gäbe. Was Grönland mit uns macht, wie individuell es uns formt. Seit wir über die Kuppe sind, scheine ich wortwörtlich über den Berg zu sein.

Ich erlebe heute meinen fittesten Tag auf dem Eis – was allen Prophezeiungen erfahrener Abenteurer widerspricht: „Ab 40 kannst du dich nicht mehr in eine Tour hineintrainieren. Ab 40 musst du am ersten Tag topfit sein, danach baust du körperlich kontinuierlich ab." Natürlich hatte ich einige Regenerationstage, habe mich gut ernährt, gute Kalorien zu mir genommen, wenn auch nicht genügend, aber das geht anderen Polarfahrer:innen auch so. Doch die Tage und Etappen auf dem Eis haben meinen Körper weiter trainiert, sie waren nicht immer kräftezehrend, sondern haben auch Kräfte aufgebaut. Noch ein Detail kommt dazu: Ich befinde mich zurzeit in der Mitte meines Zyklus. Leistungssportlerinnen wird seit einigen Jahren empfohlen, abhängig von ihrem Zyklus zu trainieren und den Einfluss der Hormone, vor allem Östrogen und Progesteron, zu berücksichtigen. Am Anfang des Zyklus, wenn die Menstruation einsetzt, sind viele Frauen matt und geschwächt. Die Östrogen- und Progesteronspiegel sind dann niedrig. In diesen Tagen ist regeneratives Training angesagt. In der Zyklusmitte wiederum, um die Zeit des Eisprungs, ist der Östrogenspiegel auf seinem Höchststand und die meisten Frauen sind am leistungsstärksten. Zu Hause habe ich die zyklusbedingten Leistungsschwankungen nie bewusst beobachtet und sie sind sicherlich auch in den Alltagsgeschehnissen untergegangen. Jetzt spüre ich sie deutlich. Ich führe das darauf zurück, dass wir seit 23 Tagen so eng im Einklang mit der Natur leben. Wir stehen auf und gehen mit dem Tageslicht schlafen. Auf den Etappen halten wir einen strengen Rhythmus ein – selbst meine Sportuhr misst nachts einen so niedrigen Herzrhythmus, wie ich ihn in der Zivilisation niemals hatte.

Ich freue mich über die neue Erfahrung – und über die Erkenntnis: Es ist möglich, sich auch im Alter von 47 Jahren in eine Grönlandquerung hineinzutrainieren – jedenfalls als Frau!

Die Grönlandfahrer, die ich, dank Wilfried, kenne, tragen Bart, haben eine athletische Statur und lassen ihre Familie immer wieder zu Hause, um die Welt zu entdecken, mit dem bewussten Risiko, dabei sterben zu können. Sie wollen für ein Land, für die Wissenschaft oder ein sportliches Ziel die Strapazen auf sich nehmen. Sie unterscheiden sich in vielem von mir. Es ist ein Balanceakt für mich, die Frau und Mutter aus Potsdam – auf dem Eis und im Team, weil ich diese Identität nicht abschütteln kann und das auch gar nicht möchte. Gleichzeitig aber möchte ich auch nicht zu sehr in diese Rolle fallen.

Wie in den Momenten, wenn ich Mads unterstützen möchte. Ich glaube an mein Maltodextrin als Kraftelixier und schütte es regelmäßig in meinen Tee. Mads gebe ich gerne etwas von dem kraftspendenden Pulver ab, sage ihm aber nicht, dass ich mir ernsthafte Sorgen um seine Gesundheit mache. Ich habe bemerkt, dass er weniger Zwischenmahlzeiten und Snacks isst als Aenne und ich, dass er insgesamt weniger Kalorien zu sich nimmt. Und dass er durch seine Abend- und Morgenroutinen täglich weniger Schlaf als wir bekommt. Ich will aber auch nicht als überfürsorgliche Mutter rüberkommen.

An diesem Abend sind wir trotz des Bauens der Schneemauer schnell im Schlafsack. Wir verabreden eine spätere Startzeit für den nächsten Tag, damit wir alle etwas Erholung finden und länger schlafen können. Aenne und ich halten Sprechstunde im Frauenzelt. Ich denke, wir alle drei haben zu Beginn der Tour und in unseren Vorbereitungen unterschätzt, wie sehr wir mit kleineren und größeren Wehwehchen zu tun haben würden. In unserer Verbundenheit mit der Natur hatten wir uns wahrscheinlich nicht vorstellen können, dass sie uns derart malträtieren würde.

Wie etwa an jenem Tag, an dem ich Aenne plötzlich hinter mir rufen hörte: „Shit – ich blute!" Dicke rote Tropfen fielen auf den weißen Schnee und auf Aennes Skier. Wir hielten an und unser Rastplatz sah bald aus wie ein Schlachtfeld, doch Aenne sagte ganz gelassen: „Wir können gleich weiter, das wird schon wieder." Nasenbluten, in der Zivilisation eine Nichtigkeit, ist hier besorgniserregend, denn Kälte und trockene Luft erhöhen das Risiko für geplatzte Blutgefäße in der Nase. Wenn die Nase öfter und länger blutet, ist es hier draußen nicht nur schwer zu bekämpfen, sondern ich mache mir auch Sorgen, dass es dann nicht mehr zu stoppen und der Blutverlust hoch sein wird.

Etwa zur selben Zeit bildeten sich an ihren Oberschenkeln wunde, teils offene Stellen. Sie hatte sich einen Wolf gelaufen. Von dieser Verletzung, die auch bei längeren Wanderungen und Radfahrten auftreten, hatte ich bisher zum Glück nur gehört. Sie muss irre schmerzhaft sein. Der beste Tipp zur schnellen Genesung lautet hier: schonen und jegliche Reibung der betroffenen Stellen vermeiden. Das geht für Aenne natürlich nicht und wir haben keine Hoffnung, dass ihre Wunden unterwegs heilen werden – es darf nur nicht schlimmer werden. Nach Beratung durch unseren Hausarzt via Satellitennachricht schmiert sie eine antiseptischen Salbe auf die wunden Stellen und klebt sie großflächig mit Pflastern ab. Die starken Schmerzen redet Aenne tapfer weg. Als sie ihr Reizhusten heute wieder überfällt, nehme ich ihr etwas Gepäck ab, damit sie ihre Schlitten leichter ziehen kann. Hin und wieder plädiert sie dafür, langsamer hinter uns herzutrotten, um in der Pause wieder aufzuholen.

Eins von Mads' Zitaterätseln ist mir aus diesem Zusammenhang besonders in Erinnerung geblieben, denn es passte so gut aufs Eis: „I have nothing to offer but blood, toil, tears and sweat." Wer hat das gesagt? Auch wenn die Antwort natürlich nicht Grönland, sondern Winston Churchill im Jahr 1940 ist – ich kann mich nicht erinnern, dass mir Schnee und Eis, Kälte und Frost im Leben jemals so zugesetzt hätten wie jetzt auf dem Eispanzer Grönlands.

Meine Anfänge als Schnee- und Eiskünstlerin

Die Kälte hatte mir nie etwas ausgemacht. Weihnachtsmärkte und das traditionelle schwedische Weihnachtsessen, Julbord, sind für mich bis heute Sinnbilder von Wärme und Gemütlichkeit. Seit ich als Kind das erste Mal in Tschechien mit Skiern einen verschneiten Berg hinabgesaust bin, fühle ich mich in Winterlandschaften zu Hause.

Mit meinem Mann Jan teile ich die Liebe zum Norden, mit dem auch er intensive Kindheits- und Jugenderinnerungen verbindet. In Schnee und Eis fühlte ich mich immer geborgen und hatte schon als Kind herzerwärmende Erlebnisse mit meiner Schulfreundin an der zugefrorenen Ostsee.

Während meiner Grundschulzeit waren manche Winter in meiner Rostocker Heimat so richtig frostig. Der gehörnte Schlitten fuhr mit uns Kindern über so manche Wege und ließ uns juchzend die niedrigen Hügel im Norden hinuntersausen. Meine Freundin und ich unternahmen damals häufig kleine Expeditionen zum Warnemünder Strand. Meine Großeltern schickten uns an die frische Luft und spazierten mit uns auch im Winter am Meer entlang. Ich erinnere mich gut an diesen einen Tag, als meine Freundin und ich die am Strand aufgetürmten Eisschollen fanden. Sie überragten uns um ein Vielfaches. Wir stiegen hinauf und kletterten herum, aber dann war meine Freundin plötzlich nicht mehr zu sehen, verschwunden. Aufgeregt rief ich laut nach ihr, ich fürchtete, die Eisschollen hätten sie verschlungen. Doch dann kam sie auf allen vieren wieder zwischen den Eisschichten hindurchgekrabbelt. Wir machten uns einen großen Spaß daraus, hochzuklettern und wieder runterzurutschen oder etwas weiter draußen von Scholle zu Scholle zu springen. Wir fühlten uns damals unglaublich mutig, dass wir uns so auf die Schollen wagten, die uns ins offene Meer hinaustragen könnten. Heute denke ich, dass sie zusammengefroren waren und nur den Anschein hatten, sie würden auseinanderdriften. Die Meereisspalten erschienen mir gewaltig und ich spürte mein Herz bis zum Hals schlagen. Mein Opa hielt sich unauffällig in Reichweite und beobachtete unsere Meereisexpedition.

An der Küste fühlte ich mich sommers wie winters mit ihm wohl. Wieder im sicheren Hafen gelandet, rückte die Oma noch mal unsere handgestrickten Schlauchmützen zurecht, zum Schutz gegen kalte Köpfe. Auf der Expedition wünsche ich sie mir manchmal zurück, wie eine extra dicke Balaclava schmiegten sie sich um unsere Mädchenköpfe und beschützten uns vor der feuchtkalten Ostseeluft in den damaligen Wintern. Später wurden echte Winter an der Ostsee rar und ich wich auf Skiurlaub in Tschechien und später in nördlichen Gefilden aus. Touren und Lagerfeuerabende im Schnee auf Rentierfällen verbanden die Kälte mit der Wärme. In unserer ersten Elternzeit eroberten mein Mann und ich mit einem VW-Bus Skandinavien. Matilda, gerade mal ein Jahr alt, schlief zwischen uns, während wir auf dem Weg Richtung Norden an wunderschönen Seen und Naturschauplätzen dem schmelzenden Schnee hinterherfuhren. In diesem Frühling im Jahr 2008 erblickte ich das erste Mal weit nördlich des Polarkreises die schmelzenden Ruinen des Icehotels. Als Architektin und Bühnenbildnerin war ich fasziniert von dem Gebäude, das ausschließlich aus Schnee und Eis bestand: Die Gebäudestruktur ist ein gefrorenes Gewölbe aus gepresstem Schnee, das von Eissäulen gestützt wird. Das Icehotel beherbergt jährlich zwölf Art-Suiten, also künstlerisch gestaltete Räume, und weitere Dutzende Standard-Eisräume, in denen Gäste bei minus fünf Grad in warmen Schlafsäcken und auf Rentierfellen für nicht wenig Geld übernachten. Das Ganze ist eine riesige temporäre Architektur, immer für jeweils einen Winter. Das Hotel wird seit mehreren Jahrzehnten jährlich von Künstler:innen aus aller Welt neu errichtet.

Damals lernte ich den Artdirector Arne kennen. Er beschrieb eine mir fremde, exklusiv erscheinende Welt, mit strengen Auswahlverfahren und besonderen Arbeitsmethoden. Ich war hingerissen von den gestalterischen Möglichkeiten. Arne ermutigte mich, eine Idee für ein Hotelzimmer einzuschicken – und ist damit der Wegbereiter meiner allerersten Schritte als Schnee- und Eiskünstlerin.

Ich reichte unermüdlich über Jahre hinweg verschiedene Entwürfe ein, bis schließlich der lang ersehnte Moment kam. Ich war völlig von den Socken: Mein Entwurf war angenommen worden und ich als Künstlerin zur Umsetzung einer Art-Suite eingeladen. Zu dieser Zeit war unser zweites Kind erst knapp ein Jahr alt, die große Schwester vier. Beide forderten viel Aufmerksamkeit und Energie, die ich ihnen gern gab.

Der Gedanke nagte an mir: Konnte ich es meinem Mann zumuten, in seiner Elternzeit die Kinder allein zu betreuen, während ich einfach drei Wochen lang verschwand? War meine Arbeit am Icehotel ein ausreichender Grund dafür? Ich würde nicht viel verdienen und es stand in den Sternen, ob ich meinen Elliptical-Entwurf würde zufriedenstellend umsetzen können. Kurz: Mutter ist vier Wochen lang weg, kommt mit nur wenig Geld zurück und der Erfolg ist auch ungewiss. Zwei Seelen kämpften in meiner Brust – die eine rief nach Abenteuern und neuen Erfahrungen, die andere wurde von der Liebe zu meiner Familie und den gesellschaftlichen Erwartungen zurückgehalten. Aber das Icehotel zog mich magisch an.

Also bestieg ich an einem grauen düsteren Potsdamer Novembertag das Flugzeug gen Schweden. Mit gemischten Gefühlen hatte ich mich auf den Weg gemacht, meinen Traum zu verwirklichen. Ich konnte diese Chance nicht an mir vorbeiziehen lassen. In dem kleinen Ort Jukkasjärvi, nahe Kiruna, errichteten mein Potsdamer Kollege Gaston, weitere Künstler:innen und ich das 24. temporäre Icehotel. Im Mittsommer des folgenden Jahres würde es vollständig geschmolzen sein und so einen Neuanfang in der kommenden Saison wieder ermöglichen. Gaston und ich werkelten manchmal Tag und Nacht in unserem 24 Quadratmeter großen Raum aus gepresstem Schnee. Wir wollten die Art-Suite wie eine Ellipse gestalten und in die Wand eine Murmelbahn aus Schnee und Eis einlassen, damit die Gäste später mit einer Eismurmel, groß wie ein Tischtennisball, spielen könnten.

MEIN
GRÖNLAND
ABENTEUER

Expeditionsvorbereitung: Reifenziehen in Brandenburgischen Wäldern.

Jeder Ausrüstungsgegenstand wird vorher getestet und gewogen:
Schneeschaufel, Eisaxt, Sicherungsgurt, Ersatzstöcke, Schneeteller,
Steigeisen, Eisschrauben, Karabiner.

Die Kälte umarmen beim Eisbaden mitten in Berlin.

Am sonnigen Ostersonntag, einen Tag vor der Abreise, sortiere ich noch die restlichen Gegenstände für mein Fluggepäck.

In Tasiilaq werden in diesen Tagen Eisbären gesichtet.

Robert Peroni im Red House gibt uns wertvolle Hinweise für unseren Expeditionsstart.

Am Abend vor unserer Abreise aus Tasiilaq tanzt Lady Aurora ihren schönsten Tanz. Ich nehme es als positives Vorzeichen.

Let's get this party started! ♥

Der Hubschauber fliegt davon, wir sind für die nächsten Wochen auf uns gestellt.

It's fresh and cool and you're too! Your family thinks that ♥

Im Gänsemarsch laufen wir hintereinander in einstündigen Etappen über das Eis. Die vorderste Person navigiert und achtet auf die Zeit, nach der Pause wechseln wir.

Hope you're having fun ♥ Und super wetter, wenn nicht, dann macht es euch gemütlich.

Am Abend freue ich mich auf das warme Essen im Zelt. Eingespielt wie ein altes Ehepaar wundern Aenne und ich uns darüber, dass wir nun schon so viele Tage hintereinander durchhalten.

Schneekunst und Toilettenbau vereinen sich, wenn ich genug Energie übrig habe.

Hallo Mama danke, dass du mich zur Welt gebracht hast und mich durch Leben begleitest. Du bist so eine starke Frau. Hab dich ganz doll lieb.

Kältegraben im
Vorzelt, täglicher
Hausbau.

Die Toilette für das Team baue ich etwas
abseits vom Camp.

Fühl dich warm gekuschelt und umarmt.
Von deiner Familie 👫

Schon viel Schoki genascht? oder hängts dir schon
zum Hals raus? Ich glaube nicht. Es gibt nicht "zu viel" schok

Im Zelt tanke ich auf, Aenne und ich massieren uns gegenseitig die Füße,
schreiben Tagebuch und halten nach 10 Stunden auf den Skiern inne.

Ich hoffe dein Essen schmeckt dir noch !

Hungrig und frierend versuche ich den Kocher zu entzünden,
nach Stunden ist genügend Schnee für das Abendbrot geschmolzen.

Du bist eine Abenteuerin von denen man in Büchern liest. Unsere Abenteuerin!

Der Tee in der Thermoskanne ist mit Maltodextrin angereichert, eine Energiequelle über den Tag.

. wege entstehen dadurch, dass man sie geht. Bei euch sogar Wort wörtlich. haha

Zweigeteiltes Panorama 360° um uns herum: die Schönheit der Monotonie? In ein paar Stunden wird die Spur wieder verweht sein.

...ndungen frieren immer ...eder ein. Wir tauen sie ...rgfältig über dem Kocher ...f und trocknen sie.

Morgens und abends verbringen wir viel Zeit mit dem Schneeschmelzen, so haben wir genügend Flüssigkeit für den Tag.

wir lieben deine Suppen. -Zitat: Papa

Du hast viel Zeit beim Wandern, also die nächsten Tage ein paar Fragen. Was ist deine größte _Stärke_?

Was ist der Sinn des Lebens? | Hab eine schön weißen Tag ♥

Unsere Zelte werden an Sturmtagen von den Schneewehen förmlich verschlungen, die Schneemauer hat Löcher und wird zum Kunstwerk. Oben: Eine Skizze vom Windgott Asiaq, inspiriert durch eine Grafik, die ich a der Anreise nach Grönland gefunden habe.

Was bedeutet eigentlich Freiheit für dich?

Wenn ich vorneweg gehe, fühle ich mich frei und stark.

Den Segen von Roald Amundsen hole ich mir oft ab: „Ihr schafft das schon",
scheint er in gelassenem Ton zu sagen.

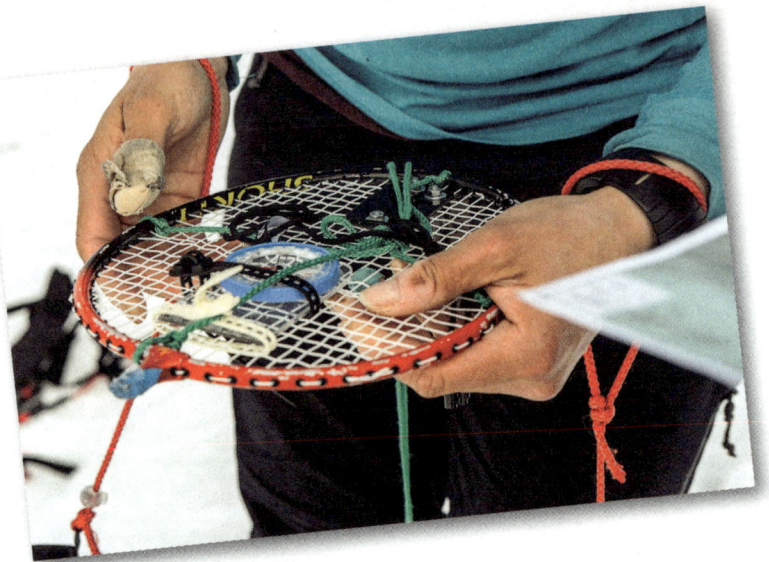

Navigation mit dem Kompass: Marschzahl 289 für viele Tage.

Wir zählen die Tage. Love you ♡ ♡ ♡

Unsere Leben sind auf das Notwendigste reduziert. Die größten Freuden in der Pause: Schokolade und eine weit zurückgelegte Strecke in der vorherigen Etappe.

Der letzte Tag, wenn es lief wie geschmiert...
Wenn nicht: fühl dich von herzen gedrückt und
gestärkt. ♡

Zerklüftetes Gelände am letzten
Tag vor der Ankunft gepaart mit
dem ersehnten Gletscherblau.

Ein Polarbirkenzeisig bringt Hoffnung.

Ankunft am Point 660 im Westen Grönlands: am 18. Mai um 0 Uhr nach 548 Kilometern und 34 Tagen.

Ankunft am BER drei Tage später und der warme Empfang durch meine Familie.

Das Material fürs Icehotel, etwa eintausend je zwei Tonnen schwere Eisblöcke, war wie jedes Jahr bereits im März und April aus dem Torne-Fluss geerntet worden, denn in diesen Monaten ist das klare Eis am dicksten und stabilsten. Die Blöcke lagerten ein gutes halbes Jahr in einem riesigen Kühlhaus. Als die Arbeiten am Icehotel Mitte November begannen, zogen wir sie ins Freie. Sie schimmerten im Sonnenlicht blau und transparent, je nachdem, wie die Strahlen auf das Eis fielen. Hin und wieder waren darin kleine Pflanzen eingeschlossen, wie in einem Bernstein. Ich betrachtete sie neugierig. Das Außen nährt mein Inneres, füllt es mit Bildern und Ideen. Die im Eis eingeschlossenen Pflanzen sind im Icehotel kleine Schätze, die einen besonderen Platz in den Art-Suiten bekommen, gut sichtbar verbaut in den vergänglichen Kunstwerken. Ich fühlte mich privilegiert, dabei zu sein und einen für mich neuen Bereich der Kunst und des Designs mit vergänglichem Material zu erobern.

Morgens wachte ich voller Elan und mit frischem Blick auf unser Kunstwerk auf und werkelte motiviert viele Stunden lang in der Eis-Suite. Das schummrige Licht ließ den Raum anfangs eher wie eine Höhle als ein Hotelzimmer erscheinen. Gaston, erfahren im Umgang mit großen Werkzeugen, zeigte mir, wie ich die Kettensäge nutzen musste, um große Eisblöcke zu zertrennen. Arne, der Artdirektor, kam von Zeit zu Zeit bei uns vorbei und ermutigte uns: „Go with the flow."

Über die Stunden und Tage, die ich mit ihnen arbeitete, lernte ich die wunderbar gewetzten Werkzeuge aus funkelndem Stahl mehr und mehr zu schätzen. Viele waren extra für den Umgang mit dem vergänglichen Material angefertigt worden. Die Dutzende superscharfen Meißel in ihren verschiedensten Formen, die einen für Eis und die anderen für Schnee, die gigantischen Kettensägen, Schaufeln und Raspeln lagen mir jeden Tag besser in der Hand.

Jedem Eis- und Schneeblock näherte ich mich erst einmal an, lernte ihn kennen. Schälte Schicht für Schicht, Stunde um Stunde immer deutlicher die Formen aus dem Material heraus, sägte und meißelte vorsichtig in die zarte und dennoch kraftvolle Struktur, bearbeitete den Block, bis ich mit seiner neu geschaffenen Form zufrieden war. Die riesigen Kettensägen brüllten kraftvoll, während ich sie durch die Eisblöcke führte. Schaufeln und Raspeln glitten geschmeidig durch das Material, jede Bewegung wurde fließender, jeder Schnitt präziser. Ich pfiff vor mich hin und versank ganz in der Eis- und Schneewelt. Je vertrauter sie mir wurde, desto leichter änderte ich ihr Erscheinungsbild und gestaltete sie nach meinen Vorstellungen. Die ersten Versuche, meine Ideen aus Schneeblöcken und klarem Eis umzusetzen, hatten mich manchmal zur Verzweiflung getrieben, bis ich verstand, dass jede Arbeit an dem Material einem Experiment glich, einer Forschungsarbeit. Es geht immer darum, das Material besser kennenzulernen und tiefer in seine individuelle Beschaffenheit einzutauchen. Jetzt konnte ich klar sagen: Das kalte Element ist zu einem neuen Freund geworden.

Ich verliebte mich bei Kälte und trotz der physischen Anstrengung in diesen Ort und das gefrorene Material. Das Icehotel und später die Schneeskultursymposien boten mir eine Bühne, auf der ich meine künstlerischen Fähigkeiten neu ausleben konnte und viel dazulernte. Schnee- und Eiskünstler:innen sind Teamplayer, nur gemeinsam gelingt uns die Gestaltung gigantischer Kunstwerke und eines ganzen Icehotels. Das erfüllt und wärmt mich.

Ich liebte es, am Abend nach einem langen Tag auf der Schneebaustelle Helm und Stirnlampe abzulegen, die Reflexbauarbeiterjacke auszuziehen und meine Muskeln zu spüren, meinen Körper, der zu dieser anstrengenden Arbeit in der Lage war. Ich wärmte mich in der Community, die sich jährlich für das große Bauprojekt zusammenfindet und nach einer kurzen Bauphase stolz darauf ist, was sie zusammen mit Schweiß und kreativen Ideen erschaffen haben. Mitte Dezember, nach drei Wochen harter Arbeit, standen wir stolz und abgerackert vor dem fertigen Hotel, in dem Gäste kalte und einzigartige Nächte erleben würden. Gemeinschaft und gut koordinierte Zusammenarbeit waren zwei wichtige Schlüssel zu diesem Erfolg: Unsere Motivation und unser Enthusiasmus hatten uns in den Flow und durch die anstrengenden Stunden und Tage getragen. Mir wurde warm ums Herz, ob der wunderbaren internationalen Gemeinschaft und des bezaubernden Ergebnisses, als sich die mit Rentierfellen bespannte Flügeltür zur Eingangshalle des Eispalastes endlich öffnete und der gigantische Kronleuchter aus Eiskristallen an der Decke glitzerte.

Unsere ausgedehnte Vernissage feierten wir Künstler:innen nach nordischem Vorbild mit Saunagang und Rentierfleisch. Mit allen Zweifeln, Höhen und Tiefen, mit aller Freude, Adrenalin und Stolz, die ich die vergangenen Wochen durchgemacht hatte, war das wohl meine „Äquatortaufe", wenn es so etwas im Norden gibt.

Es war die richtige Entscheidung gewesen, aus dem Familienleben auszubrechen und in eine komplett andere Welt einzutauchen. Ich lernte neue Menschen, neue Gestaltungsmöglichkeiten und -techniken kennen, hatte einen ganz besonderen Ort lieben gelernt. Ich hatte auch mich selbst neu kennengelernt. Im März besuchten wir als Familie das Icehotel und natürlich die Elliptical-Suite. Schließlich war sie unsere Honeymoon-Suite, nachdem wir kurz davor in der Eiskirche geheiratet hatten. Der Kleine schlief während der kurzen frostigen Zeremonie und die Icehotel-Freund:innen warfen Schnee statt Reis, als wir durch die rentierfellbespannten Flügeltüren aus der Kirche hinaustraten.

In einem kleinen familiären Kreis verbrachten wir einige Tage hier mit allen typischen Unternehmungen, die nun während unserer Reisen durch den Norden für uns fast Normalität geworden sind: auf Rentierfellen am Lagerfeuer sitzen, Rentierfleisch essen, mit einer kurzen Angel über einem Eisloch auf Bisse hoffen, auf Hundeschlitten durch stille Wälder reisen.

Seit 2012 arbeite ich als Eiskünstlerin. Mein Erfahrungsschatz ist inzwischen so groß, dass ich immer wieder vom Icehotel angefragt werde und jährlich die Künstler:innen-Teams beim Bau ihrer Art-Suiten unterstütze. Zudem bin ich auf großen Symposien und Winterfesten aktiv und gestalte gewaltige Schneeblöcke in den USA, Kanada, Schweden und Finnland zu Kunstwerken. Ich liebe diese Orte, weil ich mein Element dort bearbeite und weil an ihnen der Winter zelebriert wird.

In Quebec 2015 kämpften wir uns in unserem reinen Frauenteam regelrecht durch einen steinhart gefrorenen Schneeblock. Vor Schmerzen in den Armen von der Arbeit mit den schweren Werkzeugen an dem steinharten Material konnten wir nachts kaum schlafen. Jedoch waren wir verbissen und wollten unsere Idee Wirklichkeit werden lassen. Meine Künstlerkollegin entwarf große schneeige Eichelhütchen und wir schälten sie Tag für Tag aus den gigantischen Schneeblöcken, um sie mit einer organischen Textur zu versehen. Es gelang. In einem sonst männerdominierten Feld waren wir erfolgreich: Wir beendeten unsere Arbeit zufriedenstellend, hatten eine gigantische Form geschaffen, wie wir sie uns vorgestellt hatten. Andere Teams, auch reine Männerteams, hatten aufgrund der harten Schneebedingungen und der eisigen trockenen Kälte in Quebec in diesem Jahr mittendrin aufgegeben und ihren Entwurf nicht bis zu Ende umgesetzt. Die physischen Strapazen betrachtete ich damals als notwendige Randerscheinung und die Freude über das Ergebnis überwog. Dennoch sind

Schneeskulptursymposien und die künstlerische Arbeit mit Schnee und Eis ebenfalls Expeditionen, Forschungsreisen und Wanderungen zu mir selbst.

An jedem Ort, an dem ich mit dem vergänglichen Material arbeite, sind die Umstände verschieden. Laborbedingungen gibt es nicht. Das Wetter, der Platz, an dem eine Arbeit steht, die Menschen, mit denen ich arbeite – immer verschieden und neu. Auch ich bin jedes Mal neu und anders, mit vielleicht neuen Erfahrungen und einer neuen Message in meinem Kunstwerk. Jedes Mal ist der Prozess unerwartet, ich erlebe Neues, gleichzeitig ähneln sich die Schritte bis zum fertigen Ergebnis; jedes Mal bin ich zuversichtlich, dass ein Kunstwerk entstehen wird, und jedes Mal holen mich irgendwann zwischendrin Zweifel ein.

Schneeflocken und Popcornschnee – eine Liebeserklärung

Wenn mir Grönlands Weite zu weit und der Horizont zu leer erscheinen, gleitet mein Blick auf die Oberfläche des windgepressten Schnees des Eispanzers. Eine feine Linie und dann wieder ein Schatten, der sich gerade erst bildet, dann verweht die Sastrugiwelle und der nächste Meter sieht aus wie die Meeresoberfläche. Dynamisch und manchmal doch wie ein Stempel und eine Textur, die für die Ewigkeit vom Wind in den Schnee eingebracht ist.

Bei meiner Arbeit mit den gepressten Schneeblöcken beim Icehotel oder bei den großen Symposien fasziniert mich die innere Struktur des Materials, denn jeder Schnee- und Eisblock ist in seiner reinsten Form bereits einzigartig. Wenn ich mit meinem Werkzeug in das von außen gleichmäßige Material hineinschneide, weiß ich noch nicht, wie es im Inneren gestaltet und geformt sein wird. Von außen versuche ich auf das Innere zu schließen. Ist die innere Struktur homogen? Erspüren meine Werkzeugfühler gar Luftlöcher und Eisbrocken in einer scheinbar gleichmäßigen Masse?

Ich erinnere mich an Momente, in denen ich mich durch scheinbar dichte, feste Schneeblöcke arbeitete, dann aber mein Werkzeug plötzlich frei in ein Luftloch glitt oder ein anderes Mal vom harten Eis gestoppt wurde. Manchmal ist die innere Form so eigenwillig und überraschend, dass sie meine weitere Arbeit vorgibt – ich werfe die Idee über den Haufen und passe mich den Gegebenheiten an. Popcornschnee oder Puderschnee, so nenne ich leichte Formen des Schnees, die locker unter dem Werkzeug nachgeben. Wie durch warme Butter gleitet es durch die Pudermasse.

Als Künstlerin muss ich dann meine Idee anpassen und mit der Materialbeschaffenheit kreativ umgehen. Mit losem, frisch gefallenem Schnee kann ich solche Löcher stopfen, weil er gut klebt. Ich nehme die pulvrigen Abertausenden Flocken in meine dicken Fäustlinge und presse sie mit Geduld in die Popcorn-Löcher, dann streiche ich mit der Hand drüber und schon ist eine glatte Oberfläche entstanden. Sie muss nun für einige Stunden anfrieren, bevor ich sie weiterbearbeiten kann.

Seit ich als Schnee- und Eiskünstlerin arbeite, hat sich meine Sprache um viele neue Bezeichnungen für Schnee erweitert. Den Begriff „Popcornschnee" zum Beispiel kennen nur Künstler:innen, die mit gepressten Schneeblöcken oder Installationen arbeiten, sie wissen, wie lästig diese Luftlöcher zwischen den Schneebrocken sein können. So gibt es hier eine ganz eigene Fachsprache. Hart wie Stein, weich wie Samt, der Schnee hat einen vielfältigen Charakter, er kann all das im gefrorenen Zustand sein: Popcornschnee und Pudermasse, knarzender Schnee, Pulverschnee, Glasscherbenschnee, Klebschnee, Kristallschnee – in den letzten zehn Jahren meines künstlerischen Schaffens mit dem gefrorenen Material habe ich viele dieser verschiedenen Qualitäten von Schnee bewundert und bearbeitet. Neugierig nähere ich mich ihm an, erforsche ihn und versuche, mit jeder Sorte vertrauter zu werden. Ich untersuche dann regelrecht die Konsistenz und lerne mit jedem Projekt, optimal damit umzugehen. Auch jeder Eisblock hat seinen eigenen Charakter. An einem tiefblauen Eisblock setzte ich einmal den superscharfen Meißel an und schälte Schicht für Schicht mit einem knarzenden Kristallgeräusch ab. Wie Glassplitter fielen die Eisfragmente leise klirrend in den weißen Schneeuntergrund. Wenn meine Füße auf einen Berg Splitter traten, knirschten sie noch heller als bei einem aus Glasscherben. Eine Melodie für meine Ohren, die nur bei dieser Arbeit entsteht. Und diese Melodie klingt immer anders. In Kanada bei einem Schneefestival weit nördlich des Polarkreises arbeiteten wir an unseren Skulpturen auf einem zugefrorenen See. Die Temperaturen waren eisig und wurden vom Wind noch verstärkt. Die Kälte, die uns um die Ohren blies, war eigentlich nicht auszuhalten. Unter meinen Füßen entstand beim Gehen ein anderes einzigartiges Knarzen von Schuhen im Schnee, das sich bei minus 10 Grad anders anhört als bei den dortigen minus 30. Schritt für Schritt hörte ich die tiefen Temperaturen.

Je nach Tageszeit und Lichtsituation schimmerte der Farbton der Eisblöcke anders. Ich ging dichter heran und blickte tief hinein in das fast glasklare Material, versank in dem Blau, das ebenfalls an den Südpazifik erinnerte, an die Unterwasserwelt in weit wärmeren Gefilden.

So forschte ich weiter und weiter, ging erhellt aus jedem Projekt hervor. Erleichtert manchmal, dass die gigantische Skulptur auch wieder schmelzen und nicht wie aus weißem Marmor für die Ewigkeit geschaffen sein würde. Dieser spielerische Moment – „Ich kann es ja im nächsten Winter noch einmal probieren!" – gibt meiner Arbeit schon immer eine Leichtigkeit, die mich süchtig macht. In keinem Material kann ich so gigantisch forschen und probieren wie in Schnee und Eis.

In meinem Künstlerinnenherz sind die feinen Strukturen Quelle der Inspiration. Vielleicht greife ich eine dieser Linien oder die Symmetrie eines Schneekristalls wieder auf, wenn ich die nächste Skulptur plane. Ich habe es jedoch aufgegeben, mir ein Archiv dieser Inspirationen anzulegen, sie aufzuzeichnen oder fotografisch zu sammeln. Ich bin überzeugt, dass die von der Natur geschaffenen Formen in mir verbleiben, als Bilder, als Gefühl oder fertige Formen, und dass sie bei Gelegenheit wieder an die Oberfläche treten, wenn ich auf der Suche nach einer Idee für eine Skulptur bin. So sehe ich die Natur als bewundernswerte Künstlerin, die kleine und große Formen ziellos entstehen und auch wieder verschwinden lässt. Zusammen mit dem Licht des Tages oder der Nacht entsteht ein zauberhaftes Zusammenspiel für den Moment. Grönland ist eine magische, unwirkliche, fast nicht mehr weltlich erscheinende Landschaft, sie verdankt ihre Strukturen dem Eis und dem Wind. Der Wind schafft abstrakte Kunstwerke. Was wir Menschen lange planen und dann mit verschiedenen Werkzeugen, viel Kraft, Konzentration und Feingefühl umsetzen würden, das fegt und pfeift der Wind in diese Landschaft. Es ist wunderschön. Es ist atemberaubend.

Hier auf dem Grönlandeis finde ich das beste Baumaterial aller Zeiten: Die Schneeschicht ist windgepresst und hat eine gleichmäßige homogene Textur. Mit der Schneesäge schneiden wir regelmäßige große Blöcke für die Schneemauer zurecht, die unsere kleine Heimstatt vor Wind schützt. Wie Butter durchtrennt sie das Material und gleitet 30 Zentimeter tief in den Untergrund. Was für eine Freude es machen kann, eine einfache Schneemauer zu errichten!

An einem der ersten Expeditionstage sägte ich abends neben dem Camp mit viel Liebe Blöcke aus dem verschneiten Untergrund, bis eine Grube entstanden war. Ich arrangierte sie um die Vertiefung, wuchtete sie in einem Halbkreis übereinander, die großen unten, die kleineren oben. Ich war euphorisch, in diesem riesigen Schnee- und Eisraum zu arbeiten. Der Schnee war, wie auch im Icehotel, unterschiedlich schwer: Je nach Umgebungstemperatur und Wind, Alter und Sonneneinstrahlung variierte die Dichte. Manche Schneeblöcke waren erstaunlich fragil und zerfielen, sobald meine Säge hineinglitt. Die Buchstaben A, M und G stellte ich als Sichtschutz am Rand der Grube auf, ebenso wie die Schneemauer im Halbkreis. Die Grube war unser Plumpsklo. Dahinter lag der schöne, unberührte weiße Schnee, am Horizont dahinter ein weißer Lichtstreifen, der langsam von grauer Dunkelheit erdrückt wurde. Heute finde ich es erstaunlich, dass ich am Anfang der Tour abends die Kraft dafür hatte.

Auf der Expedition begegne ich ebenfalls den verschiedenen Qualitäten unter meinen Skiern. Meist unterscheide ich hier konsequent zwischen „mag ich", weil ich leicht vorankomme, oder „mag ich nicht", weil es mühsam ist, die Kilometer des Tages zu bewältigen. Außerdem freue ich mich beim Schneemauerbauen über die gute Konsistenz einzelner Blöcke, wenn sie sich einfach sägen lassen und ich mit Enthusiasmus einen Block nach dem anderen auf die Schneemauer stapele. Auch hier ist Teamarbeit gefragt und ich liebe es, Hand in Hand mit den anderen beiden meines Teams das Bauwerk zu errichten.

Von der Makroebene schwenkt mein Blick in die Mikroebene und entdeckt die frischen Schneekristalle. Sie sind gerade erst gefallen und manchmal nach ein paar Sekunden auf meiner blauen Jacke gleich wieder verschwunden. Jede Flocke hat ein eigenes Muster, die Ärmchen sind verzweigt und manchmal so zart, dass sie kaum zu erkennen sind. Ich tauche immer tiefer wie durch ein Mikroskop in ihre Struktur ein und staune über das Meisterwerk, das die Natur hinterlässt. Ich kann sie nicht festhalten, nur im Innern bewahren und für neue Kunstwerke Inspiration sein lassen.

Ich habe mal von einem Wissenschaftler gelesen, der es schafft, die Schneeflocken beziehungsweise deren Struktur in einem speziellen Verfahren zu konservieren. Der Schneeflockensammler fasziniert mich einerseits, andererseits glaube ich, dass ich nicht alles festhalten möchte und gerade das Flüchtige, das fast Ungreifbare den Reiz der kleinen Schneekristalle ausmacht. So werde ich immer ehrfürchtiger und bin dankbar für die Entdeckung der kleinen Flocken auf meiner blauen Jacke.

„Wir lieben deine Suppen. Zitat Papa"

Tag 24:
Schönheit & Einöde

Sonntag, 07.05.2023
Tageskilometer: 18,7 km
Dauer: 7 Etappen
Vor uns liegende Strecke: 249,3 km
Temperatur: -17 °C
Breitengrad: 66.561139, Längengrad: -44.585792

Seit mehr als drei Wochen schieben wir uns jetzt schon durch die schöne Monotonie – morgens nicht wissend, wie unser Geist heute auf sie reagieren wird. Manchmal sind die Gedanken und Gemütszustände von Etappe zu Etappe komplett verschieden. Während man sich in der so vertrauten, immer gleichen Abfolge vorwärtsbewegt und der Untergrund scheinbar flach ist, sausen die Gedanken wie auf einer Achterbahnfahrt auf und ab. Ich spüre das auch körperlich: Auf der einen Etappe geht es leichtfüßig voran, auf der nächsten dann schwerfällig.

An manchen Tagen tobt sich meine Kreativität in der Welt aus blauem Himmel und weißem Untergrund aus. Eine ganze Fotoserie mit zweigeteilten Bildern habe ich zwischendurch geschossen und abgespeichert. Sie zeigen die scharfe Trennung zwischen dem hellweißen Untergrund und dem leuchtenden Himmelsblau. Doch nur selten breche ich aus dem Tagestrott aus, nehme meine Kamera oder Drohne in die Hand und mache einen künstlerischen Ausflug. Die ständigen körperlichen und mentalen Anstrengungen fordern meine Aufmerksamkeit, mir bleibt daher kaum Muße, künstlerische Projekte und Sichtweisen zu entwickeln. Es gibt aber auch Tage, an denen ich vor lauter Anstrengung die Schönheit der Monotonie nicht mehr zu schätzen weiß. An anderen wiederum ist es körperlich nicht so anstrengend und landschaftlich so gleichförmig, dass ich durch eine endlos langweilige Einöde schreite.

Heute verwandeln sich die Schneeverwehungen in keine Kunstwerke oder Tiere, sondern sind einfach nur Anhäufungen aus Schnee. *Wie langweilig die Landschaft sein kann*, denke ich dann. Der Gedanke bleibt nicht lange allein, mich stressen drei ungelöste, aber leider dringende Probleme: unsere Essensvorräte, der Superbrennstoff Heptan, der nicht brennt, und der verstopfte Kocher.

In jedem Moment empfinde ich Hunger, morgens beim Aufstehen, nach dem Frühstück, beim Packen, auf den Etappen, beim Herunterschlingen eines Snacks und danach, beim Einschlafen und Aufwachen. Es gibt seit 24 Tagen fast keinen Augenblick mehr, in dem ich nicht hungrig bin. Meine Nahrung ist aus Gewichtsgründen knapp kalkuliert und ich nehme seit Tourbeginn weniger Kalorien zu mir, als ich bräuchte. Je knapper die Nahrungsmittel werden, je länger die Tour dauert, je mehr mein Körper ungewollt abnimmt, desto mehr denke ich ans Essen.

Da wir länger unterwegs sein werden als geplant, werden wir unser Essen strecken müssen. Ich überlege, an welcher Stelle ich sparen könnte. Eine volle Mahlzeit in zwei aufteilen? Mit der Hälfte der Tageskalorien werde ich jedoch nicht hinkommen. Ich könnte an einem Tag vielleicht die Vorsuppe weglassen und sie am nächsten als Hauptmahlzeit essen? Alles nicht optimal. Noch zehn Tage. Mein Körper hätte Zeit, sich daran zu gewöhnen, wenn ich jetzt anfange, langsam die Tageskalorien zu reduzieren, hoffe ich.

Lange reichen auch unsere Benzinvorräte nicht mehr aus. Dann muss das Heptan seinen Job machen und brennen. Eine Alternative haben wir nicht. Wir vermuten, dass unser Heptan verunreinigt und deshalb kein Superbrennstoff ist, sondern eben ein nicht brennender Brennstoff, der zudem noch den Kocher verklebt und verstopft.

Seit 24 Tagen hebt Mads jeden Morgen den Heptankanister fluchend auf den Schlitten. In meiner Fantasie verwandelt sich der Kanister heute zu einem Dämon des Inlandeises, der sich auf Mads' Pulka festgekrallt hat und ihn über die Tour verfolgt. Wie verhöhnend dieser Dämon wäre, wenn der Inhalt des Kanisters sich als völlig unbrauchbar herausstellen sollte. Wie hinterlistig. Unsere Leben wären nicht in Gefahr, aber wir würden scheitern, die Querung nicht vollenden und von einem Helikopter vom Eis geholt werden. Es schüttelt mich bei dem Gedanken.

Wir müssen jetzt Strecke machen – so schnell wie möglich durch die Eiswüste gleiten und uns von nichts mehr aufhalten lassen, bevor wir im wahrsten Sinne des Wortes auf schwindender Trockennahrung sitzen, die wir nicht zubereiten können. Funktioniert der Kocher nicht mehr, fällt auch eine wichtige Wärmequelle weg: die warme Flüssigkeit und Nahrung. Und ohne Flüssigkeit, ohne die Möglichkeit Schnee zu schmelzen, müssten wir die Tour beenden.

„Insel der Menschen" – *Kalaallit Nunaat* nennen die Grönländer:innen ihre Heimat, die sie an den Küsten bewohnen. Und wo der Mensch, da die Dämonen. Dem alten Glauben der Inuit zufolge leben die Dämonen auf dem Inlandeis. Deshalb fürchteten sich die Einheimischen davor und gingen nicht in den großen weißen Raum. Ganz praktisch gesehen gibt es dort oben auch nichts zu jagen, es ist ungemütlich und langweilig. Jeden Tag dasselbe Panorama: weißer Boden, Himmel darüber. Keine Bucht, kein Strauch. Jeder Fleck ist wie der andere. In alle Richtungen liegt die Weite und an jedem Ort ist absolute Stille. Das hält niemand aus. Der Geist füllt die Weite und die Stille und lässt die Dämonen in uns spuken. Mein Ohrenpfeifen zu Beginn der Tour war so ein Phantomgeräusch. Es hatte mich nur einige Tage begleitet, als hätte mein Geist die absolute Stille nicht aushalten können und mir deshalb einen Ton vorgespielt.

Die Dämonen sind verschiedene mythologische Wesen, die Unheil über die Menschen bringen. Manche erscheinen als Monster, die jene fressen, die sich zu weit in die Eiswüste wagen.

Ist es die Monotonie oder sind es die Eisdämonen, die uns Gedanken in den Kopf flüstern, uns mit unheimlichen Empfindungen und Erlebnissen quälen? Ist es ein Zufall oder ein Dämon, der wie ein Kobold Unfug mit unserem Besitz treibt, uns Streiche spielt und einen eigentlich verlässlichen Brennstoff zu einer unbrauchbaren Flüssigkeit verzaubert?

Die Grönländer:innen haben auch Beschützer:innen, die *Tupilait* (Singular: Tupilak), die guten Seelen der Verstorbenen. Es heißt, dass manche Menschen ihre Präsenz wie Schutzengel auf dem Eis spüren können, sie begleiten sie auf Schritt und Tritt.

„Wir zählen die Tage. Love you!"

Tag 25:
Grönland sehen und sterben?

Montag, 08.05.2023
Tageskilometer: 20,6 km
Dauer: 6,5 Etappen
Vor uns liegende Strecke: 228,7 km
Temperatur: -18 °C
Breitengrad: 66.627151, Längengrad: -45.019980

Der riesige Eisraum verändert uns. Der Mensch altert darin im Turbotempo. Wir haben keine Spiegel dabei, doch ich sehe die Risse in Aennes und Mads' Lippen, die tiefen Falten in ihrer sonnengegerbten Haut, die Erfrierungen im Gesicht. Schmal sind sie geworden, abgekämpft sehen sie aus. Seit sie den großen weißen Raum betraten, sind sie um zehn Jahre gealtert. Ich muss nur ihnen ins Gesicht sehen, um mir vorzustellen, wie ich aussehe. Der Eisraum ist eine Zeitmaschine.

Wir sind das Element, das Rohmaterial, und Grönland ist die Gestalterin. Wir werden schmaler, bedeutungsloser. Daneben erscheint so manches Wort, so manche Handlung größer und gewaltiger. Das sollte ich noch an diesem Tag schmerzhaft erfahren. Was an diesem Tag passierte, war für mich so ungeheuerlich, dass ich eine Weile brauchte, ehe ich das Geschehen in mein Tagebuch niederschreiben konnte. Und noch viel länger, ehe ich es verdaut und reflektiert hatte, bis aus etwas, das mir geschehen war, etwas wurde, das ich erlebt hatte.

All die sich überschlagenden Emotionen, diese Expedition wird noch in einem Desaster enden, dachte ich an diesem Tag. Schönheit, Zusammenklang und Disharmonie liegen in Extremsituationen ganz dicht beieinander.

Abend für Abend zählten wir die Kilometer zusammen und berechneten fein säuberlich, wie lange wir wohl noch brauchen würden, um den Point 660 zu erreichen. Das ist unser Zielpunkt. Ab dort, gleich neben dem westlichen Eisrand, führt eine Straße zurück in die Zivilisation. Zwischen uns und diesem geografischen Punkt liegen noch über 200 Kilometer und viele Fragezeichen: Sind wir als Team fit genug, um noch so weit zu gehen, schaffen wir das überhaupt?

Unsere ausgezehrten, verletzten, gealterten Körper werden auf den nächsten Kilometern nicht heilen, sondern noch mehr und weiter leiden. Fügen wir uns bleibende Gesundheitsschäden zu, wenn wir die Tour durchziehen? Wird das Heptan brennen? Halten wir mental durch? Diese Ungewissheit scheint an uns allen zu nagen.

„Es ist, wie es ist", die Worte hallen wie ein Mantra in meinem Kopf. Sicher, ich will es schaffen, aber nicht um jeden Preis – es gibt Preise, die ich nicht bereit bin für eine Grönlanddurchquerung zu zahlen. Ich möchte nicht, dass eine Person aus unserem Team bleibende Schäden davonträgt, sich schwer verletzt oder sich weit über die Belastungsgrenze hinaus quält, weil ein Druck herrscht, am anderen Ende anzukommen.

Die Nächte sind nicht mehr so kalt wie auf dem Plateau. Wir sitzen am Abend bei minus 12 Grad zu dritt in unserem Vorzelt und essen jeweils ein Drei-Gänge-Menü. Ich habe zu sparen begonnen, mein Menü hat zwar drei Gänge, ist aber unvollständig. Ein Drittel einer hochkalorischen Trekkingmahlzeit aus dunkelgrünen Fieldmat-Tüten schütte ich in eine Zipper-Tüte für morgen. Dazu kommt ein weiteres Drittel einer zweiten Tüte und nun habe ich aus zwei Hauptmahlzeiten drei gemacht. Sie haben dann jeweils zirka 500 Kalorien – hoffentlich noch ausreichend für meinen ausgezehrten Körper.

Während wir unser Dessert löffeln, meint Mads, dass wir es womöglich nicht schaffen würden, zum 15. Mai am Eisrand anzukommen. Zumindest nicht mit unserem derzeitigen Vorankommen. Wir sollten daher unsere Nahrung besser weiter rationieren. Mir rutscht der Ultraleichtlöffel aus der Hand in den Pudding. Wir sind schon fast vier Wochen lang unterwegs – in diesem Zeitraum haben andere Expeditionen die Strecke locker bewältigt und trinken bereits gemeinsam in einem Hotel ein kühles Bier.

„Lass uns das hier endlich zu Ende bringen!", ich löffele weiter. *Schnell durchziehen*, denke ich – nicht noch mehr strecken, weder das Essen, die körperliche Leistungsfähigkeit noch unser Glück. Ich erinnere mich an unseren Streit, den wir vor wenigen Tagen hatten. Aenne war es nicht gut gegangen und wir hatten darüber gesprochen, was wir tun würden, wenn keine Besserung einträte. Sie müsse dann wohl abbrechen, meinte Aenne. Wenn sie jedoch die Tour für sich für beendet erklärt, würde auch ich abbrechen. Doch Mads sagte, er wolle unbedingt am Eisrand ankommen: „Ich werde nicht noch mal einen zweiten Versuch in meinem Alter starten, um das Eis zu queren. Ich will nicht gleich aufgeben. Ich habe so viel investiert." Zur Not auch ohne uns. Er schätzte das damit verbundene Restrisiko als sehr gering ein.

Und dann fügte er hinzu, er würde für diesen Versuch sogar sterben. Erst viel später wurde mir klar, dass er es ganz offensichtlich ironisch gemeint hatte. Doch in diesem Moment war ich mir dessen nicht bewusst. Ich hoffte, dass er es nicht ernst meinte. Ich hoffte, es war nur ein Ausdruck dessen, dass unser aller Emotionen mit uns durchgingen. Dennoch schockierte mich diese Aussage, sie beschäftigte mich sehr. *Sterben. Sterben für einen Versuch ... wozu ...? Es gibt so viel mehr in meinem Leben als dieses Eis, so viele weitere Projekte, die ich noch erleben möchte, so viele weitere Momente mit meiner Familie, die auf mich wartet ... Niemals. Ich bin hier, um das, was ich erlebe, was das Eis mit mir macht, mitzunehmen, nicht, um mich dazulassen.*

Mir grauste bei der Vorstellung, dass einer von uns über seine oder ihre Grenzen gehen und unter Umständen bleibende Gesundheitsschäden mitnehmen könnte, wie eine kaputte Lunge, Gelenkprobleme oder Ähnliches. Oder vielleicht sogar seinen Tod riskierte.

Ich habe viel zu wenig Gletschererfahrung, um das Restrisiko wirklich einschätzen zu können, und lasse meinem Bauchgefühl und der Intuition den Vortritt.

Die Aussicht auf eine Verlängerung der Tour lässt mich nun verzweifeln. Ich sehne mich nach meiner Familie, möchte gern wieder in die Zivilisation zurück und finde, ich habe genug Zeit hier oben verbracht, habe jede Facette in mir aufgesogen und diese Wildnis genossen. Also sage ich mit kräftiger Stimme: „Ich möchte die Tour nicht verlängern, weil ich meine Gesundheit nicht aufs Spiel setzen will."

Der Satz tritt eine Lawine los. Mads' Worte fliegen nur so durchs Zelt. Er bezeichnet mich als Memme, die ihr Essen nicht strecken wolle. Es ginge doch lediglich darum, ein bisschen weniger zu essen, das sei sogar gut für die Entschlackung des Körpers. Hätte er gewusst, dass ich so drauf sei, hätte er mich nicht mitgenommen. Er wirft mir vor, ich zeige zu wenig Bereitschaft und Fitness, er wirft mir alles vor, was ihm in den Sinn kommt. Ich werde immer kleiner. Dabei weiß ich doch, dass das alles nicht stimmt, dass ich auf dem Höhepunkt meiner Fitness bin und ein überdurchschnittliches Tempo vorlege. Doch es hilft nichts. Seine Worte treffen mich sehr. Ich sinke immer tiefer in meine Isomatte, beginne zu weinen und fühle mich wie ein kleines Kind.

Nichts ist übrig von meiner guten Laune, meiner positiven Einstellung, meiner Stärke und Zuversicht. Mein Herz schmerzt und die warmen Tränen sind das Einzige, was noch aus mir rauskommt. Mads' Worte verletzen und kränken mich so sehr, dass ich selbst keine mehr finde. Aenne streicht mir stärkend über den Rücken und flüstert mir zu, dass ich das jetzt nicht an mich ranlassen dürfe. Schluchzend lehne ich mich an ihre Schulter. Ich Häufchen Elend mit meiner faltigen sonnenverbrannten Haut, den abgeklebten Fingern, die hilflos eine leere Tasse ohne warmen Tee zwischen den Händen halten, möchte einfach nur im gefrorenen Untergrund verschwinden. Weg von hier. Vielleicht einfach in den Schlafsack hinter mir kriechen. Aber ich bin wie eine zusammengefaltete Eissäule erstarrt und lasse Mads' Worte über mich ergehen. Ich weine, ich bin klein. Dennoch bleibe ich standhaft: Ich möchte diese Tour nicht verlängern. Jetzt erst recht nicht. Sie soll bitte endlich vorbei sein.

Wie viele Emotionen passen in dieses winzige Zelt mitten auf Grönland? In eine kleine Dreiergruppe, in der alle aufeinander angewiesen sind? In einer Kneipe daheim würde ich Mads die Meinung blasen, kraftvoll und deutlich. Das ist hier nicht so leicht. Aenne findet aber ein paar wenige Worte der Entgegnung, wissend um den feinen Balanceakt. Wir sind aufeinander angewiesen. Wir müssen das Projekt zusammen zu Ende bringen. Wir haben keine Wahl. In mir ist kein Raum für irgendwelche klaren Gedanken, die Vernunft ist abgeschaltet. Es ist nur Raum für dieses kleine gekränkte, traurige Etwas, zusammengekauert und energielos.

Irgendwann knirschen Mads' Schritte durch den Schnee und er öffnet geräuschvoll den Reißverschluss zu seinem Zelt. Er ist verschwunden, doch er hat viel Ballast von sich zurückgelassen. Kein Telefonat mit vertrauten Menschen, keine Worte für mein Tagebuch. Die kryptische Inreach-Nachricht, die ich an meinen Mann schicke, kann nicht abbilden, was heute Abend hier auf dem Eis mit mir passiert ist. Ich fühle mich allein, gebrochen, verletzt, geschwächt und niedergeschmettert.

Aenne ist heute wie ein Rettungsanker für mich. Sie baut mich wieder auf und beruhigt mich. Wir sorgen für uns, unsere kleinen und großen Wunden. Und so verwandelt sich das Zelt zum Schutzbunker mit zugegeben dünnen Wänden. Mads war in diesem Moment für mich zu einem anderen Menschen geworden. Jeder reagiert anders in diesen Extremsituationen. Jede Bemerkung, jede Geste – alles kann sich schnell in einen Sturm der Emotionen verwandeln, in lauten, verletzenden Worten entladen oder in tiefe Verzweiflung und Verletztheit münden. Ein Überdruck an Anspannung und Gereiztheit, die sich über viele Wochen aufgestaut hatten. Doch auch wenn wir uns darauf mental vorbereiten und uns dessen bewusst sind, dass Extremsituationen die Menschen extrem reagieren lassen, schützt uns das doch nicht vor dem Schmerz, der damit einhergeht. „Es ist, wie es ist", hallte das Mantra in meinem Kopf.

„Kannst du noch die Bundesländer und Hauptstädte?
Vermissen dich. Jan, Morten, Matilda"

Tag 26:
Hardshells

Dienstag, 09.05.2023
Tageskilometer: 22,7 km
Dauer: 7,5 Etappen
Vor uns liegende Strecke: 206 km
Temperatur: -11 °C
Breitengrad: 66.694887, Längengrad: -45.499335

Am folgenden Tag begrüßt Mads mich mit der Frage: „Hast du dich wieder beruhigt?" Ich ziehe gerade einen Schneehering aus dem Boden. Im ersten Moment verstehe ich gar nichts und denke, dass es eine rhetorische Frage an ihn selbst war. In seinem Gesicht suche ich nach einer Antwort, einem Hinweis. Ist das seine Art, sich zu entschuldigen? Da steht sie, diese Frage, und je mehr Sekunden vergehen, desto klarer wird, dass er sie ganz ernst gemeint an mich gerichtet hat.

„Ich bin ruhig", entgegne ich einige Gedankensekunden später und gehe meditativ um das Zelt herum, um weitere Heringe aus dem tiefen Schnee auszugraben, damit wir möglichst schnell das Camp abgebaut haben und losmarschieren können. Nicht noch mehr Zeit verschwenden. Ich will nicht mit Mads sprechen und weiche seinem Blick aus.

Die merkwürdige „Thermoskannen gegen Heptankanister"-Tauschaktion hat immer noch Bestand. Weil Mads den schweren unhandlichen Behälter auf seinem Schlitten transportiert, quetsche ich seine zwei Thermoskannen in meine Pulka und transportiere sie übers Eis. In jeder Pause erfordert das eine Interaktion, auf die ich heute keine Lust habe. Ich gehe ihm aus dem Weg – soweit das auf der Eisfläche möglich ist, versuche ich ihm nicht in die Quere zu kommen und keine Worte zu wechseln. Ich wünsche mir jetzt mehr denn je, dass die Tour bald zu Ende ist und ich nicht mehr in Mads' Nähe sein, ihn nicht mehr sehen muss. Wahrscheinlich ging es ihm auch so.

Die neun Etappen des heutigen Tages stapfe ich stupide vor mich hin. Ich reiße den Arbeitstag runter, wie eine Fabrikarbeiterschicht, die man nur hinter sich bringen will. Täglich dieselben Handgriffe, dieselben Bewegungen, es wird gemacht, weil es gemacht werden muss. Nichts berührt mich hier. Ich fühle mich völlig stumpf.

Mein Blaukittel ist die blaue Hardshelljacke, sie ist ein wichtiger Bestandteil meiner Ausrüstung. In Vorbereitung auf die Expedition hat meine Freundin Sina ihr einen großartigen Kunstfellkragen angenäht. Sie ist die Meisterin, wenn es ums Nähen und die kreative Umgestaltung von Klamotten geht. Ein Fellkragen schützt das Gesicht vor auftreffenden Polarwinden und lässt die kalte Strömung verwirbeln. Der künstliche Pelz dämpft den Windchill-Effekt ab und die Kälte beißt nicht ganz so hart ins Gesicht.

Wenn ich die Kapuze trage, schaue ich nur durch ein kleines Guckloch hinaus. Ich genieße den Ausblick, umrandet vom dunklen Fell und hinaus in die unendlich weiße Weite, die ich mir so sehr ersehnt hatte. Die kleine Fellumrandung gibt mir Geborgenheit und Schutz.

An diesem Mittag wird es für einige Stunden wieder sehr warm. Ich ziehe die blaue Hardshelljacke aus und stecke sie unter die gespannten Gummischnüre auf meine Pulka. Die Sonne, die kleinen Sastrugis, über die die Pulkas holpern und ein Hörspiel im Ohr verschaffen mir Ablenkung vom kürzlichen Krisencamp. In einer Pause kurz nach zwei laufe ich zur Pulka, um die Jacke wieder anzuziehen und mich in ihr zu verkriechen. Sie steckt nicht mehr unter den Schnüren. Ich suche die Pulkas ab, gehe ein paar Meter und schaue in die Richtung, aus der wir kamen. Ich kann die Jacke nirgends finden. Ich habe sie bestimmt in die Pulkatasche hineingestopft. Ich durchwühle aufgeregt beide riesige hellgrüne Taschen, nehme Gegenstände heraus, um besser zu sehen, fühle hinein, durchgrabe alles. Nichts.

Seit wann habe ich die Jacke nicht mehr gesehen? Das letzte Mal bewusst wahrgenommen auf der Pulka habe ich sie vor zwei Etappen. Das Holpern der Schlitten über die Schneewehen, der Wind haben sie unter dem Gummizug hervorgelockt und sie aufs weite Eis geblasen. Zuletzt habe ich sie vor zwei Stunden gesehen, sie liegt mindestens fünf Kilometer weit weg auf dem Eis. Wenn nicht sogar noch weiter. Der Wind kann sie weit getragen haben, Schnee über sie geblasen haben und einfach verschwinden lassen. Sie könnte direkt vor mir liegen und ich würde sie nicht sehen. Ich ärgere mich über mein Missgeschick. Die Hardshelljacke mit dem Fellkragen ist eines der wichtigsten Ausrüstungsstücke. Wir haben nicht viele Schutzhüllen und Wärmequellen, und sie ist eine davon. Dass ich ausgerechnet sie ausgerechnet heute verliere, ärgert mich besonders.

Auch wenn ich ihn nicht ansehe, spüre ich seinen vorwurfsvollen Blick. Trotzdem frage ich ihn später, als der Wind stärker wird und ich friere, ob ich mir seine orangefarbene windfeste Jacke für zwei Etappen ausleihen kann. Er gibt sie mir und sagt, er werde sie bald selbst brauchen. Aenne wiederum bietet mir ihre winddichte Fleecejacke an. Sie habe selbst genügend Schichten übrig, damit ihr nicht kalt werde, versichert sie. Den größten Teil des Tages trage ich die Fleecejacke unter meiner leicht gefütterten Jacke.

Ich mache mir nun darüber Gedanken, ob und wie ich die letzte Woche wohl ohne die Jacke zurechtkommen werde. Was passiert, wenn es in niedrigen Lagen regnet, weil die Temperaturen über Null steigen? Aenne und ich grübeln und finden schließlich eine kreative Lösung. In unserem Erste-Hilfe-Paket finden wir eine Rettungsdecke aus dünner, aber sehr robuster Folie. Mit einer Schere schneide ich Löcher rein, für Arme und den Kopf. Ein schneller Test zeigt, dass der neu entstandene Regenponcho prima sitzt. Ich falte ihn glücklich zusammen und verstaue ihn griffbereit für den Fall der Fälle in meiner Pulka. Ich mag solche Erfindungen.

Das nächste Mal, wenn ich eine Wintertour mache, werde ich jeden Ausrüstungsgegenstand sorgfältig zusätzlich mit einem Karabiner befestigen. Wieder etwas, woran ich in der Vorbereitungsphase niemals gedacht hätte. Manche Dinge erlangen wohl erst unterwegs eine große Bedeutung.

„Wir freuen uns auf allerhand
Geschichten, die du uns mitbringst.
Your loving family"

Tag 27:
Das Zeichen

Mittwoch, 10.05.2023
Tageskilometer: 21 km
Dauer: 8 Etappen
Vor uns liegende Strecke: 185 km
Temperatur: -12 °C
Breitengrad: 66.762844, Längengrad: -45.963051

Ein gefiederter Gast dreht seine Runden über unser Camp und ist überzeugt, dass wir es schaffen werden. Ich sehe in ihm einen Botschafter aus der Ferne, vielleicht sind es Wilfrieds Grüße aus dem Jenseits oder die Kraft jener Polarfrauen, die auch schon Wind und Wetter getrotzt haben. Der Piepmatz ist eine kleine lebendige Energie, die in unser Universum erneut eintaucht, um uns daran zu erinnern, dass es bis zur Zivilisation nicht mehr weit ist. Er ist schwarz-weiß und trägt einen rechteckigen knallroten Fleck auf der Stirn. Es muss ein Polarbirkenzeisig sein.

Er fliegt ganz forsch von einem Zelt zum anderen, bis er ungefragt in unserem Zelteingang verschwindet. Er setzt sich ins Vorzelt, durchfliegt das Innenzelt, verirrt sich zwischen Innenzelt und

Vorzelt und findet nicht mehr hinaus. Aenne ist bei ihm, öffnet Tür und Tor unserer kleinen Behausung, versucht ihm den Weg mit offenen Apsiden zu weisen. Er sieht klein und drall aus, als hätte er sich eine Menge Winterspeck angefressen oder sich vor Aufregung aufgeplustert. Ich sehe sein Herz schlagen. Sicher ist er, ob der ungewohnten Umgebung, aufgeregt. Wie das so ist, wenn man sich vor lauter Übermut in ein Projekt stürzt und so schnell nicht wieder hinausfindet. Im nächsten Atemzug fliegt er jedoch hinaus in die Freiheit. Selbstbewusst steigt er hinauf in den zunehmenden Sturm. Mein Herz schlägt höher nach dem Besuch des kleinen Gastes. Hoffnung und Vorfreude auf die Zivilisation keimen auf.

Schon gestern Abend hatte der Wind deutlich zugenommen und die Sicht war schlechter geworden. Trotzdem sind wir heute zeitig losgezogen und laufen nun die achte Etappe – und über 20 Kilometer insgesamt. Endlich haben wir diesen Meilenstein geschafft, die 20er-Marke geknackt. Ich erinnere mich noch an dem ersten Tag unserer Tour, als ich nach wenigen Kilometern völlig geschafft war. Ich benötige jetzt weitaus weniger Energie. Die Schlitten sind leichter, ich bin trainierter und vielleicht geht es doch steiler bergab, als es aussieht.

Wir wollen Camp machen, doch an einigen Stellen sind die Sastrugis so unregelmäßig und hoch, dass wir hier die Zelte nicht aufschlagen können. Die Sicht wird immer schlechter, der Wind stärker, das erschwert die Auswahl des Platzes und den Zeltaufbau enorm. In Rekordgeschwindigkeit errichten wir eine Schneemauer. Sie ist ein bisschen kurz geraten, sodass unser Frauenzelt etwas weniger Schutz erhält als Mads' Behausung.

Aenne und ich spulen unsere Routine ab: Zelt an der windzugewandten Seite mit dem Eispickel und Schneehering fixieren, damit es nicht wegwehen kann, zu zweit aufrichten und platzieren. Dann beginnt Aenne, die Schneeheringe draußen so zu stecken, dass die Gestängebögen stabil im Mistwetter stehen. Trotz meiner Arm- und Schulterbeschwerden, die sich meist nachts zeigen, schaufle ich enthusiastisch den Küchengraben aus und denke mir immer wieder neue Fächer und innenarchitektonische Finessen aus Schnee aus, um ein wenig Spaß und Abwechslung in die Sache zu bringen.

Mittlerweile haben wir ein Schuhfach und ein extra Fach fürs „Beserli", wie wir ihn auf Schweizerisch nennen. Der kleine Handbesen ist eines der wichtigsten Dinge, die wir dabeihaben. Den benutze ich flink, nachdem der Küchenausbau abgeschlossen ist, und fege das Innenzelt aus. Beim Zeltaufbau schneit es immer hinab, ein kleiner Gruß vom Morgen. Reif hatte sich an der Decke festgesetzt und rieselt jetzt als Schnee herunter, ihn fege ich weg.

Aenne reicht mir danach die zwei Arctic Beddings mit den Schlafsäcken und Isomatten hinein, und ich ziehe die großen Pakete an unsere Schlafpositionen. Routiniert entpacke ich beide, ziehe den Biwaksack von der Schaumisomatte, der aufgeblasenen Daunenisomatte und dem Megaschlafsack herunter und richte alles adrett her, wie die Hausdame in einem Hotel. Es fehlt das Betthupferl, ein herzförmiges Schokoladenstück auf dem Kopfkissen.

Dann zerrt jede von uns die entsprechenden Packsäcke aus den Pulka-Schlitten. Ich habe einen kleinen roten Sack mit technischem Krimskrams, wie Powerbank, Inreach-Gerät und Kamera, einen grünen großen Sack mit Daunenhose und Jacke sowie einen Verpflegungssack mit den abgezählten Mahlzeiten für heute Abend und morgen früh. Und natürlich noch den kleinen schwarzen Toilettenbeutel.

Ich bugsiere meine Säcke in das Vorzelt und habe nun alles für die kommenden Stunden im trauten Heim bereit. Wie jeden Tag trinken wir den letzten Schluck Tee aus den Thermoskannen, während wir wie ein altes Ehepaar auf der Bettkante sitzen. An manchen Tagen benötigen wir auch den letzten Schluck, um mit einer warmen Flüssigkeit die Skibindungen aufzutauen, wenn eine von uns die Schuhe nicht ausklicken kann. Die feine Mechanik ist dann eingefroren und lässt sich noch nicht einmal mit Gewalt lösen. Ein nerviges Problemchen.

Einmal durchatmen und es geht weiter mit unserer Routine. Aenne zieht sich im Innenzelt um, während ich den Kocher starte. Dann betreut sie die Küche, während ich mal kurz ins Innenzelt krabble. Mads erscheint zum gemeinsamen Essen, da das gemeinsame Kochen effizienter ist und wir Brennstoff sparen. Ich habe keine Lust auf ein Beisammensein, Smalltalk und all das ist mir schon zu viel. Ich bin wortkarg an dem Abend. An die Heptanproblematik wollen wir uns erst rantrauen, wenn wirklich das Ende des Reinbenzins in Sicht ist. Wir verbrauchen zirka 160 Milliliter pro Tag pro Person. Das könnte sehr knapp werden. Unser Supportteam zu Hause weiß von dem Problem und setzt inzwischen alle Hebel in Bewegung, um uns zu helfen.

Ich bin optimistisch. Der kleine gefiederte Gast, der uns heute besuchte, ist mein Sinnbild für die nahende Küste. Nun ist sie tatsächlich schon in Reichweite.

Jans Kapitel

Mein Ehemann hält nicht nur die Familienfäden in der Hand, er ist auch im Notfall neben Mads' Bruder für die grönländischen Behörden unsere Kontaktperson. Durch unser Satellitensystem weiß er immer, wo wir stecken, und dank Kurznachrichten auch ungefähr, wie es uns geht. Erst später, als ich wieder in Potsdam war und wir über die Grönlandwochen sprachen, erzählte er mir, welches Abenteuer er erlebt hatte.

Teil 1: In der eisigen Klemme

„Wir sitzen im Sturm fest. Kannst du mal rausfinden, ob uns eine Expedition entgegenkommt? Wir brauchen Brennstoff und Nahrung", diese Nachricht meiner Frau erreichte mich Donnerstagmittag um 13 Uhr. Meine Frau war 3000 Kilometer entfernt in einem eiskalten Sturm – und ihr ging das Essenzielle zur Neige. Hier in Potsdam schien die Sonne bei 18 Grad, aber mir lief es kalt den Rücken herunter.

Geertje hatte mir eine Liste wichtiger Informationen zusammengestellt, bevor sie losgefahren war: Passwörter, Expeditionsnummer, Kopien verschiedenster Papiere (Permit, Versicherung usw.), die es offensichtlich bedurfte, um durch die Eiswüste Grönlands zu laufen. Dabei auch die Telefonnummern von allen möglichen Kontakten auf Grönland: Polizeistationen, Rettungsstellen und eben auch die Permitstelle. Die Idee war, zunächst *nicht* die nächste Rettungsstelle oder Polizei zu kontaktieren. Das Risiko, durch eine sprachliche Ungenauigkeit eine teure und noch unnötige Rettungsaktion auszulösen, schien mir recht groß. Immerhin war weder für die Grönländer:innen noch mich Englisch die Muttersprache. Mein erstes Telefonat führte ich mit der Permitstelle in Nuuk. Ein junger Mann ging ans Telefon, und ich schilderte ihm auf Englisch die Situation, in der Hoffnung, dass er beziehungsweise die Permitstelle einen Überblick hatte, welche Expeditionen in welche Richtung auf dem Eis waren oder aufs Eis gehen würden. Diese galt es dann nur noch zu kontaktieren, und schon könnte diese Expedition Geertjes Team treffen und vielleicht aushelfen. So zumindest der Plan.

Der Mitarbeiter war sehr bemüht, mein Anliegen zu verstehen. Doch je länger wir sprachen, desto mehr wuchs in mir das unangenehme Gefühl, dass wir zwar miteinander redeten, aber uns nicht verstanden. Ich wusste nicht zu hundert Prozent, ob er die Lage vollumfänglich erfasst hatte – sowohl die Dringlichkeit als auch die Komplexität. Immerhin bräuchte es eine Expedition, deren Pfad sich mit dem der unseren schnitt. Es war Donnerstag. Er versprach, sich am Freitag zurückzumelden. 10 Uhr Ortszeit, hier also 12 Uhr. Ich wusste nicht, was da so lange dauern sollte. Der Permitstelle liegen alle Expeditionen vor und auch die GPS-Daten der einzelnen Teams sind abrufbar. Mir gefiel das nicht. Zu lange Ungewissheit. Zu langes Warten. Es musste etwas passieren.

Teil 2: Im Wettlauf gegen die Zeit

Ich rief Frank an. Obwohl wir uns bis dato nicht kannten, wusste ich, dass er das Eis bereits mehrmals überquert hatte. Von Norwegen aus unterstützte er das Team mit Wetterdaten und Tipps. Ich schilderte ihm die Lage und er wurde sehr ernst. Ohne Möglichkeit, Wasser zu schmelzen, war aus seiner Sicht eine Rettung unumgänglich. Er meinte tröstend, dass dies immerhin dann ein Notfall und somit hoffentlich von der Versicherung gedeckt sei.

Noch etwas ließ mir keine Ruhe. Die Gruppe war nun schon fast vier Wochen unterwegs, aber laut GPS-Daten noch weit vom westlichen Eisrand entfernt. Frank bestätigte mir, was mir Sorge bereitete: Geertje und das Team lagen deutlich hinter ihrem Zeitplan zurück. Viele Tagesetappen waren zu kurz gewesen, der Eisrand auf der anderen Seite noch zu weit entfernt, die Vorräte nicht auf so eine lange Expeditionsdauer ausgelegt.

Normalerweise, so Frank, würden im letzten Drittel die Etappen deutlich länger, da es bergab gehe und der Wind meist von hinten komme. Die letzten Etappenlängen der Gruppe zeigten diese Entwicklung jedoch nicht. Und das Wetter spielte auch nicht mit.

Der Traum von der Querung des Inlandeises drohte zu scheitern. 24 bis 48 Stunden Zeit hätten wir, sagte Frank, um eine Lösung zu finden, wenn der Brennstoff ausginge, sonst müsste das Team vom Eis geholt werden.

Frank riet mir, beim Joint Rescue Coordination Centre (JRCC) und beim Joint Arctic Command anzurufen, die Rettungsaktionen durchführten. Er vermutete, dass auch diese Stellen einen Überblick über die Expeditionen haben müssten, die von West nach Ost aufs Eis gehen wollten oder bereits unterwegs waren. Teams, die bereits unterwegs waren, seien allerdings eine schlechte Option, da sie selbst knapp kalkuliert hätten und kaum „überflüssiges" Benzin oder Vorräte mitführen würden.

Mit Herzklopfen wählte ich die Nummer der Rettungsstelle in Nuuk. Jetzt hieß es, die richtigen Worte auf Englisch zu finden, um einerseits die Dringlichkeit meines Anliegens zu verdeutlichen, andererseits aber keine versehentliche Rettungsaktion auszulösen. Immer wieder betonte ich hoffnungsvoll: „No rescue necessary yet!" – „Noch keine Rettung nötig!" Der freundliche Mitarbeiter des JRCC redete in einer beruhigenden Gelassenheit mit mir. Die Sprachhürde war diesmal deutlich niedriger. Er versprach, sich in zwei Stunden zurückzumelden. Mit dieser Information konnte ich zunächst umgehen. Die Lage auf dem Eis schien sich derweil nicht verbessert zu haben. Der Sturm tobte weiter. Aenne litt unter heftigem Husten und Nasenbluten. Drohten die Überlegungen zu Benzin und Nahrung bald obsolet zu werden, weil ein medizinischer Notfall die Situation zuspitzte? Bevor ich mir weitere Sorgen machen konnte, kam Ablenkung in Form meines Sohnes, der ins Kino wollte. Dringend. Wenn es ginge, am liebsten gestern. Ich erklärte ihm die Situation nicht. Was konnte er schon tun, außer sich Sorgen zu machen? Ich vertröstete ihn jedoch auf Freitag.

Pünktlich zwei Stunden später meldete sich das JRCC. Man habe den „Fall" intern diskutiert. Es sei kein Notfall und daher fühle man sich nicht zuständig. Zumindest noch nicht. Aber man habe mit der Polizei von Nuuk gesprochen. Diese sei nun informiert und würde sich ebenfalls um eine Lösung bemühen. Ich erhielt noch eine Telefonnummer, und das war's. Nun war also die Polizei involviert. Irgendwie komisch, aber ich versuchte, mir das mit den örtlichen Strukturen zu erklären. Hier kannte jede:r jede:n. Vielleicht konnte das in diesem Fall weiterhelfen.

Teil 3: Die Suche nach einer Lösung

Ich wählte die Nummer der Polizei in Nuuk. Schnell wurde ich mit dem Polizeichef verbunden. Ob es an der Beteiligung des JRCC lag oder an seinen Englischkenntnissen, ich weiß es nicht, aber ich war froh, direkt mit ihm sprechen zu können. Erneut schilderte ich die

Situation – mittlerweile war ich darin geübt – und er versprach, sich innerhalb von 24 Stunden zurückzumelden. Geertje und Frank informierte ich über den aktuellen Stand.

Geertje berichtete, dass es Aenne etwas besser ginge, und Frank bestätigte, dass die Polizei in Nuuk aufgrund ihrer Erfahrung mit Expeditionsgruppen und der Erteilung von Starterlaubnissen ein guter Ansprechpartner sei. Mehr konnte ich an diesem Tag nicht tun. Dennoch war ich angespannt. Ob berechtigt oder nicht, ich hatte das Gefühl, dass der Erfolg der Expedition nun auf meinen Schultern ruhte.

Wie immer erreichte mich nachts der letzte Stand vom Eis. Die Gruppe sei nicht weitergegangen, sondern erhole sich im Zelt. Aennes Zustand habe sich gebessert. Geertje und Mads haben ihr in den letzten Tagen hin und wieder etwas Gepäck abgenommen und ihr selbst ginge es gut, aber ihre Arme seien während der letzten Etappe manchmal eingeschlafen. Könne passieren. Tue nicht weh. Meine tapfere Frau. Wie immer.

Der Plan sei, so schrieb sie, am nächsten Morgen um 4:30 Uhr aufzustehen, um 7:00 Uhr loszumarschieren und insgesamt 30 Kilometer zurückzulegen. Meine Frau war noch immer motiviert, und Frank bestätigte, dass dies die einzige Chance sei, wenn es denn überhaupt noch eine gäbe. Immerhin war die Eiskante noch über 150 Kilometer entfernt.

Am nächsten Mittag – lieber wäre mir Morgen gewesen, aber die Zeitverschiebung musste ich ja berücksichtigen – rief ich erneut bei der Permitstelle an. Obwohl mir ein Rückruf zugesagt worden war, konnte ich nicht länger warten. Es war Freitag, und zunächst ging niemand ans Telefon. Im Halbstundentakt versuchte ich es erneut, bis endlich jemand abhob.

Es war ein anderer Mitarbeiter als gestern am Apparat. Er erklärte mir, dass dieser nur als Student in Teilzeit arbeitete und nun erst mal im Urlaub sei. Er habe keine Nachricht hinterlassen, aber sollte er sich melden, würde er ihm Bescheid geben, dass ich angerufen hatte. Enttäuscht und frustriert betrachtete ich die Situation nun als Sackgasse. Aber ich hatte ja immerhin noch den Polizeichef in Nuuk. Während der Arbeit erreichte mich sein Anruf. Pünktlich. Er erklärte mir, dass er keine andere Gruppe gefunden habe, die zur richtigen Zeit in die richtige Richtung unterwegs sei, und daher diese Idee nicht funktionieren würde, er hätte aber einen Gegenvorschlag: einen Schneemobilfahrer dem Team entgegenschicken. Das würde zwar einiges an Geld kosten, wäre aber eine Lösung, vorausgesetzt, das Team würde es bis auf etwa 80 bis 100 Kilometer an die Eiskante schaffen. Mehr sei unmöglich.

Ich stellte mir vor, wie ein einsamer Schneemobilfahrer stundenlang mit 80 Stundenkilometer durch die Eiswüste raste, bewaffnet mit Müsliriegeln und einem Kanister Reinbenzin. Für mich klang das verrückt, aber die Idee kam vom Polizeichef. Was war in Grönland schon verrückt?! Die Kosten blieben unklar, aber ich ging von mehreren Hundert Euro oder mehr aus. Ich versprach, mich mit dem Team zu besprechen und mich dann erneut zu melden. Der Polizeichef sagte, er würde sich nach dem Preis erkundigen. Wir verabredeten uns für den nächsten Tag.

Am Abend vermeldete das Team eine gute Etappe. Die gesundheitlichen Probleme seien in den Hintergrund gerückt. Das Brennstoffproblem bliebe jedoch bestehen. Sie nutzten den Rest des Reinbenzins so sparsam wie möglich. Die Idee mit dem Schneemobil solle ich weiterverfolgen.

Am Tag darauf meldete sich der Polizeichef pünktlich auf die Minute. Wer auch immer diese Aktion mit dem Schneemobil hätte wagen sollen, hatte schlechte Nachrichten: Die Straße, die zu der Stelle führte, an der die Schneemobile auf das Eis gesetzt werden sollten, galt inzwischen als unbefahrbar. Zumindest für das Fahrzeug mit dem Anhänger für das oder die Schneemobile. Die Straße war von Schmelzwasser weitestgehend unterspült und weggespült worden.

Mist.

Teil 4: Die Entscheidung

Der Polizeichef gab jedoch nicht auf und schlug vor, einen Helikopter zu schicken. Er wies allerdings eindringlich darauf hin, dass dies sehr teuer sein würde und man vorab die Versicherung kontaktieren sollte. Überrascht von diesem Vorschlag, stellte ich einige Fragen. Würde der Helikopter die Hilfsgüter einfach abwerfen und weiterfliegen? Nein, er würde landen und die Sachen übergeben, so der Polizeichef. Ich konnte diese Idee nicht ganz nachvollziehen. Wenn der Helikopter landet, könnte das Team doch genauso gut mit zurückfliegen? Wäre es dann im Grunde nicht eine Rettungsaktion?! Der Polizeichef sah das genauso und riet daher erneut zum Gespräch mit der Versicherung. Wenn das Team mit den Vorräten weiterginge (ca. 3–4 Tage), hätte es zwar sein Ziel erreicht, aber trotzdem eine „Rettungsaktion" ausgelöst. Und das alles für den Transport von ein wenig Essen und Benzin.

Ich beriet mich mit Frank, der die Chance, dass das Team ohne Hilfe das Ziel erreichen würde, immer noch als recht niedrig einschätzte. Seiner Meinung nach war nach 24 Stunden ohne Wasser Schluss. Aber einen Helikopter kommen zu lassen und dann noch weiterzulaufen, kam auch ihm wie eine merkwürdige Idee vor.

Eigentlich, so seine Einschätzung, sei dies ein Versicherungsfall, denn die Polizei prüfe vor dem Start, ob ausreichend Benzin und Nahrung vorhanden seien. Wenn jetzt durch die Stürme so viele unvorhergesehene Pausen entstünden, dass es nicht reiche – trotz hinreichender Vorbereitung –, sei es halt ein unverschuldeter

Notfall. Mir missfiel die gesamte Situation. Ich wollte keinen Fehler machen, nichts falsch entscheiden, aber auch nicht, dass in Sichtweite des Ziels die Vernunft unter die Räder kam.

Bei nächster Gelegenheit schilderte ich Geertje die Situation. Sie blieb gefasst und erklärte, dass das Team weitergehen würde, bis Vorräte und Benzin komplett aufgebraucht seien. Wenn sie dann gerettet werden müssten, dann sei das halt so. Es bliebe für sie ein Erfolg.

Sie war fertig, das konnte ich spüren. Aber ich nahm auch wahr, dass sie es ernst meinte, und war beruhigt, dass sie nicht, wie viele Abenteurer, einem „Gipfelfieber" zu erliegen schien. Das galt anscheinend auch für Aenne. Für Mads allerdings konnte sie wohl nicht sprechen. Ich kannte Geertje aber gut genug, sie würde sich nicht unter Druck setzen lassen.

Hier endet mein Kapitel, meine Hilfe aus der Ferne. Mehr konnte ich nicht tun. Ich blieb bis zum Ende der Reise auf Standby und war jederzeit bereit, das JRCC anzurufen.

Die Kinder hatten während der ganzen Zeit wenig davon mitbekommen. Der Großen hatte ich etwas erzählt, aber es vermieden, es so zu formulieren, dass sie sich Sorgen machen musste. Die beiden hatten mit Schule, Alltag und Wohnungsumräumungsaktion genug zu tun.

„Du bist eine Abenteurerin,
von der man in Büchern liest.
Unsere Abenteurerin!"

Tag 29:
Der Erfolg einer Tour

Freitag, 12.05.2023
Tageskilometer: 27,7 km
Dauer: 9 Etappen
Vor uns liegende Strecke: 157,3 km
Temperatur: -17 °C
Breitengrad: 66.856360, Längengrad: -46.542596

Nach einem unfreiwilligen Ruhetag im Schneesturm müssen wir heute früh das Camp wieder ausbuddeln. Die Zelte und die Pulkas sind unter gewaltigen Schneewehen begraben, die Heringe legen wir mühevoll frei. Will ich das überhaupt noch weiter durchziehen? Jeder Tag hier oben auf dem Eis ist besonders. Jeder Tag ist ein Erfolg für sich. Wenn wir genau jetzt in diesem Augenblick vom Eis geholt würden, würde das den Erfolg der Tour nicht schmälern.

Von Eisrand zu Eisrand ist ein bildlich sehr einfach vorstellbares Ziel, aber das ist auch alles. Weniger sichtbar und von außen nicht auf Anhieb greifbar sind die vielfältigen reichen inneren Erfahrungen, die wir in so vielen besonderen Momenten gesammelt haben. Die vielen kleinen Details, die unsere Expedition einzigartig machen. In diesen Erfahrungen sehe ich unseren wahren Erfolg.

Aenne ist körperlich sehr angeschlagen und ich versuche ihr so viele Arbeiten wie möglich abzunehmen, damit sie sich weiter ausruhen kann. Sie kann aber auch nicht stillhalten und tut, was ihr möglich ist. Alle Handgriffe erledigen wir automatisch: Zeltaufbau, Küchengraben schaufeln, Zelt einrichten, umziehen, Kocher anschmeißen, Schnee schmelzen, Zeltabbau, Pulkas packen, Etappe nach Etappe. Ob wir diese Abläufe zu Hause vermissen werden? 27,7 Kilometer laufen wir heute. Frank schreibt uns, dass er mit Jan in Kontakt stehe – und wir noch mal versuchen sollten, den Kocher mit dem Heptan zum Laufen zu bringen. „Das schafft ihr", feuert er uns an.

„Der letzte Tag, wenn es lief wie geschmiert ...
Wenn nicht: Fühl dich von Herzen
gedrückt und gestärkt.“

Tag 30–33:
Mittagsschlaf

Samstag, 13.05.2023 – Dienstag, 16.05.2023
Tageskilometer: 25/30,6/31,7/35,1 km
Dauer: 8, 9, 10, 11 Etappen
Vor uns liegende Strecke: 34,9 Kilometer
Temperatur: -20 °C
Breitengrad: 67.061160, Längengrad: -48.465165

Als wir vor ziemlich genau einem Monat aufbrachen, kamen wir nur langsam und schwerfällig über das Eis voran. Ein Sonntags-spaziergang mit den Großeltern war mir schneller erschienen. Als hätte uns das Inlandeis noch nicht hineinlassen wollen. Jetzt will ich nur noch runter vom Eis – so schnell wie möglich. Ausfliegen oder durchziehen und im Sauseschritt zu Point 660.

Am Tag 30 stehen wir um 04:30 Uhr auf und gehen um 07:00 Uhr los. Elf Etappen haben wir uns vorgenommen. Ich bin voller Elan und will uns möglichst schnell zum Eisrand bringen.

Wir laufen im Whiteout. Zäh hält uns nun also das Inlandeis fest, als wolle es uns sagen: „Ich lass euch hier nicht mehr so schnell raus.“ Da ist oben, da ist unten, hier rechts und da links. Ich weiß mittlerweile, wie mein Körper auf ein Whiteout reagiert, und bin davon nicht mehr eingeschüchtert. Der Schwindel, die Orientierungslosigkeit, die fehlende Weitsicht sind Vertraute geworden, ich gehe mit ihnen um, nehme sie mit, Schritt für Schritt – und balanciere sie aus, so gut mir das gelingt.

Wie ein Hoffnungsschimmer blitzt gelegentlich die Lieblingssonne hervor und zeigt uns die Sastrugis, die wir anpeilen oder umgehen sollten, damit wir die Schlitten nicht mit so einem elenden Kraftaufwand darüberzerren müssen. Unseren Etappen-Pausen-Rhythmus halten wir streng ein. Aber Stunde um Stunde scheint Mads langsamer zu werden. Seine Bewegungen erscheinen mir träge, schwerfällig und seine Schritte auffällig kurz. Ich sehe ihn vor mir wanken, es sieht aus, als würde er jeden Moment aus der Spur kippen. Zuerst vermute ich, dass es daran liegt, dass Mads einen anderen Wach-Schlaf-Rhythmus hat als wir. Weil er später schlafen geht und früher aufsteht, bekommt er natürlich auch weniger Schlaf. Wenn Mads heute hinten geht, fällt er weit zurück und es entsteht eine große Lücke zwischen ihm und der navigierenden Person. Ich biete an, ihm Gepäck abzunehmen, schließlich hatte er Aenne und mir in Zeiten, in denen es uns schlecht gegangen war, ebenfalls unter die Arme gegriffen. Er lehnt unser Hilfsangebot ab.

Aenne und ich übernehmen seine Spuretappen und versuchen durchzuziehen. Am Nachmittag gesteht Mads uns schließlich, dass er Magen-Darm-Probleme habe. Abgesehen davon, dass es in der Arktis ein besonders unangenehmes Problem ist, schwächt der Durchfall den Körper stark. Wir beschließen, den Skitag auf 10 Etappen zu verkürzen. Vor dem anstehenden langen Tag 31 möchten wir möglichst viel schlafen.

Im Camp diskutieren wir die nächsten Tage. Mads möchte, dass wir den 18. Mai als Ankunftstag anpeilen. Ich bin für den 17.

und beharre auf meinem Standpunkt: keinen Tag länger – auch wenn das bedeutet, dass unsere tägliche Schlafenszeit deutlich verkürzt wird. In Gedanken gehe ich meine Lebensmittel durch und wage nicht, die Kalorien zusammenzuzählen.

Mads gibt schließlich nach, und Aenne und er geben mit wenigen Worten zu verstehen, was notwendig ist, damit wir nach insgesamt 34 Tagen ankommen: Wir müssen einen strikten Zeitplan einhalten, dazu gehören frühes Aufstehen und viele Tagesetappen. Das Schinden ist Teil des Plans. Aenne wird für mich zu meinem Coach, zur Trainerin, Expeditionsleiterin. Sie findet die richtigen Worte zur richtigen Zeit.

Es passiert. Mal wieder passiert das Unmögliche. Im weißen Raum ist eben alles unvorhersehbar. Unsere Sparsamkeit mit dem Reinbenzin zahlt sich aus. Wir kochen das Teewasser nicht mehr sprudelnd auf, sondern machen es nur noch warm. Mads verzichtet auf seine zweite Thermoskanne Flüssigkeit pro Tag, um Brennstoff zu sparen. Es wird eh nur noch gemeinsam gekocht. So ist der Verbrauch deutlich niedriger und wir sind wieder guter Hoffnung, dass wir mit dem Brennstoff hinkommen werden.

Das elende Kocherproblem ist damit wahrscheinlich gelöst. Jedoch wartet natürlich gleich ein neues Hindernis hinter dem nächsten Sastrugi auf uns. Unser neuer Zeitplan ist auf dem Papier sehr gut, in der Praxis kräftezehrend und schlafraubend. Der Sekundenschlaf überfällt mich, wenn ich in der Spur hinterhertrotte. Vier Stunden Nachtschlaf sind für mich einfach zu wenig. Ich überrede Aenne und Mads, dass wir die Mittagspause auf dem Eis verlängern, damit wir ein Mittagsschläfchen halten können. Zügig nehme ich mein Arctic Bedding von der Pulka, mein Paket aus Isomatten und Schlafsack, ziehe meine Skistiefel aus und schlüpfe in meiner restlichen Montur in den Schlafsack inklusive Biwaksack. Ich lege mich hinter die Pulkas. Die Schlafsackkapuze schließe ich

fest um meinen Kopf, nur meine Nase schaut heraus. Dann schließe ich den Reißverschluss des roten Biwaksacks. In seiner Außen-
haut ist ein Streifen aus Netzstoff eingelassen, durch den ich gut
Luft bekomme. Ganz ruhig und windstill ist es in meinem mini-
malistischen Zelt. Die Sonne strahlt durch den roten Stoff. Es ist
himmlisch, so muss sich ein Baby im Mutterleib fühlen: warm,
wohlig, geborgen und geschützt. Ich mag meine Augen gar nicht
schließen, weil das Gefühl so angenehm und das rötliche Licht so
faszinierend ist.

Meine Armbanduhr weckt mich mit einem elektronischen
Piepen aus einem tiefen Schlaf. Nur 30 Minuten war ich weg, aber
fühle mich unsagbar erholt. Obwohl ich noch einige Zeit weiter-
träumen könnte, schlüpfe ich mit wenigen Handgriffen wieder in
meine Startposition. Schnell schiebe ich mir noch einen von
Aennes Proteinriegeln zwischen die Zähne und genieße den für
mich neuen Geschmack: Was die eine nicht mehr sehen kann, ist
für die andere ein neuer kulinarischer Genuss. Mads und Aenne
sind auch startklar und alle schwärmen davon, wie gut diese Pause
getan habe. Frisch und erholt gehen wir in die nächste Etappe.

Den Mittagsschlaf wiederholen wir an den nächsten Tagen, er
wird zu unserem neuen Ritual. Rückblickend werde ich ihn als eins
meiner Lieblingserlebnisse auf dem Eis beschreiben. Es wird mir
auch noch ein Jahr später gelingen, dieses Gefühl der Geborgenheit abzurufen, indem ich mich an die Situation zurückerinnere.

Tag 34 & 35:
Auf Messers Schneide –
die letzten 24 Stunden

Mittwoch, 17.05.2023
Tageskilometer: 34,9 km
Dauer: 24 Stunden
Vor uns liegende Strecke: 0 km
Temperatur: -10 °C
Breitengrad: 67.205612, Längengrad: -49.841865

Wie eine kleine Maschine stehe ich um 4:30 Uhr mit dem Wecker auf. Mir ist schwindelig. Ich habe nicht einmal fünf Stunden geschlafen und bin so müde, dass ich unser Zeltinneres nur verschwommen erkennen kann. Trotzdem bin ich aufgeregt und erwartungsvoll, endlich ist er da: Tag 34. Der Tag, an dem wir ankommen, das Eis verlassen, die Expedition erfolgreich im Sinne aller beenden wollen. Die Kälte bläst mir ins Gesicht, als ich das Zelt für den Toilettengang verlasse, und dann sehe ich – nichts. Eine dicke fette Nebelwolke liegt auf unserem Camp, wie ein riesiges Tier.

Auf Aennes erwartungsfrohe Frage „Und?" mag ich erst gar nicht antworten. „Whiteout", bringe ich dann heraus. Beim Frühstück spricht Mads das aus, was ich beim besten Willen nicht hören möchte. Wir sollten darauf gefasst sein, dass uns doch noch eine weitere Nacht auf dem Eis bevorstehen könnte. Wenn das Whiteout anhielte, würde das die Navigation erschweren und wir möglicherweise an diesem Tag nicht mehr den Eisrand erreichen. In mir schreit alles „Nein". Ich werde mich nicht vom Eis festhalten lassen, ich will hier raus, so schnell wie möglich. „Wenn wir erst einmal weiter abgestiegen sind, befinden wir uns wahrscheinlich unter den Wolken und es klart auf", meint Aenne zuversichtlich.

Wir brechen auf.

Halbblind, übermüdet, aber voller Hoffnung tappen wir durch die grauweiße Watteschicht. Dann ist es so weit: Die Nebelschichten werden tatsächlich immer dünner und schließlich sehen wir klar. Wir steigen ab, es wird wärmer. Bald klebt pappiger Schnee in fetten Batzen unter meinen Skiern. *Ihr kommt hier so schnell nicht weg,* höre ich es wieder in meinem Kopf. Ich bin bereit, heute alle körperlichen Grenzen zu überwinden, wenn wir hier nur raus- und endlich, endlich ankommen. Ich habe keine Chance, meine Skier wie gewöhnlich nach vorn zu schieben. In der Steigzone, also direkt unter der Bindung auf der Unterseite des Skis, sammelt sich der pappige Schnee zu einem bis zu 20 Zentimeter hohen Absatz an. Alle paar Schritte klopfe ich die Skier aneinander, damit der Batzen abfällt. Doch die schwere Masse klebt so stark, dass auch kein kräftiges Klopfen hilft. Ich gebe dennoch nicht auf. In einer Pause teste ich das Skiwachs aus, aber es hält nicht auf den feuchten Fellen. Also geht es weiter mit Klebschnee an den Skiern. Er wiegt sicherlich drei Kilogramm, die ich bei jedem Schritt bewegen muss. Meine Oberschenkel brennen.

In der kommenden Pause besprechen wir meine stollenden Skier. Mads schlägt vor, dass ich auf Schneeschuhe umsteigen solle. Wir haben ein Paar dabei für den Fall, dass die Skier kaputt gehen. Um unsere strikte Zeitplanung nicht zu strapazieren und die auf wenige Minuten beschränkte Pausenzeit einzuhalten, mache ich alles ganz schnell: schnalle meine Skier hinten auf die Pulkas, hole die Schneeschuhe heraus, ziehe sie über meine Schuhe und ziehe die Bindungen fest.

Wir gehen los. Ich wanke merkwürdig in den Schneeschuhen. In der Eile habe ich den rechten Schuh auf den linken Fuß gezogen und umgekehrt. Stolpernd, breitbeinig und über den großen Zeh abrollend halte ich mit den anderen mit.

Erst in der kommenden Pause ziehe ich die breiten Schneeschuhe richtig herum an und bemühe mich, alle Schnallen ergonomisch einzustellen. In solchen Situationen funktioniere ich nur noch und habe keinen Nerv, viele Varianten auszuprobieren: *Wenn es eben mehr Energie kostet, muss ich da jetzt durch – Hauptsache, wir kommen heute an.*

Drei Etappen Schneeschuhlauf reichen mir, ich will zurück auf die Skier und mache die Felle ab, die uns eigentlich Grip geben sollten. Welch Leichtigkeit! Ich gleite nun dahin, bergab in die Landschaft des westlichen Grönland.

Wir sehen noch immer kein Panorama außer einer unendlich erscheinenden weißen Fläche, doch wir wissen, dass wir der Küste näherkommen, denn es wird wärmer und das Gelände abschüssiger. Wir halten nach Westen Ausschau, können es nicht erwarten, die erlösende Bergkette zu sehen, das Versprechen, dass wir ankommen werden. Aber eine Wolkenkette versperrt die Sicht.

Dementsprechend einzigartig ist der Moment, als der Gebirgszug von Kangerlussuaq am westlichen Horizont erscheint. Wir bleiben alle wie angewurzelt stehen. Ich bin mir bewusst, welch besonderer Moment das jetzt ist und für immer in meinem Leben sein wird. Ich genieße den majestätischen Anblick in vollen Zügen. Wir reichen das Fernglas herum, um besser zwischen Wolkenformationen und Felsen unterscheiden zu können. Wir schießen Fotos, wollen für immer einfangen, was wir gerade empfinden. Hinter uns liegt das Inlandeis aus weißen Sastrugiwellen wie ein Meer, vor uns das Land, die Bergkette, unser Ziel.

Nach 32 Tagen ist endlich Land in Sicht, als wäre ich über einen Ozean gesegelt. Eine Atlantiküberquerung dauert auch ungefähr vier Wochen. Auf dem Segelboot ist der Wind allerdings guter Freund und Helfer. Für uns hat Asiaq Winterwunderlandschaften gezaubert und uns zu vielen Ruhetagen gezwungen, was die Tour erschwert und in die Länge gezogen hat. Ich atme tief ein und mit halb zusammengekniffenen Augen versetze ich mich auf den Ozean aus Sastrugis und meine, die salzige Meeresluft von hier riechen zu können. Laut Karte sind die Berge noch 30 Kilometer entfernt. Das Gelände breitet sich wunderschön und scheinbar eben vor uns aus, als könnten wir einfach hinübergleiten zum Point 660. Welch eine Krönung unserer Tour, eine 30 Kilometer lange, leichte Abfahrt.

Aenne und Mads schütteln den Kopf. Sie haben sich genauer mit dem Terrain beschäftigt und gehen von einigen Unbekannten aus, die noch auf uns warten. Der Expeditionsleiter holt ausgedruckte Karten heraus und zeigt Richtung Westen, dort wirft sich das Gletschereis des Inlandeises auf. Was das genau für unsere Tour bedeutet, wissen wir erst, wenn wir näher dran sind, also in ein paar Etappen.

Am Nachmittag stehen wir direkt davor: ein Gletscherbruch mit abgerundeten Hügeln. Zu meiner Überraschung freuen sich Mads und Aenne darauf, ihn zu durchschreiten. „Endlich mal eine Herausforderung!", sagt Mads. Sie stecken die Köpfe über die ausgedruckte Karte und schauen die Höhenlinien der Landschaft an.

Sie beratschlagen sich darüber, an welcher Stelle wir in diese neue Landschaft eintreten und wie wir da hindurchfinden werden.

Die Richtung zum Point 660 ist klar, jedoch ist der direkte Weg ein schwieriger. Mads und Aenne wechseln sich ab mit der Navigation, wir steigen stetig kleine Hügel hinauf und hinab. Ich habe keinerlei Erfahrung in solch einem Gelände und folge den vorgegebenen Spuren im Schlängellauf. Immer wieder taucht eine Silhouette aus unserem Team auf einer Anhöhe vor der Bergkette auf. Neben den Skiern blitzt von Zeit zu Zeit das gletscherblaue Eis unter dem Schnee hervor. Nach dieser Farbe habe ich mich gesehnt. Ich fotografiere viel auf diesen Metern, um das Blau mit nach Hause zu nehmen.

Zwei Stunden laufen wir jetzt schon auf und ab, aber es ist kein Ende des Hügelgeländes in Sicht. Wir wissen tatsächlich nicht, wie lange wir noch so weitergehen müssen, um hier wieder rauszukommen. Wir telefonieren über das Satellitentelefon mit Frank, der parallel auf Google Maps unsere Position vorliegen hat. Er schätzt von den Satellitenbildern ein, dass das Gelände bis zum Point 660 so bleiben werde. „Versucht es und geht weiter", rät er uns.

Wir legen auf, schieben die kleine Antenne wieder in das überdimensionierte Handy. Mit der Firma „Arctic Albatros" haben wir eine Abholung um 22 Uhr vereinbart. Die Nächte sind jetzt im Mai hell, die Sonne geht kaum noch unter. Acht Kilometer Luftlinie bis zum Land – das klingt wenig, doch von unserem ersten Tag wissen wir, dass 8 Kilometer je nach Gelände durchaus eine Tages- oder Zweitagesstrecke bedeuten können.

Um 17 Uhr haben wir keine Hoffnung mehr, es rechtzeitig bis 22 Uhr zu schaffen. Wir wollen verschieben. Ich hole das Satellitentelefon erneut heraus und wähle die Nummer von „Arctic Albatros". Der Anrufbeantworter springt an, das Büro ist nicht mehr besetzt.

Wir steigen über blau schimmerndes Gletschereis mit kleinen Schneeauflagen und vielen Hügeln, es werden immer mehr. Manchmal machen sich die Schlitten beim Bergabfahren selbständig und rasen an mir vorbei, kippen einer nach dem anderen um. Sie sind mit einem Seil an mir befestigt, die zehn Meter Bewegungsfreiheit reichen aus, damit sie sich ihre eigene Route suchen und abdüsen. Ich gerate dabei ins Schleudern, hin und wieder reißen sie mich mit und ich verliere mein Gleichgewicht, falle hin. Dann stapfe ich mit den Skiern zur Unglücksstelle. Mit meinen verbliebenen Kräften richte ich die beiden Ungetüme wieder auf und zerre sie zurück in die Spur. Alles in dem Wissen, dass sie mich wahrscheinlich gleich wieder überholen werden. Rauf ist auch nicht leichter. Manche Anhöhe ist so steil, dass ich nur mit je einer Pulka den Hang hinaufsteigen kann. Dann steige ich wieder ab und zerre die zweite Pulka nach. Wird es zu steil, zerren wir zu zweit an den Ungetümen und hieven sie mit Mühe und Not auf den Hügel.

Wenn ich auf den Horizont schaue, denke ich, wir sind bald da, das Gelände wird super. Dann sehe ich ein paar Meter weiter vor und der nächste Hügel will bezwungen werden. Die noch vor uns liegende Strecke ist eigentlich nicht lang. Doch wir irren durch ein Labyrinth, in dem uns Abgründe den Weg versperren.

Schließlich klickt sich Mads aus seinen Schlitten aus, er will eine Erkundungstour ohne Gepäck machen. Er steigt auf die Hügel und schon bald verschwindet er in dem Auf und Ab der Landschaft. Aenne und ich kauern uns hungrig und erschöpft auf die Pulkas. Der vorletzte Riegel und der letzte Tropfen Tee sind mein Abendbrot gegen 18 Uhr. Mutlosigkeit macht sich in mir breit. *Bitte nicht noch einen Tag*, denke ich. *Ich will hier raus.* Und dann ertappe ich mich dabei, wie ich die Gegend mit den Augen absuche und eine geeignete Stelle für den Zeltaufbau hier im Gletscherbruch suche.

Endlich kommt Mads zu Fuß den Hügel wieder hinuntergestapft. Ich sehe auf meine Armbanduhr, er war nur wenige Minuten weg. Es kam mir wie eine Ewigkeit vor. Er schüttelt hoffnungslos den Kopf. „Kein Weg zu sehen", sagt er. Mein Energielevel sinkt sofort auf den absoluten Tiefpunkt. Ich will jetzt hier einschlafen. Dann strahlt Mads plötzlich und seine Augen leuchten: „Ich habe nur Spaß gemacht", ruft er. Sein erster Gang sei erfolglos verlaufen, sein zweiter habe ihn endlich zu einer Stelle gebracht, wo der ersehnte Eisrand plötzlich vor ihm gelegen habe: „Nur noch 300 Meter Luftlinie zu unserem Ziel!" Augenblicklich ist die Kraft wieder da, die Motivation ist zurück. Wir schaffen das! Bald werden wir den Gletscherbruch hinter uns haben, anschließend steigen wir in eine Ebene hinab. Dort gehen wir durch die Schmelzwasserbäche hindurch, die vom Inlandeis herabfließen, und dann an Land.

Wir nehmen die Skier ab, um besser durch das unebene Gelände zu kommen. Ich befestige meine Roald-Amundsen-Skier hinten auf dem Schlitten und schnüre sie extra fest, damit sie mir bei dem Auf und Ab nicht wie der Anorak von der Pulka gleiten.

Die Sonne sinkt tiefer und das goldene Abendlicht verzaubert die Szenerie. Im Hintergrund liegen die dunklen Berge. Es ist mittlerweile 23 Uhr und in der Dämmerung sehe ich aus der Ferne ein Licht aufblitzten. Gleich zwei Mal hintereinander, dann noch mal. Es muss ein Zeichen sein. Gilt es uns? Vielleicht sieht die Person unser Herumirren von Weitem? Vielleicht sehen wir aus wie drei kleine dunkle Ameisen, die sich durch den hellen Gletscherbruch bewegen, langsam näherkommen und größer werden. Wir schöpfen Hoffnung, dass die Abholung auf uns wartet.

Als wir auf der Ebene kurz vor der Moräne ankommen, ist es fast Mitternacht. Wir sind jetzt seit über 16 Stunden auf den Beinen. *Nur noch ein paar Meter voranschleppen*, denke ich. Kurz halten wir inne. Vor uns erstreckt sich ein neues Labyrinth. Kleine Schmelzwasserbäche bahnen sich den Weg durch eine weiße Fläche, die irgendwann in einigen Hundert Metern auf die Moräne aus dunklem Gestein trifft. *Das ist einfach,* denke ich und scanne den Rand nach einer markanten Stelle ab, an der wir an Land gehen könnten. Doch ich bin müde. Die Lider fallen mir zu und dann reiße ich sie wieder auf. Meine Konzentration schwindet. Aenne und Mads laufen schräg vor mir. Ihre Skier sind fest auf ihren langen Schlittengespannen befestigt.

Im ersten Moment weiß ich nicht, ob es Traum oder Wirklichkeit ist: Ich höre ein lautes Krachen und dann sehe ich Aenne bis zur Hüfte im Eisboden verschwinden. Zwei Sekunden später bricht auch Mads ein. Aenne sieht sich mit weit aufgerissenen Augen panisch um. Sie wirft sich mit dem Oberkörper wie eine Robbe auf das Eis, doch der Eisrand bricht unter ihrem Gewicht ab und schickt sie zurück in das kalte Wasser. Ihr Schlittengespann mit den draufgeschnallten Skiern steht vor mir in Reichweite auf dem Eis. Ich bin wie erstarrt und wage keinen Schritt nach vorn. Je näher ich Aenne und der Einbruchstelle komme, desto größer ist die Gefahr, dass ich ebenfalls einbreche. Dann löse ich einen Ski von Aennes Schlitten und reiche ihn ihr als Verlängerung meines Armes. Aenne hält sich am Ski fest und zieht sich daran aus dem Loch. Ihre Lippen sind blau, sie zittert am ganzen Körper, ihre Ausrüstung ist von den Füßen bis zum Bauch nass. Wir sehen uns fassungslos an.

Mads befreit sich nach einigen Sekunden selbst aus dem Loch und steht jetzt ebenfalls bibbernd neben uns. Kurz durchatmen, nachdenken. *Was ist zu tun?* Die beiden sammeln sich und schätzen ein, dass sie die wenigen Meter bis ans Land auch nass laufen können. Später würden sie sich dann umziehen und ihre Sachen wechseln. Sie wollen schnell weitergehen. Wie selbstverständlich stapfen sie durch die Schmelzwasserbäche, um die wir vorher noch einen Bogen gemacht haben, ihre Schuhe sind ja bereits nass. Ich habe meine Skier wieder angezogen und gehe mit ihnen durch das Bachbett, durch das das Wasser gut zehn Zentimeter hoch fließt. Sollte das Eis unter uns dünn werden, so hoffe ich, würden mich meine Skier oben halten.

Mitternacht. Weniger als 50 Meter von uns entfernt sehen wir einen jungen Mann an Land stehen. Er winkt uns zu, zeigt auf eine Stelle, an der wir gut auf das Geröll steigen können. Die Schlitten müssen wir über Paletten auf den Weg ziehen. Mads und Aenne sind klatschnass und schnappen sich ihre Rucksäcke mit den trockenen Sachen und tappen dem Abholer über den Geröllpfad hinterher, während ich bei unserem Equipment bleibe. Nach 20 Minuten kommen sie ebenso nass wie zuvor zurück. Das Fahrzeug steht etwas entfernt, zirka 10 Minuten Fußweg über einen geschlängelten Geröllweg durch die Moräne. Als Aenne und Mads sahen, dass wir die Gepäckstücke würden ziemlich umständlich zum Fahrzeug transportieren müssen, hatten sie beschlossen, erst einmal die nassen Klamotten anzubehalten. Die Bewegung werde sie schon warmhalten.

Da wir auf so einen langen Fußmarsch mit Gepäck nicht eingestellt sind, erfinden wir schnell Tragekonstruktionen, um die sperrigen Gegenstände und Säcke zum Truck zu transportieren. Bei meiner ersten Tour klemme ich mir zwei Skier unter den Arm und schräg über meiner Schulter hängt eine Pulkatasche, sie schlägt mir beim Laufen in die Kniekehle. Am Parkplatz wartet ein bulliger Truck mit überdimensionierten Reifen auf uns. Jetzt erst verstehe ich, dass die Straße hierher eigentlich unbefahrbar ist. Ich verfolge den Pfad in die Berge mit den Augen – als Straße würde ich das nicht bezeichnen.

In einer Papiertüte warten heißer Kaffee und Sandwiches auf uns. Die erste zivilisierte Nahrung. Der Kaffee tut gut, Zucker und Milch inklusive. Ich beiße genussvoll ins weiche Schinken-Käse-Sandwich, doch ich schmecke gar nichts. Ich schlinge das kräftigende Picknick dennoch herunter, um für die nächsten Wanderungen über den Bergpass etwas Kraft zu haben. Wir versuchen, eine Ladung zu zweit zu transportieren. Vielleicht ist es effizienter? Aber ich kann nicht sehen, wohin ich trete, und laufe wie auf Eiern, während wir versuchen, eine Pulka mit Gepäck über den Schlängelpfad zu jonglieren. Ich schaue erst wieder auf die Uhr, als alles geschafft ist. Drei Uhr morgens. An Tag 35 haben wir im Schein der Mitternachtssonne alles vollbracht. Unsere Abholung schießt noch ein Gruppenfoto von uns. Drei abgewrackte Gestalten auf dem Geröll, hager, aber glücklich. Wir stehen dort wieder als Team, das die Expedition nur gemeinsam schaffen konnte. Das ist uns in jeder Sekunde klar – und auch wie knapp es war. Erleichterung und Freude ist in unseren Gesichtern zu lesen.

Der Motor des Trucks läuft schon eine gute Weile. Ich klettere die steilen Stufen hinauf ins Innere, wo es mollig warm ist. Ich bin todmüde nach den letzten 24 Stunden, die wir auf den Beinen waren, um unser Ziel, den Point 660, zu erreichen. Was für ein Gewaltmarsch voller Überraschungen!

Die anderen zwei ziehen sich trockene Kleidung an und Aenne pennt eine Sekunde nach Abfahrt auf der Rückbank des Trucks ein. Auf der Strecke hält der Fahrer an einer besonderen Stelle für uns an. Rechts von uns steht eine Herde Moschusochsen, links eine mit Rentieren. Einige weiße flauschige Polarhasen hoppeln in der Morgendämmerung umher. Das arktische Tierparadies liegt wie ein Safaripark entlang unserer zweistündigen Fahrt zum Ort Kangerlussuaq.

Zurück in der Zivilisation

Alles an diesem Ort ist höchst ungewöhnlich, selbst für Grönland. Kein anderer Ort Grönlands liegt so weit im Inland. Die Schotterpiste, die wir gestern entlangfuhren, hatte Volkswagen als Teststrecke gebaut. Das ausgeprägte Straßensystem des kleinen Ortes Kangerlussuaq, mit seinen gerade einmal rund 500 Seelen, entspricht dem amerikanischen Standard, denn der Ort ist eine ehemalige Airbase aus dem Zweiten Weltkrieg. Er besteht aus wenigen Häusern, einem Supermarkt, einer Post und ein paar Touristenhütten. Das einzige Hotel des Ortes befindet sich in dem kleinen Flughafengebäude. Nur wenig nehme ich von alldem bei unserer Ankunft wahr. Ich torkele den langen Flur entlang zu meinem weiß bezogenen Hotelbett. So wie ich bin, lege ich mich ins Bett und schlafe innerhalb einer Sekunde ein. Nach nur drei Stunden Schlaf klingelt bereits mein Wecker. Ich habe ihn mir extra gestellt, um das Frühstück nicht zu verschlafen. Das warme Duschwasser prasselt auf meine Haut und ich stehe ewig in dem warmen Wasserdampf in der kleinen Nasszelle. Die erste Dusche seit 35 Tagen. Alle Düfte von Duschgel, Shampoo und Conditioner steigen mir in die Nase und meine Haare freuen sich über so viel Pflege. Meine Haut reagiert überfordert von den vielen plötzlichen Sinneseindrücken. Gerötete Partien wechseln sich mit weißen Flecken ab. Das kuschelige Frotteehandtuch umschmeichelt meinen Körper. Ich schaue in den Ganzkörperspiegel gegenüber der Dusche und suche mich. Da steht ein Wrack vor mir: faltige Haut, ausgehöhlte Wangen, eingerissene Lippen. Hängebusen, Bauchfalte ohne Speck, aber mit Haut, schmale Oberschenkel. Das Einzige, was einigermaßen gut aussieht, sind die Schulterpartien und die Oberarme. Der Hunger treibt mich aus dem Bad und ans Buffet, bevor alles leer gefuttert ist. Pralles buntes Obst schaufle ich mir zuerst auf meinen runden Teller, dann folgt eine Fuhre Rührei und Brot mit viel Butter und ein weiterer dritter Teller mit süßen dänischen Plunderstückchen. Ich genieße frische Säfte und Kaffee im Überfluss. Dabei bemerke ich erneut, dass etwas mit meinem Geschmackssinn nicht stimmt. War die Trockennahrung so stark künstlich gewürzt, dass meine Zunge unsensibel für natürliche Geschmacksstoffe ist? Hat meine Zunge Erfrierungen erlitten? Ich nehme die Textur und Temperatur der Frühstückszutaten wahr, aber kaum etwas Würziges oder Süßes. Was für eine Verschwendung.

Nach dem zweiten Teller nehme ich mein Handy zur Hand und wähle Jans Nummer über WhatsApp mit Videofunktion. Es klingelt nur drei Mal, bis die drei Gesichter meiner Familie auf dem Bildschirm zusammengequetscht erscheinen und mich voller Freude begrüßen. Ich bin so dankbar und froh, sie zu sehen, dass mir die Tränen über die Wangen laufen. Es gibt so viel zu erzählen, allein von den letzten 48 Stunden, das können wir gar nicht so schnell aufholen. Einige Fragmente gebe ich bruchstückhaft wieder. Schluchzend und freudestrahlend merke ich plötzlich die veränderten Gesichtsausdrücke meiner Kinder und Jans. Interessiert und erschrocken mustern sie mich – wie fremd für sie mein hageres, sonnenverbranntes und windgegerbtes Gesicht sein muss. Auch ihnen laufen ein paar Tränen die Wangen herunter. Ich sehne mich nach ihrer Nähe. Doch noch bin ich nicht ganz zurück. Ich brauche noch Zeit, um hinüberzugleiten in die zivilisierte Welt, die Seele muss dem Körper noch hinterherreisen. Nach dem Frühstück lege ich mich wieder ins Bett. Aenne liegt neben mir und wir rufen uns Szenen aus den letzten 48 Stunden ins Gedächtnis. Als wären die Erinnerungsbilder aus einem Film und nicht wirklich uns passiert. Haben wir wirklich das grönländische Inlandeis gequert? Immer wieder erzählen wir uns gegenseitig von Geschehnissen, wie um uns zu bestätigen, dass es wirklich wahr geworden war, was wir uns so lange erträumt hatten. Vor zwei Jahren hatten wir mit der Vorbereitung begonnen. Kaum zu glauben, ich schüttele innerlich den Kopf.

Als ich mich damals zu der Grönlandquerung entschlossen hatte, war ich, mit einem typischen lebendigen Familienalltag, gesund, aber ohne großes Training unterwegs. Meinem Körper sah man sein Alter und die Geburten von zwei Kindern an. Die einzigen nennbaren sportlichen Aktivitäten waren mein Kung-Fu-Kurs und gelegentliches Yoga. 2022 dann riet mir ein Sportarzt zu einem Trainingsumfang von acht Stunden pro Woche: Reifentraining, Crossfit, Kraftübungen, den Puls hochtreiben, Hockstrecksprünge, auf Bänke springen und wieder herab, Liegestützen, Eisbaden. Das größte Training aber war die Tour selbst gewesen.

„Erinnerst du dich, wie du mir den Ski übers Eis gereicht hast, damit ich mich festhalten kann?", fragt Aenne mich. „Konntest du im Wasser stehen?", frage ich zurück und so setzen wir aus vielen Puzzleteilen die Geschichte zusammen, die nur wenige Sekunden angedauert hat. Wir nähern uns unseren eigenen Erlebnissen staunend an.

Auf unserer To-do-Liste steht „bei der Polizei zurückmelden", „die Pulkas fertig zum Einchecken machen", „das Gewehr und die Schneeproben verschicken", zum „Supermarkt" und noch in ein „Souvenirgeschäft" gehen und ganz oben auf der Liste: „Essen".

Später schleppen wir unsere Pulkas und die Säcke auf den Hinterhof des Flughafens, misten aus und machen sie fertig für den Flug. Wie viel Müll wir doch produziert haben auf dem Eis! Die schwarzen Tüten mit Abfall, den Heptankanister und die restlichen Gaskartuschen entsorgen wir vor Ort. Wir breiten alle Klamotten und die Schlafsäcke zum Trocknen in der Frühlingssonne auf dem Schotterplatz aus. Einige Besucher:innen beäugen unser Chaos neugierig.

So kommen wir mit Jugendlichen ins Gespräch und erzählen von unserem Abenteuer, mit einem Wissenschaftler, der ebenfalls das Forschungsprojekt kennt, an dem wir für die Brüsseler Uni mitgewirkt haben, und eine Urlauberin, die hier wandert.

Zwischendurch holen wir uns ein volles Tablett mit süßen Sachen und Softdrinks aus der Cafeteria, sitzen neben unseren Chaoshaufen in der Sonne und erinnern uns an die vielen schwierigen und schönen Momente. Am Abend essen wir Moschusochsenburger aus der Cafeteria. So ähnlich haben wir uns das an den Tagen mit Hunger und Kocherproblemchen erträumt. Warmes kalorienhaltiges Essen! Jeder Bissen sei ein Genuss, versichern mir Mads und Aenne. Ich schmecke immer noch nicht viel.

Jede Minute und Stunde sackt das Erlebte tiefer. Ich bin ruhig und gelassen, vollgefüllt mit den Bildern und Gefühlen der vergangenen Wochen und voller Vorfreude auf mein Zuhause.

Dann geht es ruckzuck, Donnerstagabend checken wir die Pulkas ein, Freitagmorgen stehen wir am Flughafen. Mads geht mit geschulterter Waffe zum Terminal von Air Greenland Cargo, wo es anscheinend zum Alltagsgeschäft gehört, Gewehre zu verpacken und zu versenden.

Ich freue mich, in den Kontakt mit Einheimischen zu kommen. Die Welt wird wieder größer, heller, bunter und wärmer. In den vergangenen Wochen gab es nur zwei andere Menschen und den weißen Horizont, der mal mehr oder weniger gut zu sehen war. Sehr viel Weite und doch so viele Begrenzungen. Wir waren aufeinander angewiesen, mussten uns mit dem Wetter verbünden und uns mit der Natur arrangieren, Seite an Seite mit dem leben, was war. Kein Ausweg, keine Abzweigung, keine Ablenkung vom Wesentlichen.

Vom Flieger gen Kopenhagen betrachte ich das Inlandeis nun von oben mit ganz anderen Gefühlen als auf dem Hinflug. Es ist nicht mehr nur eine abstrakte Struktur, nicht mehr nur ein Eispanzer – es ist so viel mehr. Es ist all die Erinnerungen, die ich an unsere Tour habe. Es ist die gesamte Naturgewalt in ihrer Vielfalt, mit der sie sich uns gezeigt hat.

Am Kopenhagener Flughafen prasselt die geballte Zivilisation auf uns ein – mit allen Farben wild durcheinander, den sich überlappenden Gerüchen nach Kaffee, Reinigungsmittel und Schweiß, dem Geplapper in verschiedenen Sprachen, Kindergeschrei, Musik aus einer Boom-Box, Lärm. Alle Sinne werden auf einmal gereizt, meine Filter funktionieren nicht mehr, lassen alles rein.

Wahrscheinlich ist die Umwelt ebenso geschockt von uns Expeditionszombies wie wir von ihr. In unseren steifen, bis über den Ozean stinkenden Wanderhosen und mit sonnengegerbten Gesichtern laufen wir durch die Lobby. Mit uns tragen wir die orangefarbenen Schlitten.

Nach einem Absacker an der Hotelbar wanke ich sehr entspannt in mein Zimmer. Den Wecker stelle ich früh für ein weiteres ausgedehntes Hotelfrühstück. Das Buffet des Clarion Hotel öffnet an diesem Samstag schon um 6 Uhr. Durch die vierstündige Zeitverschiebung wachen wir früh auf und laden Früchte, Rührei,

Schinken, Croissants und alles, was wir sonst auf der Expedition vermisst haben, auf unsere Teller. Die Gespräche über markante Szenen auf der Tour reißen auch am Frühstückstisch nicht ab, bis zum Schluss müssen wir drei uns gegenseitig bestätigen: Wir haben es wirklich geschafft.

„Weißt du noch, wie der kleine Vogel sich verwundert umgeschaut hat?", frage ich Aenne, während sie sich den zweiten Kaffee eingießt. Zwischen zwei Schlucken überlegt sie: „Welche Vogelart ist wohl so robust, dass sie Hunderte Kilometer übers Eis fliegt?" Rätselstunde der gemütlichen Art, ich verdrücke einen Pancake mit Nutella. Als Nächstes gehe ich zum Waffeleisen. Mit einem großen Bottich Teig und einer Kelle dürfen sich Hotelgäste hier selbst knusprige Waffeln zubereiten. Ich kann es kaum erwarten, sie nach einigen Minuten auf dem Teller zum Platz zu balancieren und mit Marmelade und Sahne zu verzieren. Dann landen sie Stück für Stück in meinem faltigen Bauch.

Auch die kommenden Wochen werde ich ohne schlechtes Gewissen Köstlichkeiten in mich hineinschlingen und verwunderte Blicke meiner Familie ernten. Die sonst so gesundheitsbewusste Mama wird fast zwei Monate lang zu einem dauerhungrigen Monster, das zu Hause kocht und backt, was das Zeug hält.

Am späten Vormittag verabschieden wir uns in Kopenhagen voneinander. Mads und Aenne nehmen einen Flug in die Schweiz und werden schon in ein paar Stunden zu Hause sein. Aenne drücke ich fest zum Abschied. Mads und ich umarmen uns mit Abstand. Er sagt mir noch, dass wir ja nicht immer einer Meinung gewesen seien. Und dass er hoffe, ich könne das entschuldigen. Ich kann ihm diese Erleichterung in diesem Moment nicht geben. Der Schmerz sitzt tief.

Als sie durch die Glasdrehtür des Hotelfoyers entschwinden, empfinde ich Dankbarkeit. Dafür, dass wir so viel investiert haben für unseren gemeinsamen Traum, für alles, was wir gemeinsam durchgestanden haben. Ich bin auch dankbar für die lehrreichen Lektionen, die zwischenmenschlichen und sachlichen. Nur eine Fahrstuhlfahrt entfernt wartet die Wunderwelt des Spa auf mich. Die freundliche Rezeptionistin empfängt mich und wir vereinbaren einen Massagetermin für 13 Uhr. Als sie mir alle Winkel des Spas gezeigt hat, bin ich reif für die Insel und lasse mich im kleinen Salzwasserpool treiben. Schwerelos. Leises Wasserplätschern und Meditationsmusik umgarnen mich. Die Muskeln können es noch nicht glauben. Keine Last, keine Anspannung, die im nächsten Moment harte Arbeit vermuten lässt. Einfach nur viele Stunden Ruhe und Entspannung.

Ein Massagebett inmitten einer Licht- und Soundblase knetet sanft meine Körperrückseite durch und fährt mit Wellen hoch und runter. Meine Gedanken driften nach Hause und erahnen die Wärme von lieben Menschen. Dann wieder zurück aufs Eis, als ich mich in den roten Biwaksack kuschelte und dachte, so müsse es im Mutterleib sein. Nach zwanzig Minuten ist die Traumreise vorbei.

Ich möchte noch den letzten und längsten Tag unserer Tour ins Tagebuch schreiben. Erst jetzt, wo ich Szene für Szene niederschreibe, begreife ich, was ich da geleistet habe. 24 Stunden lang waren wir unterwegs gewesen. Wozu ist mein Körper imstande? Woher habe ich die mentalen und physischen Kräfte genommen? Ich vertraue darauf, dass die Antworten in den nächsten Wochen zu mir kommen werden, wenn ich das Erlebte reflektiere. Die Rätsel, die das Inlandeis mir aufgegeben hat, werde ich mit der Zeit entschlüsseln können.

Die Massage ist schmerzhaft und ich beschreibe der Therapeutin meine tauben Arme und das lädierte Sprunggelenk. Unter Einsatz ihrer vollen Kräfte greift sie in verspannte Schulter- und

Armmuskeln, versucht die verhärteten Bereiche zu lockern. Ich schreie innerlich auf und hoffe, dass nach der Massage alles besser ist. Dass eine einzige Behandlung bei solch einer Tortur noch keine Linderung verschafft, sollte eigentlich klar sein. Nach der Behandlung erklärt sie mir in gebrochenem Englisch, dass die Probleme vom Nacken kommen und es wahrscheinlich weiterer Massagen bedarf. Und „Schwimmen hilft", rät sie mir beim Abschied. „Sport?", denke ich. „No way!" Ich sauniere und lümmle in Hängesesseln mit Aussicht auf das Flughafengelände Kopenhagens, bevor es zum Flieger nach Berlin geht.

„Was ist das, was schreibe ich auf das Formular?", fragt der dänische Airline-Mitarbeiter eine Kollegin und zeigt auf die orangefarbenen Schlitten mit den Pulkataschen.

Sie antwortet: „Na, Boote!"

Ich schüttele den Kopf und lasse es geschehen. Pulka-Schlitten sind hier keine Alltagsobjekte wie an grönländischen Flughäfen. Derweil ist es Abend geworden, die Sonne färbt den Himmel dunkelrot. Was für ein Abschied aus dem Norden. Der einstündige Flug ist ein Katzensprung im Vergleich zu all der Zeit, die hinter mir liegt.

Am Berliner Flughafen in Schönefeld angekommen, hole ich mein Sperrgepäck aus der entsprechenden Luke ab, hieve es auf einen kleinen Transportwagen und rollere durch den Zoll. Die große Glastür öffnet sich und ich muss erst ein paar Schritte hinausgehen und den breiten Gang entlangschauen, bis ich meine Familie auf mich zukommen sehe. Im Laufschritt stolpern sie fast über ein gigantisches selbstgebasteltes Pappschild: „Welcome back, Schneekönigin". Feste, lange Umarmungen, Willkommenstränen, Erleichterung und ein Feuerwerk an Gefühlen in mir. Ein paar Menschen kommen auf uns zu, und als ich aufsehe, schaue ich in die Gesichter von Freund:innen und treuen Begleiter:innen.

Wieder im Familienalltag

„Lehn dich zurück und schau einfach zu", hatte mir Jan gesagt. „Du musst nichts tun." Wohin wir fuhren oder was passieren würde, wollten mein Mann und die Kinder mir nicht verraten. Jan lenkt das Auto auf einen staubigen Großparkplatz westlich von Berlin. An den Seiten prangen knallpinke Banner: „Muddy Angel". Meine Große springt aus dem Wagen, schlüpft in ihre Laufschuhe und strahlt mich an. Ihre Freundin und deren Mutter eilen herbei, ebenfalls in Laufkleidung. „Muddy Angel" sei ein Rennen durch Matsch und Schlamm für Frauen, die für den guten Zweck in Teams anträten, erklären sie mir. Stolz und bewundernd sehe ich auf die fröhlichen drei Weibsen, die gemeinsam an den Start ziehen.

Gestern bin ich gelandet und noch voll im Erholungsmodus. Ich möchte mich in einen der pinken Liegestühle lümmeln und im Schatten bleiben. Doch die sind alle besetzt. Daher beklatschen Jan, Johan und ich hinter der Flatterbandabsperrung zur Rennstrecke die Frauen. Meine Füße stehen auf der staubigen Trabrennbahn, während mir die Sonne auf die Birne brutzelt. Aus gigantischen Lautsprechern dröhnt überlaute Partymusik, die die Sportlerinnen zu Höchstleistungen im Schaumbad und auf der

Schlammstrecke anspornen soll. Wie schön wären jetzt staubloser Schnee, blaugrauer Arktishimmel und Stille. Die Musik ist ein regelrechter Schock für meine Ohren.

Und doch ist es paradiesisch hier: Nicht weit von uns stehen zahlreiche Foodtrucks mit fettigen und kalorienreichen Snacks. Jan erfüllte mir einen kulinarischen Wunsch nach dem anderen. Und nach einer guten Stunde läuft unsere Frauenmannschaft unter Applaus und Gejohle ins Ziel, wir feiern sie. Es macht mich glücklich zu sehen, welch große Freude sie an der verrückten Sonntagsveranstaltung haben.

In den kommenden Tagen rede und telefoniere ich mit einigen Menschen, die wissen möchten, wie es auf Grönland gewesen sei. Mir gelingt es nur bruchstückhaft, das Erlebte in Worte zu fassen. Die Welt auf dem Inlandeis war so anders, dass ich erst die Sprache für sie finden muss, die passenden Formulierungen für den fremden Planeten mit dem getakteten Stundenplan, dem zweigeteilten Bild, der Klarheit, der Schönheit und den Strapazen. Wohl auch deshalb traue ich mich nicht daran, die Bilder der Kameras und Drohne anzusehen, zu bearbeiten und auszusortieren. Es wird eine Weile dauern. Die kleinen und großen Vorkommnisse der fast fünf Expeditionswochen müssen erst verdaut werden, müssen reifen, dann werde ich die Worte für sie finden.

Ich wiege nun sechs Kilogramm weniger, und die Sommerkleidung hängt etwas verloren an meinem Körper. Zur Überraschung meiner Familie stehe ich jetzt gerne in der Küche, koche und backe wie eine Weltmeisterin. Die Kalorien schaufele ich nur so in mich hinein, ganz ohne schlechtes Gewissen.

Nach einigen Wochen gehe ich wieder zum Kung-Fu-Training, eigentlich mehr, um die Trainingskolleginnen wiederzusehen als für den Sport. An sportliche Aktivitäten taste ich mich erst langsam wieder heran. Das Schwimmen im See jedoch nehme ich schnell wieder auf, es kühlt meine Gedanken ab, wenn sie doch einmal zu hitzig werden.

Erst jetzt, nachdem die Expedition abgeschlossen ist und ich meinen Alltag wiederhabe, wird mir bewusst, wie viel Zeit ich in die Vorbereitung investiert hatte. Wie viele Stunden ich verbracht hatte mit dem Ausdauer- und Krafttraining, wie viel Raum auch die formellen Vorbereitungen und die Beschäftigung mit der Ausrüstung benötigt hatten. Und das über zwei Jahre lang! Ich habe wieder mehr Zeit, mehr Ruhe und Gelassenheit für andere Projekte, kreative Tätigkeiten oder gemütliche Kaffeerunden. Es dürfen nur nicht zu viele Geräusche oder Menschen involviert sein. Zivilisationseinflüsse, Gerüche, Lärm und Farben prasseln nach wie vor ungefiltert auf mich ein, überreizen mein System. Ich verkrafte sie noch nicht.

Erst im Spätsommer gelingt es mir, meine Grönlandbilder ausführlich zu durchstöbern. Ich gestalte einen Vortrag, den ich für verschiedene Zielgruppen kürzer oder länger aufbereite. Mit der Familie reise ich über die Sommertage nach Skandinavien. Im Herbst sehne ich mich schon wieder nach Schnee, Kälte und Nordlichtern. Als es im November für mich zum Arbeiten Richtung Lappland geht, fühle ich ein Kribbeln und mein Herz schlägt schnell. Der erste Duft von Schnee und die Temperaturen unter null lassen mich in die Klarheit und Gelassenheit des Expeditionsalltags entfliehen. Hier erinnere ich mich plötzlich wieder gut an Begebenheiten auf der Tour, hier finde ich die passenden Worte, Ausdrücke, Formulierungen und kann sie endlich aufschreiben.

Als ich mich dann unvorbereitet und spontan auf Langlaufskier stelle, um einen Sonntagsausflug in meine Arbeitsumgebung Nordschwedens zu unternehmen, sehe ich meinen Körper regelrecht von außen. Der schüttelt den Kopf und fragt: „Was soll das? Schon wieder? Bitte nicht diese Strapazen noch einmal!"

Ich laufe ungelenk über den zugefrorenen Fluss, erst nach mehreren Kilometern ist die Skilaufbewegung wieder rund und flüssig. Körper und Geist kommen in den Flow und genießen die Minustemperaturen und die trockene Kälte.

Grönland hat uns einiges mitgegeben. Die Wehwehchen, die wir auf der Expedition entwickelten, erweisen sich als mitunter hartnäckig. Über ein Jahr nach der Expedition trägt Aenne noch immer Marken und Narben an ihren Oberschenkeln, wie sie mir in einem Telefonat erzählt. Ich hatte einige Eiterstellen an den aufgeplatzten Fingern, die ich daheim gut behandeln konnte. Mads hat erfrorene Fingerkuppen, die er wiederbeleben konnte. Mein Arm blieb noch über ein halbes Jahr lang taub. Die Fettreserven haben sich in derselben Zeit bei mir wieder aufgefüllt. Das Fußgelenk meldet sich ab und zu noch bei starken Belastungen.

Ich werde uns drei auf dem Eis mein Leben lang nicht vergessen. Die schönen und die schwierigen Momente bleiben in meinem Herzen. Einiges bleibt auf dem Eis. Anderes erzähle ich in Geschichten weiter und möchte vor allem Frauen inspirieren, das zu tun, was sie lieben. Einen Schritt auf dem eigenen Weg zu gehen und zu spüren, dass es trotz kleiner und großer Hürden weitergeht, ist wohl die größte Erkenntnis.

Was von der Klarheit bleibt

Ich war aufgebrochen, um mich Eis und Schnee hinzugeben. Ich wollte in den großen weißen Raum hineingehen, das Unbekannte erleben und erfahren, wie ich am anderen Ende wieder herauskommen würde. Einige Erlebnisse waren einzigartig und ich bin mir sicher, sie werden nur in meiner Erinnerung weiterleben, denn wiederholen kann ich sie nicht.

Das Inlandeis war an manchen Tagen wie ein Resonanzkörper: Es verstärkte alle Gedanken und Empfindungen. Ich hörte mich selbst lauter, spürte mich stärker. Und ich erfuhr, dass ich so viel mehr Kraft habe, als ich je geglaubt hätte.

Ich denke gerne an die Zeit, als ich mich in Schlafsack und Biwaksack zum Mittagsschlaf auf das Eis legte und mich so geborgen und geschützt fühlte. So muss es für ein Baby in der Gebärmutter sein, hatte ich gedacht.

Was mich überraschte, ist, wie viele Parallelen ich ziehen kann zwischen einer Grönlandexpedition und der Erfahrungen als Mutter. In dem Sinne, dass gleiche Qualitäten und Eigenschaften gefordert werden. Die Erfahrung, wie kräftig der eigene Körper ist und welche Wunder er vollbringen kann, machen viele Frauen bei der Geburt ihres Kindes. Auf dem Eis entbehrten wir viel Schlaf und andere Grundbedürfnisse, das ist eine Notwendigkeit, um die Tour überhaupt in angemessener Zeit schaffen zu können. Mütter können davon ein Lied singen, mit einem Neugeborenen sind Schlafentzug und der Verzicht auf die eigenen Grundbedürfnisse an der Tagesordnung. Wichtige Charakterzüge für Polarfahrer:innen sind Gelassenheit und Geduld. Was würden wir Eltern ohne sie machen?

Für junge Kinder ist fast der gesamte Alltag ein unbeschriebenes Blatt, ein Raum, in dem sie Neues entdecken, erlernen und ausprobieren, in dem sie ihren Entdeckergeist ausleben können. Ich liebte es, meine Kinder dabei zu beobachten, und fühlte mich auf dem Inlandeis an sie erinnert.

Ich erfuhr in aller Deutlichkeit, dass die Daten dieser Welt die Welt der Männer abbilden. In meiner Vorbereitungszeit konnten mir die Sportärzt:innen keine relevanten Studien beziehungsweise -ergebnisse nennen, die ich für mich hätte nutzen können, eben weil es nur ungenügende Daten für Frauen in solchen Extremsituationen gibt. Ich bezog die Daten der Männer nicht auf mich, sondern hörte auf meine Intuition und meinen Körper – im vollen Bewusstsein, dass er natürlich anders ist als der männliche. Wissend, dass mein Körper andere Stärken, Schwächen und Bedürfnisse hat. Als mein Körper auf der Tour entgegen allen Expeditionsregeln fitter wurde und nicht schwächer, fühlte ich mich bestätigt.

Ich sehe diese Erfahrung als einen weiteren Schubs in diese Richtung: Wir Frauen müssen unsere eigenen Wege gehen und dürfen uns nicht von Daten, Nachrichten und Erzählungen aus der männlichen Expeditionswelt irritieren lassen. Wir müssen bestehende Regeln hinterfragen. Mut auszuleben und eigene Erfahrungen zu machen ist immer eine gute Idee.

Wie sinnbildlich es ist, dass ich auf der Tour schneller müde wurde, wenn ich in einer vorgegebenen Spur gehen musste. Selbst zu navigieren und einen neuen Weg in den unberührten Schnee zu ziehen erforderte zwar mehr Konzentration, aber ich wurde belohnt mit einer höheren Fitness und Klarheit. Ich wünsche mir, diese Erfahrung vielen Frauen und Mädchen mitgeben zu können. Es lohnt sich, vorneweg zu gehen und eigene Spuren zu ziehen. Nicht jeden Tag und nicht in jedem Moment, aber viel häufiger, als wir uns oft zutrauen. Vom Eis habe ich auch eine große Klarheit mitgebracht. Sie zieht sich nun wie ein weißer Faden durch meinen Alltag: Ich treffe klare Entscheidungen und setze bewusst Prioritäten für Menschen oder Projekte, denen ich Zeit widmen will. Es drängen sich weniger Kompromisse in den gut strukturierten Tagesablauf. Und dann genieße ich die Zeit mit lieben Menschen ganz bewusst und klar. Sie sind mir das Wichtigste.

Eine Frage, die mir immer wieder gestellt wird, ist: „Würdest du das noch mal machen?" Meine Antwort fällt nach der Expedition anders aus, als ich vorher gedacht hätte. Davor hatte ich sie unbedingt vor meinem 50. Geburtstag machen wollen. Einem älteren Körper hätte ich die Tour nicht zugetraut. Diese Meinung habe ich inzwischen komplett revidiert, ich hatte mich geirrt. Es kommt auf dem Eis nicht nur auf die körperliche Fitness an, andere Qualitäten sind mindestens ebenso wichtig. Mit der Lebenserfahrung und mentalen Stärke aus dem Familienleben und einigen Erfahrungen im bisherigen Leben ist der Mensch mit über 50 gut für die Arktis aufgestellt. Der Körper muss natürlich gesund sein und funktionieren, aber die Vorbereitung kann ich mir auch in einem höheren Alter vorstellen. Eine stete Ausdauer und die notwendige Kraft können sich viele Menschen auch nach ihrem 50. Geburtstag noch aneignen.

Ich bin offen für weitere Arktisabenteuer, vielleicht in einer abwechslungsreicheren Landschaft und mit einem wirklich sorgfältig ausgewählten Team. Es ist für mich deutlich wichtiger geworden, mit Menschen unterwegs zu sein, die ich sehr gut kenne. Sich blind zu vertrauen, gemeinsam schwierige Momente zu meistern und auch in der größten Einöde Spaß zu haben – das alles macht den Kern einer solchen Unternehmung aus. Wir investieren so viel Schweiß, Zeit und Geld, umso wichtiger ist es für mich, dass die Teammitglieder Spaß miteinander haben und sich gegenseitig stärken. Auf dem Eis passiert das Unvorhergesehene sowieso und man lernt sich in dieser Extremsituation selbst neu kennen. Die Arktis werden wir Menschen nie ganz erfassen können. Wir sind nicht dazu gemacht, einfach so quer durch die Arktis zu marschieren wie ein Eisbär. Wir müssen uns gut schützen vor allen möglichen Gefahren. Wir müssen uns einhüllen in dicke Klamotten, tragen Sonnenbrille, Sturmmaske und anderes. Das ist eine besondere Erfahrung, in diese menschenfeindliche Umgebung einzutauchen. Mein Team und ich begreifen die Naturkräfte als Verbündete, ich nenne sie oft Freunde. Ich denke, eine solche Unternehmung wie unsere ist nur möglich, wenn man dieses tiefe Urvertrauen in die Natur hat. In meinen Vorträgen und Erzählungen hoffe ich, weitere Menschen inspirieren zu können. Wir schützen nur das, was wir kennen und lieben. Wenn wir begreifen, dass wir Teil eines großen Ganzen sind, werden wir auch das Klima schützen, und die weite stille Arktis mit ihren Unmengen von Schnee und Eis bleibt erhalten.

Das Inlandeis hatte ich zwar am 18. Mai 2023 am Point 660 verlassen, war aber noch lange nicht aus dem weißen Raum herausgetreten. 34 Tage lang hatte ich mich darin aufgehalten. Im Familienalltag ist das ein Wimpernschlag. Es reichte jedoch aus, damit ich komplett in eine andere Welt eintauchte, die mich nachhaltig veränderte.

Glossar

Arctic Bedding – Eine große Tasche, in der die Isomatten und der Schlafsack fertig ausgerollt liegen. Sie wird oben auf den Schlitten geschnallt und ist damit immer griff- und einsatzbereit.

Aurora (Borealis) – Nordlichter, auch Polarlichter genannt; auf der Südhalbkugel heißen sie übrigens Aurora australis/Südlichter. Es sind Leuchterscheinungen am Himmel, die oft grün, aber auch violett, rot, gelblich, bläulich und mehrfarbig scheinen.

Missweisung – Nordpol ist nicht gleich Nordpol. Je weiter wir uns Richtung Nordpol bewegen, desto größer wird der Winkelunterschied zwischen geografischem und magnetischem Nordpol. Die Missweisung (auch: Deklination oder Ortsmissweisung) drückt diesen Winkelunterschied aus.

Nix (lat.) – Schnee, kaltes Klima, Schneemassen, -gestöber

Sastrugi – Das sind die stromlinienförmigen Strukturen, Erhebungen oder Rillen im Schnee. Sie sind ein harter Untergrund, die Formen können aber Buckel bis zu 30 oder gar 50 Zentimeter bilden. Der lose Schnee wird aus den Lücken der windgepressten Buckel herausgeblasen, so entsteht ein Wellenmeer aus Sastrugis.

Permit – Die Erlaubnis der grönländischen Regierung zur Durchführung einer Expedition. Genauer gesagt besteht das Expeditionspermit aus verschiedenen kleineren Permits.

Piteraq – Ein starker, kalter Fallwind auf Grönland mit bis zu rund 360 Stundenkilometern Windgeschwindigkeit.

Pulka – Eine spezielle Art flacher, langer Schlitten, die leicht auf Schnee und Eis gleiten. Das Material ist meist robust und widerstandsfähig. Pulkas werden vor allem in der arktischen und subarktischen Region eingesetzt.

Windchill-Faktor – Wie kalt fühlt sich die Luft an, wenn es windig ist? Der Windchill-Faktor gibt das Maß dafür an. Dadurch lässt sich die gefühlte Temperatur und damit die potenzielle Gefahr für Menschen messen und benennen.

Whiteout – Ein Wetterphänomen, das in schneebedeckten Regionen auftritt. Es gibt keine Kontraste mehr, keine Orientierungspunkte, alles ist weiß oder weißgrau. Die Sichtweite ist auf wenige Meter reduziert.

Packliste mit Gewichten (in kg)

Schlafen

Zelt + Schneeheringe, Ersatzgestänge, Ersatzhülsen	6,5
Schlafsack + Inlet + VBL	1,98
Dünner Zweitschlafsack	0,7
Biwaksack	0,2
Daunengefüllte Isomatte	0,7
Isomatte z-lite (2x)	0,74
Schlafunterwäsche	0,4
Travel-Kissen	0,25

Kleidung

Slip + BH (4+2)	0,3
Unterwäsche Merino 2x Longsleeve	0,5
Unterhosen lang Merino	0,55
Legging Netz	0,25
T-Shirt Merino (2x)	0,3
Merino-Fleecejacke	0,587
Primaloft-Jacke	0,375
Daunenjacke	0,8
Weste	0,34
Daunenhose	0,48
GoreTex-Jacke	0,574
Softshellhose	0,53
Hardshellhose	0,6
Socken, 2x dünn, 2x dick	0,5
Stricksocken	0,2
Daunenbooties	0,2
VBL für Schuhe	0,035
Untersocken	0,1

Handschuhe (2x) + Überziehhandschuhe wasserdicht	0,572
Fleecehandschuhe (2x)	0,2
Stricksocken	0,2
Schaltuch	0,1
Mütze dick	0,1
Mütze dünn	0,1
Sturmhaube + Gesichtsmaske	0,1
Leichte Turnschuhe (An-/Abreise)	0,3

Kochutensilien

Kocher Primus omnifuel mit Windschutz + Tasche	0,375
Kocher-Servicekit	0,058
Bodenplatte, Brett oder dergleichen	0,7
Potparka	0,03
Topfset mit Deckel und Zange	0,45
Schale mit Isoummantelung	0,1
Gabel, Löffel	0,02
Feuerzeug	0,03
Thermoskanne, mind. 0,75 l Fassungsvermögen (2x)	0,55
Tasse mit Isolierung	0,15
Nalgene-Trinkflasche 1 l	0,181
Kleine Schaufel	0,05
Abwaschbürste	0,05
Handfeger + Eiskratzer	0,12

Schlittensystem

Paris-Pulka (2x)	5
Zugseil inkl. Karabinern	1
Expedition Harness	1,23
Pulkatasche (2x)	3
2 Packriemen	0,15

2 Trichter	0,05
Pullerflasche	0,1
Materialgurt mit kleinen Karabinern	0,1
Back Country Skischuhe plus Gamaschen	2
Back Country Ski (2x), Felle	2,02
Trekkingstöcke aus Alu mit Wintertellern, Ersatzwinterteller	0,54
Ersatzstöcke mit Schneetellern, Alu	0,48
Skisack	0,5
Lawinenschaufel	0,57
Leathermen	0,36
Stirnlampe	0,158
Blasenpflaster, Tape	0,2
Clips, Gummis, Lappen	0,1
Zahn- und Körperpflege, Hygieneartikel/ tw. Medizin/persönliche Apotheke	2,2
2 Rollen Klopapier	
Handtuch	0,2
Sonnenbrille (2x) mit Hülle	0,1
Skibrille	0,2
Lesebrille	0,1
Personalausweis, Impfnachweis, E-Tickets, Buchungsbelege, Kreditkarte, EC-Karte	0,1
Wasserdichte Packsäcke 5 à 0,058	0,3
Reparatur- und Ersatzmaterial	0,1
Nähzeug	0,05
Armbanduhr mit Navigation	0,069
Schreibzeug	0,15
Wärmflasche klein	0,23
Wärmepacks 6 Stück	0,155
2 Kartenspiele	0,2

Essen

32 x Frühstück 125 g Müsli	3,5
Zwischenverpflegung 6 x 32 Tage	10
20 Tafeln Schokolade, Riegel, Nüsse, Blaubeersuppe,	
Vitamintabletten, Brausetabletten, Magnesium	4,0
Teebeutel, Kaffeepulver	0,2
15 Suppen	1
15 Desserts	1
Maltodextrin	1,5
Peanutbuttercups	1,8
Gewürze, Zucker, Salz, Milchpulver	0,1
Nüsse/Trockenfrüchte	1,2
32 real Turmat Mahlzeiten	4
Trockenfisch	0,1

Technik

Drohnenkoffer inkl. Drohne	1
Powerbank groß	0,45
Powerbank klein	0,2
Kamera XT5 mit Objektiv	0,87
Ersatzakkus	0,8
360-Grad-Kamera mit Stab	0,1
2 Objektive	0,2
Solarpanel	0,25
Kabel	0,1
Smartphone	0,2
Kleines Stativ	0,7
Teamgeistflagge (2x)	0,02
Grönlandflagge	0,03

Hardware

3x Pure Screw II Karabiner	0,3
Loop-Klettergurt	0,3
3 Eisschrauben	0,4
Eisaxt	1,2
Steigeisen	1,1
Schneesäge	0,38
Bandschlingen	0,2
Reepschnur	0,2
	82,67

Gemeinschaftsgepäck aufgeteilt/unter anderem

Tunnelzelt 3 Personen	6
Kletterseil	4
Brennstoffkanister mit Heptan	5
Brennstoff Wintergas	4
Brennstoff Reinbenzin	6
Kompass (3 x)	0,3
Schneeschuhe	1,5
Landkarten	0,1
Apotheke	2,5